VIE

DE

NAPOLÉON BUONAPARTE,

EMPEREUR DES FRANÇAIS;

PRÉCÉDÉE

D'UN TABLEAU PRÉLIMINAIRE

DE LA RÉVOLUTION FRANÇAISE;

PAR

SIR WALTER SCOTT.

TOME SEPTIÈME.

PARIS

TREUTTEL ET WÜRTZ, RUE DE BOURBON, N° 17.

CHARLES GOSSELIN, RUE Sᵀ-GERMAIN-DES-PRÉS, N° 9.

STRASBOURG

TREUTTEL ET WÜRTZ, RUE DES SERRURIERS.

1827.

VIE

DE

NAPOLÉON BUONAPARTE.

TOME VII.

. . . . Sed non in Cæsare tantùm
Nomen erat, nec fama ducis ; sed nescia virtus
Stare loco ; solusque pudor non vincere bello.
Acer et indomitus ; quò spes, quòque ira vocasset,
Ferre manum, et nunquam temerando parcere ferro ;
Successus urgere suos ; instare favori
Numinis ; impellens quidquid sibi summa petenti,
Obstaret ; gaudensque viam fecisse ruinâ.

Lucani Pharsalia, Lib. I.

César a plus qu'un nom, plus que sa renommée :
Il n'est point de repos pour cette âme enflammée ;
Attaquer et combattre, et vaincre et se venger,
Oser tout, ne rien craindre, et ne rien ménager,
Tel est César : ardent, terrible, infatigable,
De gloire et de succès toujours insatiable,
Rien ne remplit ses vœux, ne borne son essor ;
Plus il obtient des dieux, plus il demande encor.
L'obstacle et le danger plaisent à son courage,
Et c'est par des débris qu'il marque son passage.

Lucain. *La Pharsale*, livre Ier. (*Trad. de La Harpe.*)

DE L'IMPRIMERIE DE CRAPELET,
rue de Vaugirard, n° 9.

AVIS DES ÉDITEURS. [1]

Les éditeurs de la *Vie de Napoléon Buonaparte* par sir Walter Scott avaient promis de publier, avec les trois derniers volumes de cet ouvrage, un *Errata* des fautes qui devaient inévitablement échapper à l'auteur dans un travail de si longue haleine. La rigueur (quelquefois excessive) avec laquelle les critiques ont accueilli cette production importante, nous impose l'obligation de vérifier avec plus de soin encore les erreurs reprochées avec tant d'amertume à l'historien écossais. Nous avons donc préféré retarder la publication de l'*Errata* plutôt que celle de l'ouvrage même. L'*Errata* sera livré gratis aux souscripteurs dès qu'il sera complet : nous osons réclamer de nouveau l'attention des critiques sur les derniers volumes de l'histoire de Napoléon, qui nous semblent offrir plusieurs faits nouveaux. Quant aux erreurs qu'ils peuvent contenir encore, nous ne nous chargeons nullement de les défendre ; mais on nous permettra de leur appliquer ce que disait Voltaire des histoires contemporaines :

« Si vous avez écrit une histoire de votre temps

---

[1] *Au relieur :* Le présent feuillet sera placé en face du faux-titre du tome VII de la *Vie de Napoléon Buonaparte.*

« ne doutez pas qu'il ne se trouve quelque éplucheur
« de chronologie , quelque commentateur de gazette
« qui vous relevera sur une date , sur un nom de
« baptême , sur un escadron mal placé , par vous ,
« à trois cents pas de l'endroit où il fut en effet
« posté. »

VOLTAIRE , *Dictionnaire philosophique* , à l'article *Auteurs*.

VIE

DE

NAPOLÉON BUONAPARTE.

CHAPITRE PREMIER.

Changement qui eut lieu dans la vie domestique de Napoléon après la paix de Vienne. — Causes qui l'amenèrent. — Son désir d'avoir un héritier. — Il jette les yeux sur un fils de son frère Louis, mais l'enfant meurt en bas âge. — Caractère et influence de Joséphine. — Attachement mutuel de Joséphine et de Napoléon. — Fouché fait à Joséphine l'ouverture d'un plan de divorce. — Chagrin extrême qu'elle en éprouve. — Son sort lui est annoncé le 5 décembre par Napoléon. — Leur séparation formelle a lieu le 15 devant le Conseil impérial, — Joséphine conservant le titre d'Impératrice pendant sa vie. — Les épousailles de Buonaparte et de Marie-Louise d'Autriche sont célébrées à Vienne, le 11 mars 1810.—Comparaison et contraste entre Joséphine et celle qui la remplace. — Les résultats de cette union diffèrent de ceux qu'on en attendait.—Ils sont prévus par l'empereur Alexandre.

IL n'est peut-être aucune partie de la vie si variée de l'homme étonnant dont nous écrivons l'histoire, qui offre plus d'intérêt que l'époque du changement qui eut lieu dans son existence domestique peu de temps après la paix de Vienne. Les principales causes de ce changement furent ces motifs qui jettent de profondes racines dans le cœur de l'homme en général; mais il en existait d'autres qui provenaient de la situation particulière de Napoléon. Le désir de laisser une postérité, d'être représentés long-temps après que notre carrière terrestre est terminée, par ceux qui tiennent de nous la vie et le rang qu'ils occupent dans la société, est un sentiment caractéristique de l'espèce humaine. Dans tous les siècles, dans tous les pays, les enfans ont été comptés au nombre des faveurs du ciel; n'en pas avoir a été regardé, sinon comme une malédiction, du moins comme un malheur. Ce désir de conserver avec ce monde des liens qui nous survivent par le moyen de nos descendans, s'augmente encore quand nous devons leur transmettre une fortune ou un rang; et, quelle que soit la vanité de cette idée, il en est peu auxquelles les hommes s'attachent avec une passion plus sincère que l'espérance de laisser aux enfans de leurs enfans les biens qu'ils ont reçus de leurs pères, ou qu'ils doivent à leur propre industrie. Ce sentiment est inspiré par la tendresse aussi-bien que par l'amour-propre; car l'attachement que nous avons pour nos enfans, que nous voyons et que nous aimons, se reporte naturellement sur leurs descendans, que nous ne verrons peut-être jamais. L'amour de notre postérité-éloignée est en quelque sorte l'idéal [1] de l'affection naturelle.

Il était impossible que le fondateur d'un vaste empire, tel que celui de Napoléon, fût insensible à un sentiment qui est gravé si profondément dans nos cœurs, qu'il fait éprouver son influence au plus petit propriétaire d'une maison et de quelques acres de terre. Ce sentiment est d'autant plus vif qu'il s'agit d'un héritage plus considérable : or, il n'exista jamais sur la terre, et l'on doit vivement espérer que la Providence ne permettra pas qu'il existe jamais dans le monde un pouvoir aussi étendu et aussi formidable que celui de Napoléon ; d'ailleurs, quelque immense qu'il fût, il était l'œuvre de son propre génie, et, par conséquent, Napoléon devait songer avec d'autant plus de douleur qu'un édifice, cimenté par tant de sang et de travaux, s'écroulerait à la mort de celui qui l'avait élevé, ou que les rênes de l'empire, après cet événement, seraient saisies « par quelque main étrangère à sa race ».

[1] *The metaphysics.* (*Édit.*)

« *No son of his succeding.* »

« Et non par un fils son successeur naturel. »

Cette goutte de fiel que le poète décrit si naturellement comme ayant souillé la coupe de l'usurpateur d'Écosse, devait, sans doute, communiquer toute son amertume à celle de Napoléon. [1]

Le cours de la nature avait alors rendu la stérilité de l'impératrice Joséphine un mal sans espérance, qu'elle déplorait avec douleur. Sachant combien étaient précaires les circonstances d'où semblait désormais dépendre la continuation de son union avec l'Empereur, elle se livrait quelquefois à des accès de jalousie qui, suivant Napoléon, étaient occasionnés moins par son attachement pour sa personne que par la crainte que son influence sur l'esprit de son époux ne vînt à s'affaiblir, s'il devait le nom de père à quelque maîtresse.

Elle s'occupa à chercher un remède à ce danger, et elle employa son crédit sur son mari pour le décider à se nommer un succes-

---

[1] L'auteur fait ici allusion à cette scène du remords de Macbeth (acte IIIe, scène 1re), où Shakspeare lui fait dire que les *fatales sœurs* ont placé un sceptre stérile dans sa main, puisque c'est la postérité de Banquo, qui doit occuper le trône après lui, etc., etc. (*Édit.*)

seur, en usant des pouvoirs illimités dont l'avait investi la constitution impériale. Elle chercha naturellement à fixer les idées de Napoléon sur Eugène Beauharnais, fils issu de son premier mariage, et, par conséquent, beau-fils de l'Empereur; mais ce choix ne put obtenir l'approbation de Buonaparte. Un fils de son frère Louis et d'Hortense Beauharnais, parut, pendant sa courte existence, plus probablement destiné à recueillir cet immense héritage. Napoléon semblait attaché à cet enfant; et, un jour en le voyant se livrer à sa vivacité enfantine, s'amuser du son du tambour et prendre plaisir à regarder des armes et l'image de la guerre, il s'écria, dit-on: « Voilà un enfant fait pour me succéder, et peut-être pour me surpasser. »

Le choix d'un héritier qui lui tenait de si près à elle-même, aurait assuré l'influence de Joséphine autant qu'elle pouvait l'espérer, puisqu'elle était privée d'en donner un de son propre sang à son époux; mais elle ne jouit pas longtemps de cette perspective. Le fils de Louis et d'Hortense mourut victime d'une maladie de l'enfance; et ainsi fut brisé ce frêle arbrisseau, qui, s'il avait atteint sa croissance, aurait pu être regardé comme le soutien futur d'un empire. Napoléon fit éclater le plus profond chagrin; mais Joséphine se désola en femme qui n'avait plus d'espérance.

Cependant, à l'exception du malheur qu'elle avait de ne pas avoir donné d'enfant à son époux, Joséphine avait sur son affection autant de droits qu'une femme en peut avoir. Elle avait partagé sa fortune plus humble, et, par sa conduite adroite pendant son expédition en Égypte, elle avait préparé les succès brillans qu'il avait obtenus à son retour; elle avait aussi beaucoup contribué à rendre son gouvernement populaire, en tempérant les accès soudains de colère auxquels son humeur naturelle le portait à s'abandonner. Personne ne pouvait comprendre, comme Joséphine, tous les secrets de ce caractère; personne n'osait, comme elle, s'exposer à son mécontentement, plutôt que de ne pas lui donner un avis qu'elle croyait utile; personne ne pouvait avoir plus d'occasions pour épier le moment favorable d'une intercession; et il est universellement reconnu que personne ne pouvait mettre plus de prudence et de bienveillance à profiter de l'occasion. Buonaparte, violent par tempérament, soldat par éducation, et doué par la fortune du pouvoir le plus despotique, avait besoin plus qu'aucun prince de l'influence d'un esprit tel que celui de Joséphine, qui pouvait intervenir sans importunité, et faire une remontrance sans offenser.

Pour cette influence sur son mari, Joséphine fit les plus grands sacrifices personnels, et elle les fit non seulement sans regret, mais avec empressement. Dans tous les voyages rapides qu'il faisait, elle était sa compagne. L'état des routes et celui du temps ne mettaient jamais obstacle à son départ; quelque subit qu'il fût, l'impératrice était toujours prête; quelle que pût être l'heure, sa voiture était attelée en un instant. L'influence qu'elle conservait par le sacrifice de ses goûts personnels, elle l'employait pour servir les véritables intérêts de son époux, pour soulager ceux qui étaient dans l'affliction, et pour détourner les suites des résolutions précipitées, prises par Napoléon dans un moment d'emportement ou d'humeur.

Indépendamment de ses grands talens et de son caractère véritablement bienfaisant, Joséphine s'était attaché le cœur de son mari par d'autres nœuds. Si la passion mutuelle qui avait existé entre eux pendant tant d'années s'était ralentie, il semble qu'elle avait laissé après elle des souvenirs d'affection et d'estime réciproques. La grâce et la dignité que déployait Joséphine dans les fêtes d'apparat de la cour étaient faites pour satisfaire l'orgueil de Napo-

léon, qui aurait pu être blessé s'il l'avait vu
jouer le rôle d'impératrice avec moins d'aisance
et d'adresse ; car, habituée de bonne heure à la
société de personnes ayant de l'influence dans
le monde politique, son caractère et ses manières la mettaient en état de se conduire avec
une dextérité singulière dans la cour splendide
et active dont elle était un personnage si important. Enfin, il est certain que Buonaparte,
qui, comme un grand nombre de ceux qui af-
fichent le mépris de la superstition, y cédait un
peu au fond de son cœur, croyait que sa fortune
était unie d'une manière indissoluble à celle de
Joséphine : l'aimant comme elle méritait d'être
aimée, il regardait son union avec elle comme
d'autant plus intime qu'il lui semblait y voir
attaché le talisman de sa propre destinée, qui
avait toujours paru prendre plus d'ascendant
sous l'influence efficace de la présence de Joséphine.

Malgré tous ces nœuds mutuels, il était probable et même évident, pour les politiques des
Tuileries, que, quelque attachement et quelque
vénération que Napoléon pût montrer et
éprouver pour l'impératrice, il céderait à la
longue au désir d'avoir des héritiers en ligne
directe, auxquels il pût léguer son splendide
héritage. A mesure que l'âge avançait, chaque

année affaiblissait, quoique par des degrés im-
perceptibles, l'influence de l'impératrice, et
devait rendre plus ardent le désir de son époux
de former une nouvelle alliance, tandis qu'il
était encore à une époque de la vie où il pouvait espérer de diriger jusqu'à l'âge mûr cet
héritier tant souhaité.

Fouché, ministre de la police, le plus audacieux intrigant politique de son temps, découvrit promptement le point auquel l'Empereur
devait définitivement arriver; et il semble qu'il
projeta d'assurer la continuation de son pouvoir
et de son crédit, en prenant l'initiative dans une
question sur laquelle Napoléon pouvait avoir
quelques scrupules de rompre la glace lui-même.
Ayant sondé avec adresse les dispositions de son
maître, Fouché reconnut que l'Empereur hési-
tait encore, parce que d'une part, étaient les
avantages politiques supposés qui résulteraient
d'un nouveau mariage, et, de l'autre, son affection pour Joséphine, les habitudes sociales
qui l'attachaient particulièrement à elle, et
l'espèce de superstition dont nous avons déjà
parlé. Ayant ainsi formé ses conjectures sur les
dispositions secrètes de l'Empereur, le rusé
conseiller résolut de faire en sorte que Joséphine suggérât elle-même à Buonaparte la mesure de son propre divorce et d'un second

mariage, comme un sacrifice nécessaire pour consolider l'empire et compléter le bonheur de l'Empereur.

Un matin, à Fontainebleau, comme l'impératrice revenait de la messe, Fouché la retint dans l'embrasure d'une croisée dans la galerie, et, avec une audace presque inconcevable, il lui expliqua, en usant de tous les ménagemens que son esprit put lui suggérer, la nécessité d'un sacrifice qu'il lui représenta comme aussi sublime qu'inévitable. Les yeux de Joséphine se remplirent de larmes; elle changea plusieurs fois de couleur; ses lèvres se gonflèrent; et le moins qu'eut à craindre le conseiller fut que son avis ne causât une violente attaque de nerfs. Elle maîtrisa pourtant assez son émotion pour demander à Fouché s'il avait reçu ordre de lui tenir un pareil langage. Il répondit négativement, et ajouta qu'il ne s'était hasardé à lui parler ainsi que parce qu'il avait prévu avec certitude ce qui devait infailliblement arriver, et qu'il désirait l'engager à fixer son attention sur ce qui touchait de si près à sa gloire et à son bonheur.

En conséquence de cet entretien, une scène intéressante et passionnée eut lieu, dit-on, entre l'Empereur et son épouse. Buonaparte désavoua naturellement, et avec vérité, tout ce qu'avait dit Fouché, et fit usage de tous les moyens qui étaient en son pouvoir pour dissiper les appréhensions de Joséphine ; mais il refusa de chasser Fouché, quand elle lui demanda son renvoi comme la punition due à l'audace de ce ministre, qui avait osé se jouer de sa sensibilité ; et ce refus seul aurait dû la convaincre que quoique l'habitude d'une ancienne affection pût encore maintenir quelque temps son influence dans la chambre nuptiale, elle céderait à la fin aux suggestions de la politique, qui ne pouvaient manquer de l'emporter dans le cabinet. Dans le fait, quand cette idée eut été une fois mise sur le tapis, la plus forte objection s'évanouit ; et Buonaparte se trouvant délivré de l'embarras de faire directement à Joséphine une proposition qui mettait en doute sa tendresse et sa gratitude, il n'eut plus besoin que de lui laisser le temps de se familiariser avec l'idée d'un divorce, tel que celui que la politique rendait inévitable.

La communication de Fouché fut faite avant le commencement des opérations de Napoléon en Espagne ; et, à l'époque de l'entrevue d'Erfurt, le divorce semblait être une affaire déterminée, puisqu'on y reparla d'un mariage entre Buonaparte et une des grandes-duchesses ; mariage dont la possibilité avait été prévue dès le traité

de Tilsit : il en fut même question sérieusement ;
et ce projet, si la famille impériale de Russie
ne l'accueillit pas avec empressement, elle fut
loin de le rejeter définitivement. L'impératrice régnante et l'impératrice-mère y étaient
pourtant également opposées. Le motif ostensible était, comme nous l'avons dit ailleurs, la
différence de religion ; mais ces princesses d'un
esprit élevé, repoussaient cette alliance principalement à cause du caractère personnel de celui qui la sollicitait. Quoiqu'on ait dû y mettre
le plus grand secret possible, il semble probable
que l'idée de substituer une archiduchesse
d'Autriche à celle dont la main était refusée à
Buonaparte, fut mise en avant pendant les négociations de Schœnbrunn, et qu'elle produisit
quelque effet en faisant obtenir des conditions
plus favorables à la partie la plus faible. Napoléon dit lui-même qu'il renonça à son projet de
démembrer l'Autriche, quand son mariage fut
décidé ; mais les conditions de paix furent si-
gnées le 14 octobre, et par conséquent le motif
qui détermina Napoléon à les accorder doit
avoir existé antérieurement à cette époque.

Cependant on a assuré positivement le contraire. On prétend que l'idée de ce mariage fut
suggérée par le gouvernement autrichien à une
époque postérieure, en apprenant qu'il s'était

présenté des difficultés dans les négociations de Napoléon pour s'allier à la famille d'Alexandre. Fouché attribue le tout à l'adresse de son propre agent, le comte de Narbonne, français de l'ancienne école, homme spirituel, souple, aimable, ayant des manières agréables et insinuantes, et qui était ambassadeur à Vienne en janvier 1810.

Mais soit qu'on eût déjà déterminé, ou non, par qui serait remplacée Joséphine, auprès de l'homme à l'élévation duquel elle avait contribué, et qu'elle aimait d'un attachement si véritable, les négociations qui devaient aboutir au divorce, furent ouvertement reprises peu de temps après que l'Empereur fut de retour de la campagne de Wagram. Le 3 décembre, Buonaparte assista au service solennel où l'on chanta le *Te Deum* en action de grâces de ses victoires. Il était vêtu avec une magnificence extraordinaire, portait le costume espagnol, et avait sur son chapeau un énorme panache. Les rois de Saxe et de Wurtemberg, qui étaient comme ses satellites en cette occasion, étaient placés à ses côtés en grand costume, et ils restèrent la tête découverte pendant la cérémonie.

En sortant de la cathédrale, Napoléon alla ouvrir la session du Corps Législatif. Dans son discours, il vanta les victoires qu'il avait remportées et les trophées qu'il avait conquis ; il se glorifia même d'avoir réuni la Toscane à l'empire, comme si dépouiller sans résistance la veuve et l'orphelin pouvait jamais être un sujet légitime de triomphe. Il ne pouvait trouver, dans l'état où étaient alors les affaires en Espagne, aucun sujet d'orgueil ; mais quand Napoléon ne pouvait tirer vanité du présent, il était libéral de promesses pour annoncer un changement prompt et heureux, et il parlait en prophète quand il cessait d'être le narrateur de faits agréables.

« Quand je me montrerai de l'autre côté des Pyrénées, dit-il, le léopard épouvanté se précipitera dans l'Océan pour éviter sa honte, sa défaite et sa ruine. Le triomphe de mes armes sera celui du génie du bien sur le génie du mal ; de la modération, de l'ordre et de la morale sur la guerre civile, l'anarchie, et toutes les passions malveillantes. » C'est sous ces beaux dehors que l'ambition et l'injustice cherchent à colorer leurs projets. Dans un discours poétique, M. de Fontanes répondit à l'Empereur que tout ce qui tenait à lui devait s'élever à sa grandeur, et que tout ce qui était soumis à quelque autre influence était menacé d'une chute prochaine. « Il est donc nécessaire, continua-t-il, de se soumettre à votre ascendant, puisque vos conseils sont dirigés en même temps par l'héroïsme et par la politique. » A ce discours, Buonaparte fit une réplique dans laquelle, reprenant le sujet rebattu de ses propres louanges, il parla des obstacles qu'il avait surmontés, et finit par dire : « Moi et ma famille nous saurons toujours sacrifier nos plus tendres affections aux intérêts et au bonheur de la Grande Nation. » Ces derniers mots, dont le sens était déjà deviné par tous ceux qui faisaient partie de la cour, ne furent pas long-temps une énigme pour la généralité du public.

Deux jours après, Napoléon donna à Joséphine la cruelle certitude que leur séparation était définitivement déterminée. Mais, ni le nombre de mois qui s'étaient écoulés depuis que Fouché lui en avait fait la première ouverture, ni l'avis qu'elle avait dû recevoir de différens côtés que cette mesure était irrévocablement résolue, ne purent lui donner la force d'entendre la bouche d'un époux chéri prononcer ce qui était de fait, sinon en apparence, une sentence de répudiation. Elle tomba dans un long évanouissement. Napoléon fut très ému; mais la résolution était prise, et il ne pouvait en changer. Les préparatifs pour la séparation furent poursuivis sans délai.

Le 15 décembre, précisément dix jours après

que l'impératrice avait été officiellement informée de son destin futur, Napoléon et Joséphine comparurent devant l'archichancelier,
la famille de Buonaparte, les principaux officiers de l'État, en un mot, devant le conseil
impérial assemblé. Dans cette réunion, Napoléon exposa le grand intérêt national qui exigeait qu'il laissât des successeurs de son sang,
et des héritiers de son amour pour son peuple,
pour occuper le trône sur lequel la Providence
l'avait placé. Il ajouta que, depuis plusieurs
années, il avait renoncé à l'espoir d'avoir des
enfans de son épouse chérie l'impératrice Joséphine, et qu'en conséquence il avait résolu
d'immoler les sentimens de son cœur au bien
de l'État, et de demander la dissolution de son
mariage : il n'avait encore que quarante ans,
dit-il, et il pouvait espérer de vivre assez long-
temps pour inspirer ses propres sentimens aux
enfans que la Providence pourrait lui envoyer,
et pour les instruire dans la science du gouvernement. Il appuya encore sur la tendresse et la
fidélité de son épouse chérie, sa compagne pendant quinze ans d'une union heureuse. Cou-
ronnée de sa propre main, comme elle l'avait
été, il désirait qu'elle conservât toute sa vie le
rang d'impératrice.

Joséphine se leva, les larmes aux yeux, et,

d'une voix entrecoupée, elle exprima, en peu de mots, des sentimens semblables à ceux de l'Empereur. Les deux époux réclamèrent alors de l'archichancelier un certificat de leur demande mutuelle en séparation, et cette pièce fut délivrée, en due forme, d'après l'autorisation du conseil.

Le Sénat fut ensuite assemblé, et, le 16 décembre, il rendit un sénatus-consulte ou décret, autorisant la séparation de l'Empereur et de l'Impératrice, et assurant à Joséphine un douaire de deux millions de francs, avec le rang d'impératrice durant sa vie. On vota à Napoléon et à Joséphine des adresses dans lesquelles on exalta, sur tous les tons possibles, le devoir de soumettre au bien public nos plus chères affections; et l'acte par lequel Buonaparte changeait sa vieille compagne pour une jeune fut proclamé un sacrifice dont l'amour éternel du peuple français pouvait seul consoler son cœur.

L'union de Napoléon et de Joséphine étant ainsi dissoute par le pouvoir civil, il ne restait plus qu'à obtenir l'intervention des autorités spirituelles. L'archichancelier, dûment autorisé par le couple impérial, présenta une requête, à cet effet, au diocésain de l'officialité ou tribunal ecclésiastique de Paris, qui n'hésita pas à déclarer le mariage dissous, sans pourtant assigner aucun motif à cette sentence. A la vérité, les savans et révérends docteurs de l'officialité la déclarèrent conforme aux décrets des conciles et aux usages de l'Église gallicane, proposition qui leur aurait causé beaucoup d'embarras, s'ils avaient été requis de l'appuyer sur des exemples ou des autorités.

Lorsque cette sentence eut définitivement dissous leur union, l'Empereur se retira à Saint-Cloud, où il passa quelques jours dans la retraite, et Joséphine, de son côté, fixa son séjour dans le beau domaine de Malmaison, près de Saint-Germain. Ce fut là principalement qu'elle passa les dernières années de sa vie, qui ne se prolongea qu'autant qu'il le fallait pour la rendre témoin de la première chute de son mari, événement que Napoléon aurait pu détourner s'il avait voulu prendre d'elle plus souvent des leçons de modération. Elle s'y occupait à cultiver les beaux-arts, dont elle réunit quelques précieuses productions ; elle étudia aussi la botanique ; mais surtout elle pratiqua presque journellement des œuvres de bienfaisance et de charité, dont les détenus anglais qui se trouvaient à Saint-Germain, reçurent plus d'une fois leur part. Napoléon allait la voir très fré-

quemment, et il la traita toujours avec le respect auquel elle avait droit. Il ajouta aussi un
troisième million à son douaire, afin qu'elle ne
fût pas gênée dans cette habitude de dépense,
qui était son côté faible.

Dès que cette grande mesure d'État fut terminée, le grand-conseil fut convoqué le 1er février pour aider l'Empereur dans le choix d'une
nouvelle épouse. On y donna à entendre qu'un
mariage avec une grande-duchesse de Russie
avait été proposé; mais que la différence de
religion paraissait devoir y mettre des obstacles : il fut aussi question d'une fille du roi de
Saxe; mais il fut aisé de faire sentir au conseil que son choix devait se porter sur une
princesse de la maison d'Autriche. A la fin de
la séance, Eugène, fils de Joséphine répudiée,
fut chargé, par le conseil, de proposer à l'ambassadeur d'Autriche un mariage entre Napoléon et l'archiduchesse Marie-Louise. Le prince
de Schwarzenberg avait ses instructions à ce
sujet, de sorte que ce mariage fut proposé,
discuté et décidé dans le conseil, et arrangé
ensuite entre les plénipotentiaires des deux
parties, dans l'espace de vingt-quatre heures.
Les épousailles de Napoléon et de Marie-Louise
furent célébrées à Vienne le 11 mars 1810. Buonaparte y fut représenté par Berthier, son mi-

nistre favori, et l'archiduc Charles assista à la cérémonie, au nom de l'empereur François. Quelques jours après, la jeune épouse, accompagnée par la reine de Naples, se mit en route pour la France.

Napoléon eut le bon esprit de se dispenser du cérémonial qui avait eu lieu pour la réception de Marie-Antoinette, dont le mariage avec Louis XVI, quoiqu'on n'y fît aucune allusion, servit, sous d'autres rapports, de modèle pour la solennité présente. Près de Soissons, un cavalier seul, et dont le costume n'avait rien de remarquable, dépassa la voiture dans laquelle était la jeune impératrice, et eut la hardiesse de rebrousser chemin, comme pour l'examiner de plus près. Le carrosse s'arrêta; la portière fut ouverte, et Napoléon, s'affranchissant de l'étiquette, se nomma lui-même à son épouse, et l'accompagna à Soissons. La cérémonie du mariage fut célébrée à Paris, par le cardinal Fesch, oncle de Buonaparte. Les réjouissances les plus magnifiques, des illuminations, des concerts, des fêtes eurent lieu en cette occasion importante; mais un funeste événement couvrit d'un nuage ces démonstrations de joie. Le prince de Schwarzenberg avait donné un bal magnifique à cette occasion. Le feu prit malheureusement à la salle de danse, qui avait été construite dans le jardin. Nul effort ne put arrêter les progrès des flammes; plusieurs personnes périrent, et entre autres la sœur même du prince de Schwarzenberg. Cette circonstance tragique refroidit l'enthousiasme des esprits, et on la regarda comme de mauvais augure, surtout quand on se rappelait que le mariage de Louis XVI avec une autre princesse d'Autriche, avait été signalé par un malheur semblable.

Dans sa vie privée, rien ne pouvait plus contribuer au bonheur de Buonaparte que son union avec Marie-Louise. Il avait coutume de la comparer à Joséphine, en accordant à celle-ci tous les avantages de l'art et des grâces, et en attribuant à l'autre les charmes de la simplicité, de la modestie et de l'innocence. Sa première épouse employait toutes les ressources de l'art pour faire valoir et pour rehausser ses charmes; la seconde pour plaire n'avait recours qu'à la jeunesse et à la nature. Joséphine administrait mal ses revenus, et contractait des dettes sans scrupule; Marie-Louise se renfermait dans les bornes des siens, ou si elle y désirait quelque addition, ce qui arrivait rarement, elle le demandait à Napoléon comme une faveur. Joséphine, accoutumée aux intrigues politiques, aimait à gouverner son mari, à l'influencer, à le guider; Marie-Louise ne songeait qu'à lui plaire et à lui obéir. Toutes deux étaient d'excellentes femmes, d'un caractère plein de douceur, et tendrement attachées à Napoléon. Dans la différence qu'on observe entre ces deux femmes distinguées, il est facile de remarquer les traits caractéristiques de la beauté Parisienne et de la simple Allemande. Mais il est singulier que le caractère qui devait le plus à l'art ait appartenu à la fille d'un colon des Indes occidentales, et celui de la nature et de la simplicité à une princesse de la cour la plus fière de l'Europe.

Buonaparte, dont la conduite domestique était en général digne d'éloges, montra la plus grande affection à la nouvelle impératrice; il observait pourtant la plus stricte étiquette, et il exigeait qu'elle s'y conformât. Si, par exemple, comme cela arrivait souvent, il n'était pas libre à l'heure où le dîner était servi, il était mécontent si, pendant son absence, quelquefois prolongée, elle prenait un livre, ou avait recours à quelqu'une des occupations de son sexe; en un mot, s'il ne la trouvait pas dans l'attitude d'une personne qui attend le signal pour se mettre à table. Peut-être le souvenir de sa naissance inférieure faisait-il que Napoléon tenait davantage à cette espèce de cérémonial, comme s'il eût senti qu'il n'était pas assez noble de son côté pour y renoncer; d'une autre part, on dit que Marie-Louise exprima sa surprise de voir son époux se dispenser de porter des armes, ou de se faire suivre par des gardes, et marcher partout avec la liberté d'un particulier. Ce ne pouvait être pourtant une grande nouveauté pour une princesse de la maison impériale d'Autriche, dont la plupart des membres, et particulièrement l'empereur François, ont l'habitude de se mêler familièrement au peuple de Vienne dans les promenades et dans tous les endroits publics.

En ce qui concerne son destin politique, Buonaparte a dit, plus d'une fois, que l'alliance de l'Autriche était un précipice couvert de fleurs, dont il fut tenté de s'approcher inconsidérément par l'espoir du bonheur domestique. Mais si cela arriva, ce fut la faute de Napoléon lui-même; ses sujets et ses alliés auguraient tout différemment des suites de cette union, et si ces augures ne se réalisèrent pas, il pouvait s'en prendre à lui-même. On devait s'attendre qu'une alliance formée avec la famille impériale la plus ancienne de la chrétienté, aurait porté Buonaparte à adopter quelques uns de ces sentimens de modération qui ont pour objet la stabilité du pouvoir plutôt que son accroissement; c'était pour lui être parvenu à un point où il pouvait s'arrêter. On aurait pu penser que, rassasié de victoires, et fatigué de ses projets, il se serait occupé à consolider le pouvoir qu'il désirait transmettre à sa postérité, plutôt qu'à rendre sa grandeur encore plus odieuse et plus précaire par de nouvelles vues d'ambition. On espérait même que les charmes que cette union ajoutait à sa vie domestique pourraient lui inspirer du goût pour le repos ; si un tel goût avait pu prendre de l'influence sur le corps de fer et l'imagination de feu de Napoléon, il aurait pu faire enfin oublier à l'Europe une partie de ses maux.

Napoléon savait à quoi l'on s'attendait, et il chercha à se justifier d'avance du désappointement qu'il prévoyait.

« Les bons citoyens se réjouissent-ils sincèrement de mon mariage, monsieur ? » demanda-t-il à Decrès, un de ses ministres.

« Oui, Sire, beaucoup.

— Et ils pensent que le lion va s'endormir, à ce que j'entends ?

— Pour dire la vérité, Sire, ils ont quelques espérances de ce genre. »

Napoléon garda le silence un instant, et ajouta ensuite : « Ils se trompent : cependant ce n'est pas la faute du lion ; le repos lui serait aussi agréable qu'aux autres. Mais ne voyez-vous pas que, tandis que j'ai l'air d'être constamment l'agresseur, je ne fais réellement que me tenir sur la défensive? »

Ce sophisme, par lequel Napoléon cherchait à persuader à tout le monde que ses guerres perpétuelles provenaient, non d'un choix libre de sa part, mais d'une nécessité imposée par sa situation, sera plus convenablement examiné ci-après.

En attendant, nous nous bornerons à faire observer que l'empereur Alexandre porta un jugement trop exact des suites que pouvait avoir l'alliance de Napoléon avec l'Autriche, lorsqu'il dit en apprenant cette nouvelle : « En ce cas, sa première affaire sera de me repousser dans mes forêts! » tant Alexandre était certain que Napoléon puiserait, dans son alliance intime avec l'empereur François, des moyens d'attaque contre la Russie, et tant il était facile à sa prévoyance de voir les germes d'une guerre future, encore plus sanglante que les précédentes, dans une union qui, à des politiques d'une vue plus courte, ne présentait que le gage des bienfaits de la paix.

CHAPITRE II.

Presque toutes les possessions françaises au-delà des mers tombent entre les mains des Anglais. — Escadre française détruite devant l'île d'Aix, par lord Cochrane, — et devant celle de Rosas, par lord Collingwood. — Retour aux affaires d'Espagne. — Soult prend Oporto ; — il est attaqué par sir Arthur Wellesley, défait, et forcé à une retraite désastreuse. — Reprise du Ferrol et de la Corogne par les patriotes. — Bataille de Talavera, gagnée par sir Arthur Wellesley, — qui, néanmoins, par suite de l'obstination et de la superstition de Cuesta, est obligé de faire retraite sur le Portugal. — Il est créé lord Wellington. — Les armées françaises prennent un grand nombre de villes et de forteresses.—La Junte suprême se retire à Cadix. — Caractère indomptable du peuple espagnol. — Système des Guérillas. — Cruautés réciproques des Guérillas et des troupes françaises. — Désappointement croissant de Buonaparte. — Ses immenses efforts. — Armée nombreuse, levée sous le nom d'armée de Portugal, et commandée par Masséna. — Lord Wellington forcé de rester dans l'inaction par l'infériorité de ses forces. — Bataille de Busaco, dans laquelle les Français sont défaits avec grande perte. — Fameuse retraite de lord Wellington sur Torres-Vedras.

MALGRÉ la renommée que Napoléon avait acquise en dictant à l'Autriche le traité triomphant de Schœnbrunn, et en s'alliant à cette ancienne maison impériale, qui lui avait donné en différentes occasions tant de preuves d'une inimitié éternelle, cette époque de son histoire ne se passa pas sans qu'il éprouvât plusieurs revers de fortune. Le peu d'établissemens étrangers qui restaient encore à la France, furent alors successivement pris par les Anglais. Cayenne, la Martinique, le Sénégal et Saint-Domingue furent conquis et occupés dans les Indes occidentales, tandis que lord Collingwood, avec des troupes fournies par la Sicile, s'emparait des îles de Céphalonie, de Zante, d'Itaque et de Cérigo.

Une escadre française étant bloquée dans la rade de l'île d'Aix, la valeur déterminée de lord Cochrane fût employée pour la détruire. Des brûlots furent envoyés contre les navires français, et s'ils ne firent pas tout le ravage qu'on en attendait, par suite de quelque malentendu entre lord Cochrane et l'amiral Gambier, qui commandait en chef, cependant le plus grand nombre des bâtimens français furent brûlés, échouèrent, et furent détruits. Lord Collingwood détruisit aussi un convoi français important, ainsi que les vaisseaux armés qui le protégeaient, devant l'île de Rosas. Tout annonçait que l'Angleterre conservait son empire sur l'élément qui a été nommé son élément natal, tandis que ce qui se passait en Espagne prouvait que, sous un général qui savait remporter des victoires, et profiter de celles qu'il avait gagnées, les forces de terre de la Grande-Bretagne n'étaient pas moins formidables que sa marine. Ce sujet rappelle notre attention sur les affaires de la Péninsule, où l'on pouvait dire que l'on marchait sur un terrain brûlant.

L'évacuation de la Corogne par l'armée du général sir John Moore, et son retour en Angleterre, rendu indispensable par la situation désastreuse dans laquelle elle se trouvait, laissa Soult en possession apparente de la Galice, les villes du Ferrol et de la Corogne s'étant rendues à lui. Mais la force de la cause de l'Espagne consistait, non dans des murailles et des remparts, mais dans le courage indomptable de ses vaillans patriotes. Les Galiciens continuèrent à se distinguer par une guerre de postes, dans laquelle les envahisseurs ne purent se vanter que de faibles avantages ; et lorsque Soult se détermina à entrer en Portugal, il fut obligé de laisser Ney avec des forces considérables, pour assurer ses communications avec l'Espagne.

L'expédition de Soult eut un commencement prospère, quoiqu'elle fût destinée à une fin bien différente. Il défit le général La Romana, et le força à battre en retraite sur Sanabria. Il prit la ville frontière de Chaves, après quelque

résistance, et s'ouvrit un chemin vers Oporto ;
mais le principal corps d'armée de Soùlt n'eut
pas plus tôt quitté Chaves, qu'en dépit des efforts de la garnison, cette place fut délivrée par
une armée de Portugais insurgés, commandée
par le général Silveyra. Le chef de l'armée d'invasion, négligeant ses opérations sur ses derrières, continua sa marche sur Oporto, emporta d'assaut cette belle ville, après une défense de trois jours, et souffrit que ses troupes
y commissent les plus grandes cruautés, tant
contre les soldats que contre les citoyens sans
armes. [1]

Mais, après ces premiers succès, la situation du maréchal Soult devint embarrassante.
Les Galiciens, recouvrant toute leur énergie,
avaient repris Vigo et d'autres places, et Silveyra s'avançant de Chaves vers le pont d'A-
marante, se plaça entre le général français et

---

[1] L'ordre se rétablit le jour même de la prise d'Oporto.
Mais les soldats étaient entrés dans la ville de vive force ;
ils y trouvèrent toute la population armée, y compris les
paysans des environs. L'avant-veille le général Foy, chargé
d'aller porter une sommation à l'évêque gouverneur d'O-
porto, avait été maltraité par les milices, dépouillé de ses
vêtemens et jeté dans un cachot, dont il s'échappa fort
heureusement. (*Édit.*)

la Galice, et assura ses communications avec les Espagnols.

Tandis que Soult était ainsi comme bloqué dans Oporto, le ministère anglais ne se laissant pas décourager par le mauvais succès de sa dernière expédition, résolut de continuer à défendre le Portugal, et de former une alliance encore plus intime avec la junte suprême d'Espagne. Ne consultant que son opinion et la voix publique, il mit de côté toute considération de rang et de temps de service, pour confier le commandement des troupes qui allaient être envoyées sur le continent, à sir Arthur Wellesley, dont la conduite, lors de la bataille de Vimeira, et les explications qu'il donna ensuite à la cour d'enquête avaient appris à toute l'Angleterre que si le Portugal pouvait être défendu, il devait l'être par le vainqueur de cette journée. A peine était-il débarqué à Lisbonne, qu'il justifia pleinement l'opinion favorable de ses concitoyens. Il traversa le Douro sur différens points avec une rapidité à laquelle les Français ne s'attendaient pas, et, après une action brillante sous les murs d'Oporto, il força Soult à évacuer cette ville, et à commencer une retraite assez désastreuse pour ressembler à celle de sir John Moore[1]. Dans ce mouvement rétro-

---

[1] Comparaison que l'auteur ne se permet que par insi-

grade, les Français laissèrent derrière eux leur artillerie, leurs équipemens, leurs bagages, tout ce qui fait la force d'une armée et la met en état d'agir efficacement; et après tous ces sacrifices, le général, conservant tout au plus les trois quarts de ses troupes, put à peine se sauver en Galice, où il trouva beaucoup de difficultés à les rallier. Ney, qu'il avait laissé comme gouverneur de cette province, était serré de près par les patriotes, qui défirent les Français en différens combats, et qui reprirent les villes du Ferrol et de la Corogne.

Sir Arthur Wellesley ne put achever la défaite de Soult en le poursuivant en Galice, parce qu'après la déroute complète des Espagnols à Tudela, les Français avaient pénétré en Andalousie avec une force considérable. Ils n'avaient devant eux qu'une armée de quarante mille hommes, mal équipés et découragés, sous le commandement de l'imprudent et malencontreux général Cuesta. Il était évident que le maréchal Victor, qui commandait en Andalousie, pouvait détacher une bonne partie de ses forces sur Lisbonne, si sir Arthur Wellesley

nuation et qui est facile à réfuter; le maréchal Soult, quoique surpris et isolé, fit une retraite honorable. Son armée, qui conserva ses drapeaux et ses armes, resta prête à rentrer en campagne. (*Édit.*)

avait laissé cette ville découverte en se mettant à la poursuite de Soult : c'était ce qu'il fallait prévenir, s'il était possible. Le général anglais forma un plan admirable, dont l'exécution lui était rendue facile par le départ de Napoléon pour la campagne d'Autriche; il voulait marcher en Andalousie, opérer la jonction des forces anglaises avec celles de Cuesta, et attaquer les Français avec une vigueur qui pût en même temps arrêter leurs progrès dans le sud, et mettre en danger leur occupation de Madrid. Malheureusement, il semble qu'une jalousie, née bien mal à propos, s'était emparée de Cuesta, et elle se manifesta sous toutes les formes que pouvaient prendre l'obstination, la pétulance et la petitesse d'esprit. Il ne voulut consentir ni coopérer à aucun des plans combinés qui lui furent soumis par le général anglais; et quand il se présenta une occasion favorable d'attaquer Victor avant qu'il eût reçu les renforts que Joseph Buonaparte et Sébastiani lui amenaient de Madrid, Cuesta déclara qu'il ne livrerait point bataille un dimanche.

Le moment précieux fut ainsi perdu; et quand ces alliés furent obligés de se défendre au lieu d'attaquer, le 28 juillet 1809, ils n'avaient plus les mêmes avantages. Cependant la fameuse bataille de Talavera de la Reyna, dans laquelle

les Français furent complétement défaits, fut,
malgré ces circonstances défavorables, acceptée
par sir Arthur Wellesley. Les suites de cette
action, dans laquelle les troupes anglaises avaient
eu à se défendre contre un ennemi plus nombreux, furent pourtant, grâce à l'entêtement de
Cuesta, bien différentes de celles qu'aurait dû
produire une telle victoire. Les troupes françaises, se rassemblant de tous les points, ne laissèrent à sir Arthur d'autre moyen de mettre son
armée en sûreté, qu'en effectuant sa retraite en
Portugal ; et, faute de moyens de transport, que
le général espagnol aurait dû lui fournir, plus
de quinze cents blessés furent laissés à la merci
des Français. Ils furent traités comme on devait l'attendre d'un ennemi généreux ; mais cet
incident fournit un beau prétexte aux Français
pour contester la victoire, à laquelle ils avaient
renoncé en fuyant du champ de bataille. [1]

Les assertions des bulletins insérés dans *le
Moniteur* ne pouvaient tromper personne sur
la véritable situation des affaires. La junte d'Es-

[1] La chute du jour mit fin à la bataille de Talavera ;
chaque armée resta en possession de son terrain ; tous les
rapports anglais et espagnols prouvent que l'ennemi s'attendait pour le lendemain à une nouvelle action : la victoire fut donc au moins indécise, et l'auteur a été induit
en erreur par affection pour lord Wellington. (*Édit.*)

pagne reconnut les services rendus par le général anglais, et, quoique un peu tard, priva Cuesta du commandement, pour montrer qu'elle désapprouvait sa conduite inexplicable. En Angleterre, sir Arthur Wellesley fut appelé à la pairie sous le titre de lord Wellington, nom qui était destiné à s'élever, aux applaudissemens unanimes de toute la nation, aussi haut que notre constitution peut le permettre ; mais Buonaparte honora le vainqueur de Talavera par le ressentiment violent que lui inspira cette nouvelle. Il l'avait apprise par sa correspondance particulière avant l'arrivée de l'officier chargé des dépêches officielles. Cet officier fut extrêmement mal reçu ; et, comme si les messagers devaient être responsables des nouvelles qu'ils apportent, un autre officier, porteur d'un duplicata des mêmes dépêches, fut traité encore plus durement, et mis aux arrêts pour quelque temps. Cette explosion de colère ne pouvait être occasionnée par les conséquences de cette bataille, car l'œil expérimenté de Napoléon dut apercevoir les circonstances qui firent perdre, en grande partie, aux armées alliées les fruits de la victoire ; mais il vit aussi que la bataille de Talavera promettait aux soldats anglais et espagnols, que les Français fuiraient devant eux si on leur résistait avec détermination. Il prévit aussi que le gouvernement anglais serait tenté de continuer la lutte sur le continent, et que les Espagnols seraient encouragés dans leur résistance ; en un mot, il prévit cette guerre de six campagnes sanglantes et désespérées, qui ne se termina que par la bataille de Toulouse, en 1814.

Mais il n'était pas besoin de prévoir ces événemens, encore éloignés, pour que l'esprit de Napoléon fût rempli d'inquiétudes relativement à l'Espagne. Il est vrai que la fortune semblait sourire de toutes parts à ses armes. Saragosse, une seconde fois assiégée, soutint son ancien renom, mais sans le même résultat. Après des efforts aussi terribles que ceux du premier siége, la garnison et les citoyens, également braves, privés de moyens de défense, et n'ayant aucun espoir d'être secourus, avaient été obligés de se rendre quelques mois auparavant.

Gironne, Tarragone, Tortose, quoique vigoureusement défendues, furent si habilement bloquées qu'il semblait que la Catalogne, la plus belliqueuse des provinces d'Espagne, était complétement subjuguée, et en conséquence ces villes furent bientôt obligées de capituler aussi.

L'Andalousie, la plus riche de celles qui soutinrent la cause patriotique, fut réellement conquise par suite d'une défaite totale éprouvée par la grande armée d'Espagne, sous Areizaga, à Ocana, en novembre 1809, après que les troupes anglaises se furent retirées sur les frontières de Portugal. Joseph Buonaparte, à qui le chemin fut ouvert par ce dernier succès, entra en triomphe à Cordoue, le 17 janvier 1810, et même dans la fière Séville, le 1ᵉʳ février suivant ; cependant le prix principal de la victoire n'avait pas encore été obtenu. La junte suprême avait effectué sa retraite à Cadix ; et cette ville, située dans une île, séparée du continent d'un côté par un canal et des trois autres par l'Océan, était susceptible de la défense la plus opiniâtre.

Cadix contenait une garnison de vingt mille hommes, Anglais, Espagnols et Portugais, sous le commandement du général Graham, officier distingué, dont le mérite, comme celui de Buonaparte, avait brillé, pour la première fois, au siége de Toulon. Le maréchal Soult, général en chef en Espagne, se disposa à faire lui-même le siége de cette ville, dont la chute aurait presque été un arrêt de mort pour la cause des patriotes espagnols.

Mais quoique ces succès importans figurassent bien dans *le Moniteur*, tel était le caractère indomptable des Espagnols, irrités au plus haut degré par l'invasion de Napoléon, que les désastres qui auraient renversé toutes les espérances d'un

autre peuple, semblaient ne produire sur eux
d'autre effet que de les appeler à une résistance
plus opiniâtre et plus désespérée. Quand ils par-
laient de la situation de leur pays, c'était sans
se montrer découragés par les circonstances les
plus fâcheuses. Il avait fallu deux siècles à leurs
ancêtres, disaient-ils, pour se délivrer de la
domination des Maures, et ils ne doutaient pas
qu'en moins d'années ils ne secouassent le joug
de la France; mais ils devaient tout attendre
du temps, des occasions et de leur valeur. Les
événemens de la guerre démontrèrent, sous
bien des rapports, que leur espoir n'était pas
sans fondement. Les Espagnols se trouvaient
souvent faibles quand ils se croyaient le plus
forts; mais quelquefois on les voyait forts,
lorsque, d'après toutes les apparences, ils
étaient le plus faibles. Quand ils eurent perdu
l'Andalousie, qu'on croyait si facile à défendre, la province montagneuse de la Galice, que les Français avaient si récemment
traversée en triomphe, en poursuivant les
Anglais et en s'emparant, chemin faisant, des
villes maritimes importantes du Ferrol et de la
Corogne, fut arrachée aux conquérans par les
efforts de La Romana, aidé par les belliqueux
habitans du pays, et à la tête d'une armée sans
discipline et mal équipée.

De même en Catalogne, les Français avaient à peine eu le temps de réduire les villes et les forteresses dont nous avons parlé, qu'ils se virent arrêtés, tenus en échec, et souvent défaits par les Catalans, sous Lacy, O'Donnel et d'Eroles, qui soutinrent la cause patriotique à la tête des braves Somatens ou Miquelets. Même quand les Français eurent étendu leurs conquêtes jusqu'à la Méditerranée, et tandis qu'ils faisaient gronder leurs foudres aux portes de Cadix, il s'en fallait tellement qu'ils fussent en possession paisible de la Navarre et des autres provinces limitrophes de la France, que pas un officier chargé de dépêches ne pouvait passer de Burgos à Bayonne sans une forte escorte. Des bandes d'Espagnols se montraient même sur les frontières françaises, et y faisaient des incursions pour lever des contributions à main armée. Tel étant l'état des frontières les plus voisines de la France, on peut bien supposer que les provinces de l'intérieur ne montraient pas plus de soumission. Dans le fait, les Français n'avaient, dans toute la Péninsule, d'autre influence que celle que leur procuraient le sabre et la bayonnette ; et partout où ce moyen échouait, le pays était en insurrection.

Cette résistance persévérante était entretenue par le système général des guérillas, c'est-à-dire par cette guerre de partisans qui, convenant particulièrement au génie des Espagnols et au caractère de leur pays, offrait aux agresseurs des difficultés bien plus formidables que celles qu'auraient pu causer des armées régulières, parce qu'il était moins facile d'approcher de ces corps épars et de les écraser dans des actions générales. Il en était des défenseurs de l'Espagne comme du gardien du château enchanté dans le poëme romanesque de l'Italie. Un guerrier armé se présentait d'abord contre le champion qui tentait l'aventure; et, quand il était tombé sous le glaive de l'assaillant, le poste qu'il avait occupé paraissait défendu par un corps de pygmées si nombreux et si entreprenans, qu'ils fatiguaient le chevalier errant beaucoup plus que ne l'avait fait la force gigantesque de son premier adversaire. Les qualités du partisan ou soldat irrégulier appartiennent au caractère national de l'Espagnol. Calme, résigné, capable de supporter une grande fatigue, cachant sous un air de sang-froid un caractère plein de feu et d'impétuosité, il sait attendre les occasions favorables, et ne se laisse pas aisément décourager par les difficultés et les défaites. Bons tireurs en général, et maniant avec adresse la lance, l'épée et le poignard, les Espagnols sont redoutables dans une embuscade, et ne le sont pas moins dans la mêlée, alors qu'ils combattent corps à corps, plutôt d'après l'impulsion de la nature que d'après les règles de la guerre. L'obstination du caractère castillan avait aussi ses avantages dans ce genre particulier de guerre : ni les promesses ni les menaces ne faisaient impression sur les Espagnols ; et, si ces menaces étaient suivies d'actes de sévérité, ils ne faisaient qu'ajouter à l'esprit d'hostilité politique celui de la vengeance personnelle, sentiment que l'Espagnol écoute beaucoup plus volontiers que la voix de la prudence et de la persuasion.

Les officiers n'étaient pas moins propres à cette guerre que les soldats. Le commandement d'une guérilla était de nature à n'être désiré que par un homme qui se sentait en état de remplir ce poste éminent et dangereux, et appelé, en quelque sorte, à l'accepter. Peu d'officiers espagnols possédaient la connaissance scientifique de l'art de la guerre, et par conséquent peu d'entre eux étaient capables de conduire des armées en campagne ; mais les qualités nécessaires à un chef de guérilla sont innées dans le cœur de l'Espagnol, et prêtes à se développer quand l'occasion l'exige. Parmi ces chefs, il se trouvait des hommes de haute naissance, qui avaient reçu une éducation militaire ; quel-

ques uns avaient été contrebandiers, paysans,
ou avaient exercé d'autres professions, comme
le prouvaient leurs noms de guerre, le Curé, le
Docteur, le Berger, et plusieurs autres[1]. Beaucoup de ces noms vivront long-temps avec le
souvenir de leurs brillantes actions; d'autres,
comme ceux de Mina et de l'Empecinado, nous
rappelleront en même temps de quelle affreuse
ingratitude leurs efforts héroïques ont été ré-
compensés.

Ces hommes entreprenans connaissaient parfaitement les positions fortes, les défilés, les
bois, les montagnes et les déserts des provinces
dans lesquelles ils faisaient la guerre, et les renseignemens exacts qu'ils recevaient des paysans les tenaient au courant de tous les mouvemens de l'ennemi. Si un détachement français
trop faible se mettait en marche, il courait le
risque d'être coupé; si on laissait dans une place
une garnison trop peu nombreuse, la forte-
resse était prise. Les moindres objets, aussi
bien que les plus importans, fixaient l'attention des guérillas : un courrier ne pouvait faire
un pas sans une forte escorte, et le Roi intrus
ne pouvait se livrer à l'amusement de la chasse,
même dans le voisinage immédiat de sa capi-

---

[1] *El Capucino , el Medico , el Pastor.* (*Édit.*)

tale , à moins que , comme le comte Percy dans la ballade, il ne fût suivi de quinze cents hommes de garde [1]. Les Juramentados, c'est-à-dire les Espagnols qui avaient prêté serment de fidélité au roi Joseph, étaient naturellement surveillés de très près par les guérillas ; et s'ils montraient dans la cause qu'ils avaient embrassée une activité inquiétante, ils étaient souvent enlevés et punis comme traîtres , exemples qui rendaient la soumission aux Français, ou toute coopération avec eux , une mesure au moins aussi imprudente qu'une opposition déclarée à leur invasion.

Le nombre des guérillas varia à différentes époques, suivant que leurs chefs croissaient en renommée ou perdaient celle qu'ils avaient acquise. Quelques uns étaient à la tête de petites armées légères de deux mille hommes et plus ; d'autres, et quelquefois les mêmes chefs, après un revers de fortune, n'avaient à leur suite que dix à vingt hommes. Les Français essayèrent souvent de surprendre et d'exterminer les partis qui les harcelaient davantage ; et, dans ce dessein, ils détachaient, de différens points, des colonnes mobiles qui devaient se réunir au

____

[1] L'auteur veut parler de la ballade populaire de *Chevy-chace*. (*Édit.*)

rendez-vous général de la guérilla. Mais, malgré l'activité et l'adresse qu'ils déployaient dans
ces expéditions, ils réussirent rarement à trouver l'ennemi hors de garde, ou, si cela arrivait,
les individus composant la troupe se déban-
daient, disparaissaient par des sentiers qui n'é-
taient connus que d'eux seuls; et quand les
officiers français les croyaient totalement anéan-
tis, ils se rassemblaient sur un autre point, faisaient une guerre de partisans contre l'arrière-
garde de ceux qui venaient d'espérer de les
avoir à leur merci, et interceptaient leurs communications. Ainsi, invisibles quand on les
cherchait, les guérillas semblaient être partout
où elles pouvaient nuire à leurs ennemis. Leur
donner la chasse était une entreprise aussi
vaine que de poursuivre le vent; et chercher
à les entourer, c'était puiser de l'eau dans un
crible.

Soult eut recours à la sévérité pour intimider
ces ennemis, qui ne se montraient que par
instans, mais qui le harcelaient sans cesse. Il
publia une proclamation qui menaçait de traiter
les membres des guérillas non comme des soldats réguliers, mais comme des bandits pris en
flagrant délit, et de faire ainsi exécuter tous
ceux qui seraient faits prisonniers. Les chefs espagnols répliquèrent à cette proclamation, en

publiant ce qu'ils appelaient un décret royal, déclarant qu'attendu la nécessité des circonstances tout Espagnol était soldat, et avait droit à tous les priviléges de la guerre quand il était pris les armes à la main. Ils annonçaient donc qu'ayant en leur pouvoir de nombreux moyens de représailles, ils ne se feraient aucun scrupule d'en user, en faisant exécuter deux Français pour chacun des leurs qui perdrait la vie, en conséquence de l'injuste et barbare proclamation de Soult. Ces menaces furent exécutées de part et d'autre. Un général français donna, dit-on, un horrible exemple de cruauté, en faisant, en quelque sorte, crucifier, c'est-à-dire clouer à des arbres huit prisonniers qu'il avait faits, appartenant aux guérillas de l'Empecinado. Le ressentiment de l'entreprenant Espagnol était trop violent pour qu'il écoutât la crainte ou la pitié. Il répondit à cette cruauté en faisant clouer aux mêmes arbres un pareil nombre de Français, qu'il laissa remplir de leurs gémissemens la forêt de Guadarama; mais ces excès devinrent rares de part et d'autre, car l'intérêt mutuel des deux partis les porta bientôt à en revenir aux lois ordinaires de la guerre. [1]

---

[1] Il est juste de dire que les premières cruautés furent exercées par des Espagnols. (*Édit.*)

Nous avons tracé une légère esquisse du caractère particulier de ce genre de guerre. Il forme un chapitre curieux et intéressant dans l'histoire du genre humain, et sert à prouver combien il est difficile, même en employant les moyens militaires les plus formidables, de soumettre un peuple déterminé à ne pas se courber sous le joug. Cette probabilité n'avait pas échappé à la sagacité de Buonaparte, qui, quoique prévoyant les conséquences de cette démarche, n'avait pu résister à la tentation de s'emparer de cette belle monarchie. Il était même déterminé, comme on dit qu'il s'exprima lui-même, à régner du moins sur l'Espagne, s'il ne pouvait régner sur les Espagnols; mais ce désir cruel, formé par la colère plutôt que par la raison, n'aurait pu, même s'il eût été satisfait, mettre fin aux embarras qui naissaient des affaires de la Péninsule.

Buonaparte, avec cet esprit de calcul qui était un des principaux attributs de son génie, avait compté que l'Espagne, quand il en serait maître, conserverait les mêmes canaux de richesse qu'elle avait possédés dans les provinces de l'Amérique méridionale. S'il avait pu mettre tout son plan à exécution, si le vieux Roi s'était embarqué pour le Mexique ou pour le

Pérou, il aurait pu arriver que Napoléon aurait profité de son influence sur Charles, sur la reine d'Espagne et sur son favori Godoy, pour réaliser ses espérances; mais, en conséquence de la rupture qui avait eu lieu, les colonies espagnoles, faisant d'abord cause commune avec les patriotes de la mère-patrie, envoyèrent à Cadix des sommes considérables pour soutenir la guerre contre la France; et quand, envisageant les choses sous un autre point de vue, elles jugèrent le moment favorable pour déclarer leur indépendance, le canal par lequel des tributs annuels arrivaient à la vieille Espagne se trouva entièrement à sec.

C'était sur quoi Buonaparte n'avait pas compté; et il eut alors à regretter son imprudente avidité, semblable à celle de l'enfant d'Ésope qui tua la poule aux œufs d'or: ce fut là pour lui un bien cruel désappointement. Napoléon avait employé les moyens qu'il possédait en France et les ressources de son trésor privé, pour payer tous les frais des deux grandes armées qui avaient d'abord occupé le territoire de l'Espagne; et il était naturel qu'il supposât qu'en cette occasion, de même qu'en tant d'autres, les troupes françaises, après cette première expédition, seraient payées et entretenues aux frais des provinces où elles se trouvaient. Il dut encore plus l'espérer lorsque l'Andalousie et les royaumes de Grenade et de Valence, pays riches et fertiles, furent ajoutés aux contrées envahies par ses troupes ; mais l'antipathie pour les Français était si générale, la suppression du numéraire fut si universelle, les troubles occasionnés par les guérillas laissèrent si peu de relâche, que le roi Joseph, sa cour et l'armée française, furent dans la nécessité d'avoir constamment recours à Napoléon pour se procurer des moyens de subsistance. On leur envoya, à cet effet, des sommes si considérables, que, dans tous les districts occupés par les Français, la monnaie espagnole disparut graduellement de la circulation, et fut remplacée par celle de France. La nécessité où il se trouva d'envoyer de l'argent dans un royaume d'où il avait compté en recevoir, fut donc une grande mortification pour Napoléon ; mais ce ne fut pas la seule que lui occasionna le gouvernement qu'il y avait établi.

En acceptant la couronne d'Espagne des mains de Napoléon, Joseph, homme doué de bon sens et de pénétration, avait dû suffisamment sentir que c'était un emblème de souveraineté empruntée et dépendante, qui ne brillait que des reflets du diadème de son frère. Il ne pouvait ignorer qu'en le faisant roi d'Espagne, Napoléon conservait tous ses droits sur lui ; comme sujet de la France, et que, quoique monarque de nom, il était encore vassal de l'Empereur comme roi et comme individu. Il devait être préparé à ces prétentions ; mais Joseph, qui avait sa part de l'orgueil de famille, s'attendait à posséder, à l'égard de tout autre que Buonaparte, au moins l'apparence extérieure de la souveraineté, et il fut très mécontent des procédés des maréchaux et des généraux envoyés par son frère pour le soutenir. Chacun d'eux, accoutumé à commander son corps d'armée particulier, n'ayant d'ordre à recevoir que de l'Empereur seul, agit d'après sa propre autorité ; et sur sa propre responsabilité leva des contributions suivant son bon plaisir, regardant l'autorité du roi Joseph comme celle d'un administrateur civil, sans utilité comme sans pouvoir, qui suivait les bagages de l'armée, et à qui l'on croyait ne devoir que peu de respect et point d'obéissance : en un mot, l'administration de la guerre et celle du gouvernement devinrent si compliquées, les prétentions mutuelles que mirent en avant les divers généraux français, tant contre Joseph que les uns contre les autres, furent si embarrassantes, que lorsque Joseph vint à Paris pour assister au mariage de Napoléon et de Marie-Louise, il demanda expressé-

ment que toutes les troupes françaises en Espagne fussent placées sous ses ordres, ou plutôt
sous ceux de son major-général, et proposa, en
cas de refus, d'abdiquer la couronne, ou, ce qui
était équivalent, qu'on rappelât d'Espagne les
auxiliaires français. Buonaparte avait déjà, dans
une autre occasion, nommé son frère généralissime des troupes qui se trouvaient dans ses
prétendus domaines ; il consentit alors que les
généraux français servant en Espagne fussent soumis, sans exception, à l'autorité du
maréchal Jourdan, le major-général du roi
Joseph. Mais comme ces généraux n'étaient
pas sous l'inspection immédiate de Buonaparte,
et qu'ils étaient obligés de rendre compte de
toutes leurs mesures, et au Roi intrus et à
Napoléon, il ne leur était pas difficile d'éluder
les ordres de l'un et de l'autre, et de se conduire, dans le fait, comme s'ils eussent été
indépendans de tous deux.

Ces circonstances, fort embarrassantes, le
devinrent encore davantage par la présence de
l'armée anglaise, qui, ayant chassé deux fois
les Français du Portugal, ne montrait nulle intention de se rembarquer, mais restait sur les
frontières de ce dernier royaume, prête à encourager et à seconder la résistance de l'Espagne. Ce n'était pas la faute du général en chef

si les devoirs des troupes qu'il commandait se bornaient alors, en quelque sorte, à ceux d'une armée d'observation. Si les troupes de l'expédition si mal avisée de Walcheren avaient été réunies à celles qui étaient sous les ordres de lord Wellington, elles auraient, avec infiniment moins de perte et beaucoup plus d'honneur, repoussé les Français au-delà de l'Èbre, ou, plus probablement, les auraient forcés à évacuer l'Espagne; mais notre cabinet, quoique adoptant sur ce royaume de nouvelles idées plus justes et plus hardies, pouvait-il tout d'un coup, et au milieu des clameurs d'une opposition qui ne voyait que des mesures de désespoir dans tous les moyens calculés pour résister à la France; notre cabinet pouvait-il, disons-nous, hasarder une portion si considérable de nos forces nationales dans une seule expédition, quelle que fût son importance? On ne devait pas s'y attendre. Les hommes d'État, même ceux qui ne manquent pas de lumières, sont sujets à oublier que, lorsqu'il faut beaucoup d'hommes et d'argent pour assurer le succès d'une entreprise, c'est une misérable politique que de chercher à économiser ces deux nerfs de la guerre, et qu'une économie faite si mal à propos, doit rendre les difficultés d'une expédition tout-à-fait insurmontables, ou considérablement ajouter aux pertes nécessaires pour les surmonter.

Cependant, à l'égard de la Péninsule, déchirée comme elle l'était par la guerre civile dans chaque province, à demi subjuguée et à demi délivrée, occasionnant une dépense énorme, et source perpétuelle de contradictions et de mortifications, Napoléon, pour nous servir d'une comparaison vulgaire, se voyait à peu près dans la situation d'un homme qui, ayant saisi un loup, trouve également difficile de terrasser l'animal furieux, ou de le laisser aller. Son empire sur l'esprit public reposait sur cette opinion assez générale, qu'il était prédestiné à réussir dans toutes ses entreprises. Il avait lui-même quelques idées de ce genre sur sa destinée, et il n'était ni dans son caractère, ni dans son système politique, de renoncer à ce qu'il avait une fois entrepris; il résolut donc de faire un effort gigantesque pour chasser de Portugal les léopards et leur général cipaye [1], comme les journaux français nommaient les Anglais et lord Wellington, pour s'emparer de Lisbonne, et fermer cette porte aux forces étrangères qui voudraient encore pénétrer dans la Péninsule.

D'après les ordres de l'Empereur, on leva une

[1] C'est-à-dire ayant commandé aux cipayes ou troupes indiennes à la solde de l'Angleterre. (*Édit.*)

armée qui devait porter le nom d'armée de Portugal ; une armée telle que la Péninsule n'en avait guère vu d'aussi forte. Les Français eux-mêmes la dirent de cent-dix mille hommes, mais bien certainement elle était au-dessus plutôt qu'au-dessous de quatre-vingt mille. Cette force imposante fut mise sous les ordres de Masséna, prince d'Essling, le premier nom de l'armée française après celui de Napoléon, et général tellement favorisé par la fortune, que son maître avait coutume de l'appeler l'*Enfant gâté de la victoire.*[1]

Les troupes anglaises de lord Wellington n'excédaient pas vingt-cinq mille hommes, et il y avait dans le nombre tant de malades, que tous ses mouvemens se bornaient nécessairement à la défensive ; il avait pourtant sous ses ordres une force subsidiaire de trente mille Portugais, dans lesquels tout autre général aurait mis peu de confiance ; mais ils recevaient de l'Angleterre leur paie et leurs rations ; ils étaient soumis à la discipline anglaise, et ils étaient commandés par des officiers anglais. Lord Wellington, qui avait vu l'Indou si peu belliqueux se

[1] Quel que fût le nombre de l'armée d'Espagne, cette armée fut subdivisée en plusieurs autres, et Masséna ne put opposer à Wellington que des troupes moins nombreuses que les siennes. (*Édit.*)

conduire, en pareilles circonstances, en digne compagnon du soldat anglais, ne doutait guère qu'il ne fût en état de réveiller l'ardeur naturelle des Portugais, naguère assoupie. Ce corps avait été discipliné en grande partie sous les auspices du maréchal Béresford, officier qui a des droits éternels à la reconnaissance de son pays pour la manière généreuse avec laquelle il se dévoua à des travaux qui d'abord n'avaient rien de bien flatteur, et qui promettaient peu; et pour le talent avec lequel il s'acquitta de cette tâche dans un moment si critique, en montrant autant de modération que de sagacité.

Il était pourtant de la plus haute importance d'éviter de trop compter sur les troupes portugaises, composées de nouvelles levées et encore peu exercées, avant qu'elles eussent appris quelque chose de la pratique, aussi-bien que de la théorie de la profession militaire.

Ainsi donc, contrarié par la faiblesse des troupes anglaises, d'une part, et de l'autre par la discipline imparfaite des troupes portugaises, lord Wellington fut réduit à une inaction temporaire; et il eut la mortification de voir les places frontières de Ciudad-Rodrigo et d'Almeida, prises presque en présence de son armée. Ces deux événemens malheureux portèrent, suivant l'usage, à un degré déraisonnable, les craintes de la nation anglaise; mais ils étaient entrés dans les calculs de lord Wellington, qui, en s'avançant sur les frontières, n'avait nulle envie de s'exposer à quelque risque pour la conservation de ces places, mais voulait seulement, en engageant les garnisons à tenir bon, prolonger, aussi long-temps qu'il serait possible, une défense dont la durée devait être aussi utile aux alliés, que désastreuse pour les Français.

Depuis long-temps il avait choisi la position sur laquelle il comptait organiser la défense du Portugal, et depuis long-temps il s'était occupé de la fortifier : c'était celle de Torres-Vedras, où il paraît, d'après sa propre déclaration devant la cour d'enquête de Cintra, qu'il s'était attendu que Junot opposerait de la résistance après la bataille de Vimeira. Tous les mouvemens préalables de lord Wellington furent calculés habilement pour attirer l'ennemi loin de ses magasins et de ses communications, vers ce point, au-delà duquel il prétendait empêcher les Français de s'avancer.

Quelque justes que fussent les admirables combinaisons de lord Wellington, le hasard, ou, pour mieux dire, la présomption du général français, le favorisa au point de lui fournir une occasion inattendue de trouver de la gloire dans une retraite dictée par la prudence. Si Masséna rendait justice au courage des Anglais, il se croyait le droit de braver les talens militaires de leur général. Il voyait, à la vérité, que leur mouvement rétrograde des bords du Coa sur Lisbonne était conduit avec la prudence et le sang-froid réfléchi d'un habile joueur d'échecs; mais ce n'en était pas moins un mouvement rétrograde; il ne put résister à la tentation d'accélérer la retraite des troupes anglaises par une attaque soudaine et hardie, et de les jeter, sinon dans la mer, du moins sur leurs vaisseaux, vers lesquels il ne doutait pas qu'ils ne se rendissent.

Ce fut ce qui amena la bataille de Busaco, qui fut livrée le 27 septembre 1810.

En ce jour mémorable, l'armée anglaise se trouvait sur la Sierra, c'est-à-dire sur le haut des montagnes nommées Busaco. Masséna, en tournant l'extrémité de la chaîne, aurait pu forcer le général anglais à recommencer sa retraite, mais il voulut emporter directement cette position. Cinq fortes divisions de l'armée française prirent part au combat. Deux attaquèrent sur la droite; l'une d'elles s'étant ouvert un chemin jusqu'au sommet du plateau, en fut renversée à la pointe de la bayonnette; l'autre, ayant essuyé de grandes pertes par le feu des Anglais, làcha pied avant d'atteindre la hauteur. Les trois divisions qui attaquèrent sur la gauche eurent à peu près le même sort. Repoussé sur ce terrain défavorable, l'ennemi perdit, suivant tous les calculs, deux mille hommes au moins, non compris un très grand nombre de blessés. L'effet moral de la bataille de Busaco fut immense. Elle prouva aux Anglais eux-mêmes et aux Portugais que la retraite de l'armée de lord Wellington était le résultat non de la crainte, mais d'un calcul réfléchi : elle fit voir aussi quel degré de confiance on pouvait, sans danger, accorder aux levées portugaises. « Elles se sont montrées, dit lord Wellington dans sa dépêche officielle, dignes de combattre dans les mêmes rangs avec les troupes anglaises »; et ces levées sentirent leur confiance augmenter en proportion de la justice qu'on rendait à leur conduite.

L'armée française, renonçant à toute autre attaque sur la Sierra, commença à en tourner l'extrémité, et se mit en marche sur Lisbonne, du côté de Coïmbre. Là Masséna plaça une forte arrière-garde, établit ses hôpitaux, et laissa ses blessés. Mais l'enthousiasme occasionné par la victoire de Busaco ¹ ne s'était pas

¹ Le combat de Busaco ne fut qu'une victoire *négative*. (*Édit.*)

encore refroidi parmi les Portugais. Le colonel Trant, officier anglais qui commandait un corps de milice portugaise, fondit courageusement sur Coïmbre, et emporta cette place par une attaque soudaine. Environ cinq mille hommes, blessés pour la plupart, il est vrai, tombèrent entre les mains des Portugais avec tous les approvisionnemens des hôpitaux français; et Masséna, qui ne put reprendre cette ville, perdit toutes les provisions et tous les magasins dont il avait établi le dépôt dans la place, et que la fertilité des cantons voisins l'avait mis en état d'y réunir.

Les deux armées furent grandement surprises, quand la retraite des Anglais et la marche en avant des Français cessèrent tout à coup. Les premiers prirent une position régulière, qui, à force de travaux et d'habileté, avait été rendue presque imprenable, étant défendue par des redoutes et par des batteries de grosse artillerie. Le Tage et le port de Lisbonne assuraient leurs subsistances, même abondamment, et l'infériorité de leur nombre était bien compensée par la force de leur position.

Au contraire, les Français, qui avaient compté entrer dans Lisbonne en conquérans, se trouvèrent dans un pays qui avait été dévasté par ceux mêmes qui le cultivaient, sans hôpitaux et sans magasins derrière eux, ayant en face un ennemi dont ils venaient d'éprouver la force, et entourés d'une population hostile et presque entièrement sous les armes. Si l'on pouvait dire que Masséna, dans une telle situation, assiégeait Lisbonne, il n'en était pas moins dans le plus grand danger d'être réduit à ces extrémités de la famine, qui sont ordinairement le partage des assiégés. Il semblait, par quelque étrange incident, avoir changé de situation avec les habitans de cette capitale, et souffrir tous les maux qu'il se proposait de leur infliger.

La guerre s'arrêta alors de part et d'autre. Lord Wellington avait atteint le point qu'il comptait défendre. Masséna semblait ne savoir par où commencer l'attaque. Le cerf, serré de près, s'était retourné tout à coup ; mais le chien ne s'élançait pas. Les yeux de toute l'Europe étaient dirigés vers le Tage, sur les rives duquel devaient se décider les prétentions rivales de deux grands généraux, au nom de deux puissantes nations ; mais cet événement resta en suspens plusieurs mois [1], et pendant ce temps

---

[1] L'auteur, par un amour-propre national excusable, élude ici la véritable exposition des faits, et la voici : Masséna, à la tête de trente-cinq mille hommes accablés de

notre histoire doit nous ramener à d'autres objets.

privations de toute espèce, dans un pays hostile, bloqua pendant six semaines trente-six mille Anglais, trente-cinq mille Portugais, plus de treize mille hommes de milice, et dix mille Espagnols. (*Édit.*)

CHAPITRE III.

Changement dans les principes de gouvernement de Napoléon. — Causes qui l'amènent. — Il commence à se méfier
de Talleyrand et de Fouché. — Il s'explique avec celui-ci,
qui le satisfait pour le moment. — Fouché, à l'insu de
Napoléon, cherche à s'assurer des vues de l'Angleterre relativement à la paix. — Son plan est déjoué par sa collision
singulière avec un plan semblable formé par Napoléon à
l'insu de son ministre, — et Fouché est envoyé à Rome en
qualité de gouverneur-général. — Son caractère moral et
politique. — On regrette son renvoi. — Murmures du
peuple contre l'alliance avec l'Autriche et les effets qu'on
lui suppose. — Système continental. — Son objet. — Ignorance de Napoléon sur les sentimens politiques de la
Grande-Bretagne. — Système des licences ; — sa nature et
ses effets. — Louis Buonaparte : — il tâche en vain de garantir la Hollande des effets du système continental : — il
abdique le trône et se retire à Gratz en Styrie. — La Hollande est annexée à l'empire français. — Cette mesure
rend Napoléon extrêmement impopulaire.

Depuis que Buonaparte avait obtenu, en
1804, le pouvoir absolu dans la république
française, un changement graduel avait eu lieu
dans ses principes de gouvernement et dans le
caractère des hommes d'État qu'il employait
comme ministres et comme conseillers. Pendant les deux premières années, et au-delà, il

avait gouverné d'après les principes d'une monarchie limitée, où le souverain profite des plus grands talens qu'il peut trouver parmi ses sujets, et montre de la déférence pour ceux qui se sont distingués, soit par le rôle politique qu'ils ont joué, soit par leur réputation dans l'opinion du public. Parmi ses conseillers à cette époque, on voit figurer un grand nombre de personnages qui avaient marqué dans la révolution, des hommes que différens motifs avaient portés à voir sans regret et même à favoriser l'élévation de Napoléon, naguère leur égal, mais qui se souvenaient encore dans quelle position respective eux et lui s'étaient trouvés autrefois. En donnant des conseils à un empereur, ces hommes d'État le faisaient avec d'autant plus de liberté qu'ils se rappelaient le temps où ils étaient de niveau avec lui, et peut-être même dans un rang plus élevé.

Cette époque de son règne pendant laquelle Napoléon souffrit que son audacieuse ambition fût, jusqu'à un certain point retenue et dirigée par le jugement des autres, fut certainement l'époque la plus honorable, sinon la plus brillante, de toute sa carrière. Mais, à mesure que son pouvoir s'accrut et se consolida, l'Empereur commença à préférer cette classe de ministres complaisans qui aimaient mieux deviner ou embrasser ses propres opinions que d'essayer franchement de les critiquer et de les réfuter.

L'histoire justifie Napoléon, ou du moins l'excuse, d'être tombé dans cette erreur toute naturelle. Il sentait, et avec raison, que lui seul avait été le créateur de ses plans gigantesques, et même, en grande partie, l'instrument qui les avait mis à exécution, et il fut porté à croire que, puisqu'il avait tant fait, il pouvait également faire le reste. Les projets qu'il avait originairement conçus lui-même avaient été exécutés par son génie militaire, il semblait donc que les avis des conseillers, si indispensables aux autres princes, pouvaient être inutiles à un souverain qui avait prouvé qu'il pouvait suffire à tout dans le cabinet et sur le champ de bataille : cependant cet argument n'était qu'un argument illusoire, quoiqu'il parût appuyé sur des faits. Il peut être vrai que, dans les conseils de Buonaparte, peu de mesures importantes fussent suggérées par ses ministres, et qu'en général ce fût de lui qu'émanaient toutes les propositions dans les affaires essentielles ; mais il n'en était pas moins important que ces plans fussent mûrement pesés et discutés par des hommes qui eussent assez d'expérience pour ne pas se laisser tromper par les apparences, et trop de courage pour hésiter à dire ce qu'ils pensaient. Les avis d'hommes tels que Talleyrand et Fouché servaient de frein à des projets conçus à la hâte et soutenus avec opiniâtreté; et leur influence, quoique invisible partout ailleurs que dans le cabinet impérial, pouvait se comparer à la quille d'un navire, qui, quoique cachée sous les eaux, sert à en maintenir l'équilibre au milieu des vagues, et règle la force d'impulsion que lui donnent ses voiles enflées par le vent; tel est encore le balancier d'une pendule, qui en dirige et gouverne le principal ressort : cependant, quoique Napoléon dût comprendre ces avantages, il était encore plus susceptible d'un sentiment de jalousie, qui le portait à soupçonner que ces hommes d'État étaient plus disposés à se créer un intérêt séparé dans le gouvernement et dans la nation, qu'à se regarder comme complétement dépendans de l'autorité impériale.

Il est vrai que le caractère de Talleyrand et celui de Fouché autorisaient quelques soupçons de cette nature. Ils s'étaient distingués pendant la révolution avant qu'on eût entendu prononcer le nom de Napoléon; ils connaissaient tous les ressorts qui l'avaient fait mouvoir, et ils conservaient, comme Buonaparte

pouvait le soupçonner, l'inclination et même
le pouvoir d'intervenir dans toute crise publique accidentelle plus efficacement qu'il ne
convenait à ses vues politiques. A la vérité,
il les avait gorgés de richesses ; mais, s'il con-
sultait son propre cœur, il devait sentir que
les richesses n'offrent qu'une faible indemnité
de la perte du pouvoir politique ; en un mot,
il soupçonnait que les grands services que
lui rendaient Talleyrand comme ministre des
affaires étrangères, et Fouché comme ministre de la police, étaient propres à les élever
au rang d'agens nécessaires et indispensables,
et à en faire, jusqu'à un certain point, des
hommes indépendans de son autorité. Il se doutait, en outre, qu'ils conservaient encore des
relations avec une société politique, nommée
les Philadelphes [1], composée d'anciens républicains et d'autres individus dont la profession
de foi politique n'était pas la même, mais réunis par le désir commun d'obtenir quelque
degré de liberté, soit en profitant des faibles
moyens de répression que pouvait encore fournir la constitution, dont on avait si soigneusement exclu tout moyen d'opposition à la vo-

---

[1] *Voyez*, au sujet des Philadelphes, l'ouvrage curieux
sur les *Sociétés secrètes de l'armée*, attribué à M. Ch.
Nodier. (*Édit.*)

lonté impériale, soit en attendant qu'il arrivât
à Napoléon quelque désastre qui donnât plus
de force à leur voix.

La méfiance qu'inspiraient à Buonaparte ses
ministres n'était pas fondée sur de vagues conjectures. Tandis qu'il était en Espagne, il reçut
des informations paraissant indiquer qu'il se
formait dans le Corps Législatif un parti d'opposition contre la volonté impériale. Il est
bon de se rappeler que ce corps votait au
scrutin, et l'assemblée fut aussi surprise qu'a-
larmée quand les boules noires, désapprouvant une mesure soumise à sa considération
par le gouvernement, se trouvèrent au nombre
de cent vingt-cinq, formant le grand tiers des
membres présens.

Une note officielle du 4 décembre, datée de
Valladolid, rappela sur-le-champ aux membres présomptueux de cette opposition, que le
droit de rejeter les lois qui leur étaient présen-
tées au nom de l'Empereur, et qu'ils avaient si
audacieusement essayé d'exercer, ne leur était
accordé qu'en apparence, et ne devait pas être
regardé comme leur donnant un pouvoir réel et
effectif. Les paroles de Napoléon, ami des institutions libérales, comme on l'a prétendu,
sont dignes de remarque. « Nos maux », dit-il,
« sont venus en partie d'une exagération d'idées

qui a porté le Corps Législatif à se considérer comme représentant la nation, idée chimérique et même criminelle, puisqu'elle indiquerait un droit à une représentation qui n'appartient qu'à l'Empereur seul. Le Corps Législatif devrait se nommer le Conseil Législatif. Il ne possède pas le droit de faire des lois, puisqu'il n'a pas celui de les proposer. Dans la hiérarchie constitutionnelle, l'Empereur et les ministres, qui sont ses organes, sont les premiers représentans de la nation. Si d'autres prétentions, soi-disant constitutionnelles, pervertissent les principes de notre constitution monarchique, tout est perdu. »

Tout cela est fort intelligible, et prouve qu'en principe, sinon en pratique, la constitution monarchique de la France reposait sur la même base de despotisme qui soutient la constitution monarchique de Constantinople, où les ulémas (hommes de loi) ont le droit ostensible de résister aux édits du Grand-Seigneur, et ne sont exposés qu'au châtiment d'être broyés dans un mortier s'ils s'avisent de l'exercer. Cependant on aurait pu pardonner à un membre du Corps Législatif de France les deux questions suivantes : d'abord, il pouvait désirer savoir ce que représentait ce corps, choisi par le peuple quoique indirectement, s'il ne représentait pas ceux

qui l'avaient élu? Ensuite quelle était son autorité réelle dans l'État, s'il ne devait pas jouïr
du droit de rejeter les propositions que la constitution voulait qui lui fussent soumises avant
qu'elles eussent force de loi?

Buonaparte avait de forts soupçons que cette
humeur indocile manifestée si subitement par
une assemblée si complaisante, devait avoir eu
l'appui de Talleyrand et de Fouché. En conséquence, dès qu'il fut de retour à Paris, il
sonda ce dernier ministre sur la révolte du
Corps Législatif, et lui demanda ce qu'il pen-
sait du genre de mesures qu'il avait pris pour
la réprimer. Fouché avait joué trop long-temps
le rôle d'espion des pensées secrètes des autres,
pour être capable de la faiblesse de laisser apercevoir les siennes. Empruntant les accensdu pa-
négyrique, il approuva pleinement le ton décidé
de la note officielle, déclara que c'était la seule
manière de gouverner un royaume; et ajouta
que si un corps constitutionnel s'arrogeait un
droit de représentation nationale, le souverain
n'avait d'autre alternative que de le dissoudre
à l'instant. « Si Louis XVI eût agi ainsi », dit le
ministre, « peut-être vivrait-il et serait-il encore roi de France aujourd'hui. » Étonné de
la chaleur et de la promptitude de cette réponse, Buonaparte regarda un instant son mi-

nistre avec un air de surprise, en l'entendant énoncer des sentimens si différens de ceux qui avaient dirigé la première partie de sa vie politique. « Et cependant, duc d'Otrante », dit l'Empereur au ci-devant jacobin, « il me semble que vous étiez vous-même un de ceux dont la voix a envoyé Louis à l'échafaud.

— « C'est la vérité », répondit le souple politique sans confusion et sans hésiter, « et ce fut le premier service que j'eus l'honneur de rendre à Votre Majesté. »

Cette réponse politique sauva le ministre pour le moment; mais Napoléon n'en continua pas moins à voir dans Fouché un objet de méfiance et d'appréhension, dont le crédit était immense parce qu'il avait été si long-temps à la tête de la police; dont la duplicité était impénétrable, et qui laissait bien percer le désir de s'assurer quelque autorité individuelle séparée, en se rendant soit trop nécessaire pour être congédié, soit trop formidable pour être offensé impunément.

Fouché lui-même est convenu, en effet, qu'il s'efforçait de régler les devoirs de sa place, de manière à s'assurer autant de pouvoir que possible, que, tant pour obtenir de la popularité que par respect pour la vertu, dont il était personnellement dépourvu, il désirait exercer ses fonctions de manière à blesser le moins possible les individus. Voici, sur sa manière de traiter les affaires avec l'Empereur, ce qu'il dit lui-même; et c'est une révélation caractéristique: Un homme de rang, désirant sortir de la prison dans laquelle il était détenu, avait été assez heureux pour que Fouché voulût bien employer son crédit en sa faveur. Il avait reçu de cet homme d'État plus d'une assurance que son passe-port lui serait accordé; mais cette pièce n'avait pas encore été revêtue de la signature impériale; et Fouché, qui commençait à craindre que sa propre sincérité ne fût mise en question, commença un matin, en présence de la personne à qui nous devons ces détails, et d'un des généraux distingués de l'empire, à expliquer, comme il suit, d'une manière oblique, la cause de ce retard.

« Vous vous regardez, sans doute, comme un homme brave?» dit-il en s'adressant au général.

« Bah! » répondit celui-ci en prenant le même ton de plaisanterie; «brave! brave comme cent lions!

—«Eh bien!» continua l'homme d'État, «je suis encore plus brave que vous. Je désire obtenir quelque faveur, voyez-vous, la liberté d'un ami ou quelque chose de ce genre; j'épie le moment favorable ; je choisis l'instant propre à la persuasion ; je suis insinuant, éloquent, et j'obtiens enfin ma demande à force d'argumens ou par importunité. Le lendemain, la signature qui devait ratifier la faveur qui m'a été accordée m'est refusée quand je la demande ; le papier que j'ai présenté est peut-être déchiré ou perdu sous un tas de pétitions et de requêtes. Or, c'est alors que se déploie mon courage, qui consiste à représenter, à plusieurs reprises, la même demande ; et, ce qui est peut-être le dernier degré d'audace, à la représenter comme une promesse qui, ayant une fois été faite, ne laisse d'autre moyen pour s'en dégager que de l'exécuter. »

On voit dans cet aveu le tableau d'un ministre possédant encore de l'influence, mais dont la faveur est sur son déclin, et déjà devenu l'objet de la jalousie de son souverain. On ne peut encore se refuser à sa demande personnelle, quoiqu'une promesse accordée avec répugnance à l'importunité soit oubliée volontiers, ou ne s'exécute enfin que tardivement et d'une manière désobligeante.

Fouché étant en ces termes avec un maître vigilant et jaloux en même temps, on ne peut qu'être étonné de l'audace de l'homme qui ne craignait pas d'affecter une sorte d'indépendance en prévenant les désirs de Napoléon, en ce qui concernait le service public, et même l'intérieur de la famille impériale. On en a vu un exemple frappant, à ce dernier égard, dans la tentative qu'il fit près de l'impératrice Joséphine à l'occasion du divorce ; et peut-être fût-ce parce qu'il se tira de ce premier embarras sans rien perdre de son pouvoir et de son crédit, qu'il se porta à une seconde démarche d'un caractère plus public et plus national, et dont l'objet était de sonder la possibilité de faire la paix avec l'Angleterre.

On peut découvrir plus d'un motif dans les mesures que prit Fouché dans cette affaire très importante, à l'insu et sans le consentement de Napoléon. Il savait que son maître, par sa manière de traiter, aurait pu, même dès les premiers pas, rendre impossible de découvrir à quelles conditions la Grande-Bretagne concluerait la paix. Napoléon aurait établi, comme préliminaires, certaines concessions que l'Angleterre n'aurait probablement pas voulu accorder, mais dont il n'aurait pu se départir après les avoir une fois demandées. Si donc Fouché pouvait trouver quelque secret moyen pour s'assurer à quelles conditions on pourrait traiter de la paix avec l'Angleterre, il rendait un service à la France, à la Grande-Bretagne, à Napoléon lui-même, et au monde entier. Ce n'est pourtant pas que nous nous imaginions que le duc d'Otrante, en particulier, voulût s'exposer à une disgrâce, et peut-être à des risques personnels, uniquement pour l'intérêt public. Mais indépendamment du plaisir que ceux qui ont long-temps suivi des intrigues politiques trouvent à les continuer, au point que cette habitude devient en eux aussi invétérée que celle du joueur, on peut voir que Fouché pouvait raisonnablement se promettre un accroissement important de crédit par le succès d'une telle négociation. S'il parvenait une fois à savoir à quel prix Napoléon pouvait obtenir cette paix, après laquelle le monde soupirait vainement, il posséderait, sur l'opinion publique, tant en France que chez l'étranger, une influence qui ne pouvait manquer de faire de lui un personnage de la plus haute importance ; et s'il arrangeait les choses de manière à devenir l'agent qui tirât avantage de ce qu'il aurait appris, et qui négociât un traité si important, il pouvait s'associer à la fortune de Napoléon comme un de ces ministres qu'on trouve fréquemment dans l'histoire ; que leurs souverains pouvaient ne pas aimer, mais qu'il leur était impossible de congédier.

Agissant d'après de semblables motifs, ou

d'autres moins faciles à pénétrer, Fouché jeta les yeux de toutes parts avec soin, pour chercher les concessions que la France pouvait faire pour calmer la jalousie de l'Angleterre, se flattant qu'il serait possible d'en venir à s'entendre avec le ministère anglais, affaibli par la perte de M. Canning, et découragé par les défaites subies par les patriotes espagnols, et par la fin sinistre de l'expédition de Walcheren. Les conditions qu'il aurait volontiers accordées, comprenaient l'assurance de l'indépendance des deux royaumes de Hollande et d'Espagne, comme si une pareille garantie eût pu avoir quelque valeur quand ces royaumes avaient pour souverains les frères de Napoléon, des rois qui n'étaient que ses préfets, et, comme nous le verrons tout à l'heure, révocables à son bon plaisir. Il consentait aussi à reconnaître la monarchie de Sicile en la personne du prince qui en portait la couronne, et celle de Portugal en la maison de Bragance. M. Ouvrard, à qui il avait été permis d'aller à Londres pour affaires de commerce, fut employé, par Fouché, pour ouvrir cette négociation furtive et délicate avec le marquis de Wellesley ; mais elle fut déconcertée par une circonstance singulière.

L'idée de savoir à quelles conditions on pourrait faire la paix s'était présentée à Napoléon aussi-bien qu'à Fouché ; et le souverain, de son côté, malgré le manque de succès des deux tentatives qu'il avait faites pour ouvrir une correspondance personnelle avec le roi d'Angleterre, avait marché sur les pas de son ministre, en chargeant M. La Bouchère, négociant, et agent d'une grande maison de commerce de Hollande, de servir d'intermédiaire pour une communication avec le gouvernement anglais. Il en résulta qu'Ouvrard et l'agent de l'Empereur, chacun d'eux ignorant la mission de l'autre, entrèrent à peu près en même temps en correspondance avec le marquis de Wellesley, qui, de retour de sa mission en Espagne, était alors secrétaire d'État pour le département de la guerre. Le ministre anglais, surpris de cette double ouverture, soupçonna naturellement qu'on cherchait à le tromper, et rompit toute correspondance tant avec Ouvrard qu'avec son compétiteur pour cette négociation.

Napoléon doit naturellement avoir été tellement courroucé contre Fouché pour s'être mêlé, sans son agrément, d'une affaire de si haute importance ; qu'on est presque surpris de le voir borner les effets de son ressentiment à disgracier son ministre. Il fit venir Fouché devant lui, et, lui ayant arraché l'aveu de sa négociation secrète, il ajouta : « Ainsi donc, vous faites la paix ou la guerre sans mon aveu ? » La conséquence fut que le duc d'O-trante fut privé du ministère de la police, qui fut donné à Savary ; et, peu de temps après, il fut envoyé dans une sorte d'exil honorable, comme gouverneur général de Rome. Buona-parte n'eut pas peu de peine à retirer, des mains de son ancien ministre, les notes confidentielles qu'il lui avait écrites relativement à des affaires de police. Fouché prétendit long-temps qu'il avait brûlé ces pièces importantes, et ce ne fut que lorsqu'il eut sous les yeux l'alternative de la soumission ou d'un cachot qu'il remit enfin les rescrits impériaux, contenant sans doute bien des choses qui auraient été précieuses pour l'histoire. Éloigné, quant à présent, du théâtre des événemens, cet audacieux homme d'État se rencontrera encore à d'autres époques de notre histoire ; et, comme on l'a remarqué de certaines espèces d'oiseaux de mer, son ap-parition manquait rarement d'annoncer le dan-ger et la tempête.

Le caractère de Fouché, quant aux prin-cipes et à la morale, peut à peine passer même pour tolérable ; mais il avait de grands talens, et, en bien des occasions, par politique, sinon par un motif plus louable, son jugement sain le porta à suivre et à conseiller des mesures de modération et de douceur. Sous d'autres rapports aussi, bien des Français avaient pour lui quelque partialité, particulièrement ceux qui, jetant un coup d'œil en arrière sur l'histoire de leur nation, regrettaient la perte totale de cette liberté si ardemment désirée, dont la durée avait été si courte, dont on ne pouvait même véritablement dire qu'on eût jamais joui, et au rétablissement, au moins partiel, de laquelle Fouché passait pour être favorable, autant qu'il pouvait ou qu'il osait l'être. Le reste des Républicains, plus farouches, pouvaient le mépriser comme se courbant devant l'idole du jour, mais ils le respectaient en même temps comme un des héros de la révolution ; et, en différentes occasions, ils obtinrent sa protection. Il avait même montré de la courtoisie aux Royalistes, et à un point si décidé, qu'un des agens les plus hardis des Bourbons fut encouragé à se présenter à lui, et à tâcher de le mettre dans les intérêts de la famille exilée. A la vérité, Fouché le renvoya avec un refus péremptoire d'écouter ses propositions, mais il ne le livra point à la police, et lui accorda vingt-quatre heures pour quitter le royaume. Ces divers sentimens firent que bien des gens virent avec alarme et regret le renvoi du duc d'Otrante.

La disgrâce de ce ministre habile semblait un augure d'autant plus fâcheux, que peu de temps avant qu'elle arrivât, la place terrible dont il allait être privé avait reçu un effrayant accroissement de juridiction. Il n'existait plus en France d'autre prison d'État que la Vieille Tour de Vincennes; le nombre en fut porté à six, situées dans diverses parties de la France [1]. Ces bastilles, qui étaient pour la plupart d'anciens châteaux gothiques, furent destinées à être le séjour de prisonniers que le gouvernement représentait comme des gens qui ne pouvaient être convaincus d'avoir commis aucun crime, mais qui, d'après les principes dangereux qu'ils professaient, et leur manière de penser, ne pouvaient rester en liberté sans danger. La lettre de cachet sur l'autorité de laquelle ces victimes de soupçons politiques devaient être privées de leur liberté, devait consister en un décret du conseil privé, qu'on aurait pu nommer aussi justement le bon plaisir de l'Empereur. Cette mesure fut adoptée le 3 mars 1810, d'après un rapport fait au Conseil d'État au nom de

[1] Saumur, Ham, Landskron, Pierre-Châtel et Fenestrelles.

Fouché, et qui fut approuvé ; mais on savait parfaitement qu'en cette occasion, comme en beaucoup d'autres semblables, l'individu qui était à la tête d'un département était obligé de se charger de l'odieux de toutes les mesures qu'il plaisait à Napoléon d'y introduire. On n'accusa donc pas le ministre de la police d'avoir conseillé une nouvelle usurpation sur les libertés publiques ; elle était, de fait, l'œuvre exclusive de Napoléon et de son conseil privé.

Une autre circonstance fâcheuse pour Napoléon fut que les observateurs des événemens du jour attribuèrent le renvoi des anciens conseillers républicains, et les mesures plus rigoureuses prises contre les mécontens politiques, à l'influence de l'alliance avec l'Autriche. Dans l'opinion de bien des gens en France, Buonaparte, comme héritier de la révolution, aurait pu, comme Danton, Robespierre et d'autres, exercer le pouvoir le plus despotique, pourvu qu'il eût fondé sur la révolution son droit d'agir ainsi. Mais ils ne pouvaient souffrir de voir l'empereur Napoléon, tout en exerçant cette même autorité avec mille fois plus de douceur, chercher à assurer ses droits à la soumission de ses sujets par une alliance avec une des anciennes maisons de l'Europe, auxquelles les principes de la révolution avaient déclaré une guerre éternelle. Chaque classe de politiques a ses fanatiques ; et, dans celle des anciens Jacobins, il s'en trouvait beaucoup qui auraient préféré périr par l'opération courte et tranchante de la guillotine, plutôt que de vivre pour languir dans un donjon au gré du bon plaisir d'un gendre de l'empereur d'Allemagne. De telles idées, quelque inconséquentes qu'elles fussent en elles-mêmes, et quoique entièrement inconciliables avec le caractère doux, tranquille et irréprochable de Marie-Louise, qu'on ne peut justement accuser d'avoir jamais même cherché à influencer son époux dans quelque affaire politique, n'en circulaient pourtant pas moins, et trouvaient crédit dans la société politique. Il est vrai qu'il existait un argument en leur faveur : c'était qu'on ne pouvait supposer à Buonaparte un autre motif pour avoir épargné l'Autriche quand elle était à sa discrétion, et pour avoir choisi une épouse dans sa famille royale, que celui de s'allier à la maison de Hapsbourg, et d'arriver, autant qu'il le pouvait, par le moyen de cette alliance, à partager les droits et les priviléges de la plus ancienne dynastie héréditaire de l'Europe. Mais, par cette alliance fraternelle avec la royauté légitime, Napoléon s'éloignait proportionnellement des principes révolutionnaires, et des partisans de la révolution qui l'avaient d'abord aidé à s'élever au pouvoir ; et, en changeant ainsi plutôt la base de son autorité que son autorité même, il offensa un grand nombre de Républicains, sans se concilier efficacement les aristocrates, dans l'esprit desquels sa nouvelle liaison aurait pu passer pour une recommandation. Dans le fait, quand on considérait son droit à la souveraineté, sans avoir égard au fait de la possession, et aux moyens qu'il avait de la maintenir, Napoléon était blâmé, en quelque sorte, comme la chauve-souris de la fable. Les démocrates lui reprochaient son alliance matrimoniale avec une maison de l'ancien régime, tandis que les aristocrates le regardaient comme n'étant pas à sa place, parce que son pouvoir tirait son origine du système révolutionnaire.

Mais, quoique ces objections existassent parmi les exagérés des deux factions politiques, la grande masse du peuple français se serait peu inquiétée sur quel principe Napoléon appuyait son titre à la couronne impériale, s'il lui avait plu de s'accorder un peu de repos à lui-même, après tant de guerres et de conquêtes, et d'en laisser jouir ses sujets. Cependant cette tranquillité devenait chaque jour moins probable, car de nouveaux incidens

semblèrent nécessiter de nouveaux accroissemens à l'empire, et, malheureusement pour
son pays et pour les autres, l'occasion d'un
agrandissement était, pour Buonaparte, tout ce
qu'il lui fallait pour le trouver convenable, et
l'urgence des circonstances était toujours une
justification complète de toutes les mesures
que le moment rendait avantageuses.

Ce qui l'occupait principalement depuis que
les ouvertures de paix avec l'Angleterre avaient
avorté par suite de la collision de son émissaire
confidentiel avec celui de Fouché, c'était de
détruire la force et de saper les ressources de
ce pays, en donnant plus de rigueur et d'é-
tendue à ce qu'il appelait le système continental européen, qui consistait à supprimer
tout commerce, et à réduire chaque nation,
comme dans les temps de la barbarie primitive,
à se contenter de ses propres productions,
quelque insuffisantes qu'elles fussent pour les
besoins réels ou factices que les progrès de la
société y avaient fait naître.

Comme la plupart des étrangers, Napoléon
connaissait peu, ou même ne connaissait pas
les opinions constitutionnelles et les principes
influens de l'Angleterre. Il avait appris à étudier le caractère des hommes, modifié comme
il l'était par les gouvernemens et les usages de

la France et de l'Italie ; mais l'expérience qu'il avait acquise à cet égard ne le mettait pas plus en état de porter un jugement sain sur le caractère anglais, que la connaissance la plus exacte du flux et reflux presque insensible de la Méditerranée, montant à cinq ou six pouces de hauteur, ne préparerait un navigateur à lutter contre les lames gigantesques qui viennent se briser en écumant sur les côtes des îles britanniques. Buonaparte interprétait d'une manière conforme à ses désirs les renseignemens qu'il recevait de ce pays ennemi, et lorsqu'ils lui étaient fournis par des voies privées, ses correspondans désiraient naturellement rehausser la valeur des nouvelles qu'ils lui annonçaient en exágérant leur importance. Ce n'était pas certainement une tâche bien difficile que d'en imposer à un homme d'État assez ignorant sur l'état actuel du nord de la Grande-Bretagne, pour croire que, même à cette époque, il aurait pu troubler la sécurité de la famille régnante, en débarquant en Ecosse quelque nouveau prétendant de la maison de Stuart. Avec le même défaut de jugement, il voyait dans chaque discours un peu vif tenu dans le Parlement, une invitation à la révolte ; dans chaque émeute temporaire manifestant un mécontentement populaire, un commencement de rébellion ouverte. Il ne pouvait se convaincre que, d'après l'essence de la constitution anglaise et le caractère des Anglais, de pareils troubles et des discussions aussi vives doivent fréquemment exister, et que, quoique, comme les éruptions qui ont lieu sur le corps humain, ces accidens soient désagréables et déplaisans à la vue, ils sont pourtant le prix auquel se conserve la bonne santé intérieure.

Se laissant influencer par la manière de voir que nous venons d'exposer, Napoléon, en 1810, crut apercevoir en Angleterre les importans résultats de son système continental, ou de l'interdit qu'il avait mis sur le commerce des Anglais avec le continent.

Les associations des *Luddites*, comme on les appelait, occasionnaient alors de grands troubles dans les cantons manufacturiers d'Angleterre. On sait qu'elles avaient pour but d'empêcher que l'introduction des métiers mécaniques, nommés *power-looms*, ne fît cesser d'employer les métiers ordinaires. Cette cause, et le mécontentement qui en résultait, auraient également existé si l'on n'eût jamais entendu parler du système continental ; car le mécontentement doit exister et existera toujours dans tout genre de commerce où un grand nombre d'ouvriers se trouvent tout à coup sans occupation, par suite de l'adoption de machines qui abrégent le travail. Cependant Napoléon ne douta pas un instant que cette exaspération, et la vivacité des discussions parlementaires, ne fussent le résultat du nouveau moyen qu'il avait trouvé pour porter un coup fatal à la Grande - Bretagne, en anéantissant son commerce. Il se mit donc, comme nous le verrons tout à l'heure, à examiner toute l'Europe, dans l'intention de fermer la plus petite crique et le moindre port par où il serait possible à un bateau pêcheur de débarquer une cargaison de mousselines ou d'étoffes de coton; et l'autorité absolue qu'il pouvait exercer sur tout le continent, à l'exception de la Russie et de la péninsule « encore opprimée », nous donne le droit de le comparer au gouverneur attentif d'une prison, qui fait, à certaines heures, la visite de ses sombres domaines, frappant de son marteau tous les barreaux pour s'assurer, par le son qu'ils rendent, qu'ils sont intacts; et essayant toutes les serrures pour vérifier s'il n'existe pour ses captifs aucun moyen secret de communication avec la partie libre du genre humain. Ainsi le commerce, lien de soie qui attache les nations les unes aux autres, dont l'influence est si salutaire à tous les États, et si nécessaire à l'existence même de plusieurs, courait le risque d'être totalement anéanti, à l'exception de celui qui se faisait par un système de licences.

L'adoption de ce système, dont l'effet fut de paralyser, en grande partie, celui de ce même système continental qu'il attachait tant d'importance à faire adopter par toutes les puissances neutres, fut un singulier sacrifice fait par Napoléon, en partie à la nécessité, en partie au désir d'accumuler des trésors.

Le système de licences était un relâchement du blocus continental, dont l'Angleterre avait donné l'exemple en accordant des protections aux vaisseaux neutres qui, sortant d'un port britannique, avaient une certaine partie de leur cargaison composée de marchandises anglaises ou de produits de ses colonies. C'était ce qu'on appelle, en langage de commerce, une véritable affaire. Les marchandises anglaises étaient achetées par ceux qui avaient dessein d'en tirer un profit en les vendant dans quelque partie du continent où il leur serait possible de les introduire. De même, Buonaparte accorda des licences impériales, qu'on achetait à grand prix, et d'après lesquelles il était permis aux bâtimens de commerce d'importer une certaine quantité de denrées coloniales, à condition qu'ils exporteraient pour une pareille valeur de marchandises françaises. Ce système différait de celui de l'Angleterre, sous ce rapport important, que la demande des marchandises françaises était entièrement simulée. La Grande-Bretagne n'avait nul besoin de ces marchandises, et elle n'aurait pu en recevoir qu'en payant des droits très considérables. Il arrivait souvent qu'on préférait les jeter à la mer plutôt que de faire ce paiement. On disait plaisamment que des éditions d'ouvrages qu'on exportait ainsi, et dont on disposait de cette manière, étaient *ad usum Delphini*. Le prix moyennant lequel ces marchandises avaient été achetées, d'après les réglemens de Buonaparte, était naturellement réparti sur les denrées coloniales, qui étaient le véritable et le seul objet de commerce; ainsi donc, si le commerce français tirait quelque utilité de cette mesure, il en était redevable, non à l'exportation et à la vente en pays étranger des marchandises françaises, suivant le cours ordinaire du négoce, mais à ce que leur premier prix était imposé comme une taxe sur les denrées coloniales importées; et il va sans dire que ce prix était payé, non par des étrangers, entre les mains desquels ces marchandises arrivaient rarement, mais par les Français, consommateurs de sucre, de rhum et de café.

Un commerce quelconque était pourtant nécessaire; il devait l'être tant qu'existerait, comme nous l'avons vu, l'impossibilité de se passer entièrement de denrées coloniales; il faut y ajouter le revenu considérable que ces licences procuraient au gouvernement français, qui, de cette manière, exerçait un monopole complet dans un commerce qu'il interdisait à tout autre, et faisait des additions immenses aux trésors qui remplissaient presque les caves du pavillon de Marsan aux Tuileries.

Le langage tenu par le ministre de Napoléon aux puissances auxquelles l'Empereur voulait faire adopter son système continental, était donc à peu près ce qui suit : « Vous fermerez vos ports aux marchandises anglaises; car, si vous ne le faites, il sera impossible à l'empereur Napoléon d'humilier la maîtresse des mers; mais tandis que vous serez ainsi privés de tout commerce actif ou passif, Napoléon se réserve, par le système de licences, le droit d'acheter et de vendre les marchandises de la Grande-Bretagne et ses denrées coloniales; et si elles arrivent dans votre pays, autrement que par sa permission, elles seront sujettes à être confisquées et même détruites. »

A une époque plus éloignée, Buonaparte regretta beaucoup de s'être laissé séduire par le profit qu'il tirait du commerce par licences, au point de se relâcher de son système continental.

Il semblait déplorer l'abandon de son avantage supposé, comme un flibustier vindicatif pourrait regretter d'avoir été réduit à lâcher l'ennemi qu'il tenait à la gorge, en se laissant tenter par une occasion favorable de mettre sa main dans la poche d'un spectateur. L'injustice qui imposait ainsi aux nations neutres la nécessité de s'abstenir d'un commerce lucratif, que la France, puissance belligérante, se réservait le privilége de continuer, avec telle étendue qu'elle jugerait à propos, était si criante, qu'à toute autre époque que pendant l'ascendant irrésistible de Napoléon, la seule mention de cette prétention aurait révolté toute l'Europe ; et même alors le refus de se soumettre à des conditions si durés et si injustes, y occasionna la chute de deux trônes avant de devenir un moyen de miner celui de Napoléon même.

Le premier des souverains dont le trône s'écroula ainsi fut le frère de Napoléon, Louis Buonaparte, qui avait été créé roi de Hollande. D'après tous les rapports que nous avons pu recueillir, Louis était un homme aimable, bien intentionné et intègre, d'un caractère romantique et d'une tournure d'esprit mélancolique, qu'il avait entretenue en étudiant la philosophie sentimentale de Rousseau. Mais, à entendre son frère, c'était un idéologue, c'est-à-

dire un homme disposé à faire ce qui est juste
en principes plutôt que ce que les circonstances
rendent convenable. Il était impliqué dans quelques querelles de famille, et vivait assez indifféremment avec sa femme, qui était plus
dans les bonnes grâces de Napoléon que Louis
lui-même. Depuis qu'il avait été dans la nécessité d'accepter la couronne de Hollande, il s'était
efforcé de faire jouir ce pays de toute la protection que pouvait lui accorder le titre de frère
de Napoléon; et s'il ne pouvait épargner entièrement à ses sujets les malheurs qui sont le partage d'un État conquis et dépendant, il tâchait
de les alléger autant que ses moyens le lui permettaient. Les Hollandais, peuple calme et réfléchi, surent bon gré à Louis de ses efforts, et
le regardèrent, en général, comme leur ami et
leur protecteur. Mais, à l'époque dont nous parlons, les maux qui menaçaient cet État étaient
de nature à ne permettre à Louis ni de les détourner ni même de les modifier. D'autres pays
peuvent avoir un caractère plus ou moins com-
mercial, mais la Hollande n'existe que par le
commerce. C'était l'influence du commerce qui
avait conquis sur les vagues son territoire am-
phibie, et privée de cette influence, elle verrait
ses belles villes redevenir des villages de pê-
cheurs, et ses riches pâturages reprendre leur

premier état de marécages d'eau salée, de bas fonds et de bancs de sables. Cent millions de francs que les exactions des Français avaient déjà tirés des Hollandais, leur valaient bien, comme ils aimaient à se l'imaginer, quelque droit de faire valoir les faibles moyens de commerce qui leur restaient, et qui, avec la sanction du roi Louis, étaient presque entièrement engagés dans un trafic avec l'Angleterre, alors déclaré de contrebande.

Napoléon employa les ordres et les menaces pour déterminer Louis à obliger ses sujets à observer plus rigoureusement le système continental, et Louis eut recours aux représentations et aux prières en faveur de la nation qu'il avait été appelé à gouverner. Chacun des deux frères devint plus obstiné dans son opinion, et enfin l'Empereur, commençant à voir que ni la crainte ni l'affection ne pourraient déterminer Louis à devenir un agent d'oppression en Hollande, son éloignement de ce pays fut clairement indiqué comme la conséquence de son opiniâtreté. Il fut déclaré, dans un rapport fait par Champagny, duc de Cadore, que la situation de Louis sur le trône de Hollande était rendue critique par la division de ses sentimens entre les devoirs imprescriptibles qu'il avait à remplir envers la France et sa famille, et l'intérêt qu'il devait naturellement prendre à la prospérité du commerce hollandais. Pour mettre fin à cette lutte dans le sein de Louis, ce rapport informa le public que Napoléon avait dessein de rappeler le prince de son sang qu'il avait placé sur le trône de la Hollande, puisque le premier devoir d'un prince français occupant un rang dans la ligne de la succession à la couronne, l'attachait exclusivement à la France. Il y fut annoncé que la Hollande, privée de son Roi et de son indépendance nominale, serait réduite à l'état de province de France et occupée par des troupes françaises ; qu'on y enverrait des officiers des douanes de France, et qu'ainsi on lui ôterait les moyens de nuire au système continental, si nécessaire pour subjuguer l'Angleterre, en s'obstinant à continuer des relations commerciales avec un peuple mis au ban de l'empire.

Ce rapport est particulièrement intéressant, en ce qu'il fait connaître les idées de Buonaparte relativement aux droits et à l'autorité royale des souverains qu'il créait et qu'il révoquait au gré de son bon plaisir, suivant que les intérêts de la France, ou plutôt les siens, l'exigeaient ou semblaient l'exiger. Cependant, ou Napoléon rougit un instant d'avouer ce fait si ouvertement, ou il pensa qu'une telle contradiction de ses déclarations répétées pourrait produire un mauvais effet sur les Westphaliens, sujets de Jérôme, et sur les Espagnols, qu'il désirait voir devenir ceux de Joseph, ou peut-être les remontrances de Louis eurent une influence temporaire sur son esprit; car il suspendit tout à coup ce projet; et, le 16 mars, il conclut avec Louis un traité dont les conditions étaient calculées, disait-on, pour arranger tous les points de contestation entre les deux souverains, et rendre l'indépendance de la Hollande compatible avec la nécessité de se conformer au système continental.

Par ce traité, la Zélande, le Brabant hollandais, et les pays situés le long du cours du Rhin, tant sur la rive droite que sur la gauche, furent transférés de la Hollande à la France. Des douaniers français devaient être placés dans tous les ports de la Hollande; ce royaume devait entretenir une armée de dix-huit mille hommes, dont six mille seraient Français, et équiper une flotte pour le service de la France. Les produits des manufactures anglaises devaient être prohibés par le gouvernement hollandais; Louis consentit encore à d'autres restrictions, dans l'espoir d'adoucir son frère, dont rien n'arrêtait les projets, et d'en obtenir que le reste du territoire de la Hollande conservât du moins le nom d'État indépendant ; mais il eut bientôt la conviction que telles n'étaient pas les intentions de l'Empereur. Au lieu de six mille Français, vingt mille s'assemblèrent à Utrecht, pour se répandre de là sur toute la Hollande. Au lieu d'être répartis sur les côtes, où seulement leur présence pouvait être nécessaire pour empêcher la contrebande, qui était le seul prétexte donné pour l'introduction de ces troupes étrangères, Louis apprit qu'elles allaient prendre possession de tout le pays, et que le quartier-général de cette armée, qui était tout-à-fait indépendante de son autorité, allait être établi à Amsterdam sa capitale.

Se voyant ainsi dépouillé par son frère de toute autorité dans le royaume dont on l'appelait encore le souverain, Louis refusa généreusement de conserver un vain titre, et de jouer le triste rôle d'un monarque qui ne pouvait ni soutenir ses droits, ni protéger ses sujets.

Le 1er juillet, il signa un acte d'abdication en faveur de son fils, qui était alors mineur, en exprimant l'espoir que s'il avait eu personnellement le malheur d'encourir la disgrâce de l'Empereur son frère, celui-ci ne voudrait pas en punir son fils innocent, qui ne l'avait jamais offensé. Dans une lettre écrite de Harlem, en date du 1er juillet, Louis raconta les motifs de son abdication d'une manière qui faisait autant d'honneur à son esprit qu'à son cœur ; il gardait, en parlant de son frère, une modération qui donnait du poids à ses justes plaintes. « Il ne pouvait consentir, disait-il, à conserver le seul titre de roi, sans avoir aucune autorité réelle dans son royaume, dans sa capitale, ni même dans son palais. Autrement il ne serait que le témoin de tout ce qui se passerait, ne pouvant chercher à diriger le cours des événemens dans l'intérêt de son peuple, et cependant restant responsable des malheurs qu'il n'aurait pu ni prévenir ni réparer. Il y avait long-temps qu'il prévoyait qu'il en serait réduit un jour à cette extrémité ; mais il n'aurait pu l'éviter qu'en sacrifiant ses devoirs les plus sacrés, ou en cessant d'avoir à cœur le bonheur de son peuple, et d'associer ses destinées à celles de son pays. C'était là une chose impossible. Peut-être, ajoutait-il, suis-je le seul obstacle à la réconciliation de la Hollande avec la France. S'il en était ainsi, je pourrais trouver quelque consolation à traîner le reste d'une vie pénible et languissante, loin de ma famille, de mon pays, et des bons Hollandais, qui, si récemment encore, étaient mes sujets. »

Après avoir écrit cette déclaration, et avoir pris des mesures pour qu'elle fût rendue publique, ce qu'il ne pouvait faire qu'en l'envoyant en Angleterre, l'ex-roi de Hollande rassembla dans son palais à Harlem une société choisie d'amis ; on ne se sépara qu'après minuit ; et alors Louis, se jetant dans une voiture très simple qui l'attendait, laissa derrière lui le nom de roi et tous les biens apanage de la couronne, plutôt que de les conserver sans pouvoir remplir les devoirs qui, à ses yeux, en étaient inséparables. Il se retira à Gratz en Styrie, où il vécut en simple particulier, du produit d'une pension modique, et consacrant ses loisirs à la littérature. Son épouse, plus ambitieuse, jouissant d'un revenu beaucoup plus considérable, alla se fixer à Paris, où son esprit et ses talens, indépendamment de la parenté qui l'unissait à Napoléon, attirèrent autour d'elle la société la plus brillante, dont elle devint le plus bel ornement.

Buonaparte, comme on devait s'y attendre, n'eut aucun égard aux droits du fils de Louis, en faveur duquel le père avait abdiqué. Il nomma ce jeune prince grand-duc de Berg, et quoique ce ne fût encore qu'un enfant, il en prit occasion de lui faire un discours, ainsi que nous l'avons déjà dit ailleurs, dans lequel, après avoir rappelé les torts de son père, dont toute la conduite annonçait, disait-il, un cerveau malade, il lui expliquait en peu de mots les obligations imposées aux souverains, qui n'étaient qu'autant de satellites autour de l'astre dominateur. « N'oubliez jamais que, dans quelque position que je puisse juger à propos de vous placer, dans mon intérêt personnel ou dans celui de mon empire, les premiers devoirs que vous ayez à remplir sont envers moi; les seconds, envers la France. Tous vos autres devoirs, même ceux que vous contractez envers les pays dont je vous confie l'administration, ne viennent qu'après ces obligations premières. »

C'était annoncer clairement le principe fondamental sur lequel devait reposer à l'avenir la prétendue indépendance des royaumes alliés à la France. Les monarques auxquels on distribuait des couronnes ne devaient se regarder que comme les lieutenans des Etats qu'ils gouvernaient; et quelque conduite que pût leur prescrire le bien de leur pays, ils étaient obligés d'obéir, avant tout, aux ordres et à la volonté suprême de l'Empereur, leur seigneur et maître, et de préférer ce qu'il lui plaisait d'appeler l'intérêt de la France à tout autre devoir, de quelque nature qu'il pût être.

Le sort de la Hollande ne resta pas long-temps en suspens; il est probable même qu'il était déjà décidé lors du premier rapport de Champagny, dans lequel le ministre donnait à

entendre que là Hollande, avec toutes ses provinces, devait faire partie intégrante de la
France. Ce rapport était en contradiction avec
l'assurance donnée par Napoléon au Sénat que
le Rhin serait regardé comme la limite naturelle de la France; il n'était pas plus d'accord
avec la prétendue détermination de respecter
et de maintenir l'indépendance de la Hollande.
Mais ces promesses de l'Empereur cédèrent
à la force des raisonnemens employés par Champagny, son trompette ordinaire en pareil cas,
pour lui conseiller d'incorporer la Hollande à
l'empire français; ils méritent d'être cités, ne
fût-ce que pour prouver combien des hommes
de sens rougissent peu de produire les argumens
les plus faibles et les plus contradictoires, lorsqu'ils parlent avec la ferme résolution, et en
même temps avec le pouvoir, de commettre
une injustice.

« La Hollande, disait le ministre dont l'ef-
fronterie donne un nouvel intérêt à ses paroles, est comme une émanation du territoire
de la France; elle est comme le complément de
l'empire. Pour posséder le Rhin tout entier
(qui avait été proposé comme la limite naturelle de la France), Votre Majesté doit aller
jusqu'au Zuyderzée. De cette manière le cours
de tous les fleuves qui commencent en France,

ou qui baignent nos frontières, lui appartiendra jusqu'à la mer. Laisser entre les mains des étrangers l'embouchure de nos fleuves, ce serait, Sire, vous restreindre à une monarchie mal limitée, au lieu d'étendre le territoire jusqu'aux bornes naturelles qui conviennent à un trône impérial. »

Ce fut en vertu de ce raisonnement curieux, qui peut aller de pair avec les prétentions que Napoléon fit valoir sur la Grande-Bretagne, en l'appelant une dépendance naturelle de la France, comme l'île d'Oléron, que la Hollande fût, le 9 juillet 1810, déclarée partie intégrante de l'empire français.

Mais cette usurpation ne resta pas impunie ; elle fit déchoir Buonaparte dans l'opinion publique, encore plus même que son attentat inouï à l'égard de l'Espagne. Il est vrai qu'en Hollande elle n'avait pas été accompagnée de ces scènes sanglantes et désastreuses qui suivirent les transactions de Bayonne ; mais l'envahissement de la Hollande mit plus à découvert, et fit paraître dans tout son jour, le plus grand défaut de Buonaparte, son ambition.

Il y avait des personnes qui lui passaient encore de dépouiller des étrangers, mais qui étaient indignées qu'il n'eût pas hésité, lui qui semblait aimer si tendrement sa famille et

qui en général faisait tant pour elle, de dé-
trôner son propre frère, uniquement parce
qu'il montrait des sentimens dignes du rang où
il l'avait élevé lui-même; de déshériter son
neveu; d'aller jusqu'à accuser le père d'aliéna-
tion mentale, et tout cela sous le plus léger
prétexte; car Louis avait cédé sur le seul point
qui les divisât véritablement (la question du
commerce avec l'Angleterre), dans le traité
que Napoléon avait signé, mais uniquement, à
ce qu'il paraissait, pour avoir le plaisir de le
rompre. On remarquait encore que dans l'opposition ferme, mais respectueuse, que Louis
avait manifestée aux volontés de son frère, il
n'y avait rien qui fût de nature à provoquer le
mécontentement de Napoléon, l'homme cependant le plus susceptible sur tout ce qui touchait
à son ambition. On eût dit que c'était une espèce de violence gratuite, qui n'avait d'autre
but que de montrer qu'aucune raison de famille
ni de parenté, aucun sentiment de pitié (nous
ne dirons pas de modération ou de justice), ne
pouvait arrêter la marche de l'ambition de Buonaparte; et, tandis que les plus clairvoyans pré-
disaient qu'en agissant avec tant de précipitation et d'imprévoyance, il pourrait bien un jour
courir à sa perte; tous s'accordaient à croire
que son empire, composé de tant de parties

hétérogènes, ne survivrait pas, selon toutes les apparences, à son fondateur, en supposant même qu'il pût subsister jusqu'à sa mort. En même temps il était évident qu'aucun État, malgré les promesses les plus solennelles de Buonaparte lui-même, ne pouvait jamais se croire tranquille ni à l'abri d'un bouleversement, tant qu'il était soumis 'à son influence. Pour couronner dignement l'œuvre, l'Empereur informa les Hollandais, avec un sang-froid révoltant, « qu'il avait espéré en faire des alliés de la France, en leur donnant un prince de son sang pour souverain ; mais que son espoir avait été trompé, et qu'il avait montré une patience qui n'était ni d'accord avec son caractère, ni compatible avec ses droits. » Leur faisant ainsi entendre qu'il aurait pu se croire en droit de prendre quelques mesures encore plus sévères, sur lesquelles il ne s'expliquait pas, indépendamment de l'exil de son frère et de la confiscation de ses biens ; et que les Hollandais devaient s'estimer fort heureux d'en être quittes pour la perte de leur existence comme nation indépendante.

CHAPITRE IV.

Gustave IV, roi de Suède, est détrôné; son oncle lui succède. —Le prince héréditaire meurt d'une chute de cheval.—Candidats proposés pour la succession. — Les Suédois, croyant se concilier Napoléon, veulent élire Bernadotte, prince de Ponte-Corvo.—Raisons pour croire que ce choix n'était pas très agréable à Buonaparte; et dernière entrevue entre Bernadotte et Napoléon.—Tentatives de celui-ci pour enchaîner la Suède à la politique de la France. —Le prince royal adhère, malgré lui, au système continental. — Napoléon fait un voyage en Flandre et en Hollande. — Il revient à Paris, et prend des mesures pour étendre le système continental.—Prise du Valais.—Tout le littoral de la mer du Nord est à la France. —Protestation de l'empereur de Russie contre la prise de possession d'Oldenbourg. — La Russie permet l'importation, dans certains ports de mer, de quelques marchandises anglaises. —Négociations entre la France et l'Angleterre, pour l'échange des prisonniers, et pour une paix générale; elles sont rompues à cause des prétentions exagérées de Buonaparte.

Le royaume de Hollande étant détruit, un sceptre nouveau, que Napoléon avait placé lui-même entre les mains de son frère pour le lui arracher ensuite, fut violemment brisé. En Suède, dans l'espoir de s'assurer la protection de l'empereur des Français, ou du moins de se mettre à l'abri de son inimitié, un diadème fut placé sur le front d'un homme qui, parti du même point que Buonaparte, n'était, comme lui, qu'un soldat de fortune.

Nous avons fait remarquer plusieurs fois que Gustave IV, jeune prince plein de fougue et d'intrépidité, mais dont ni les talens militaires, ni surtout la puissance, n'égalaient l'esprit entreprenant, semblait vouloir prendre pour modèle Gustave-Adolphe ou Charles XII, sans faire réflexion que le pays qu'il gouvernait était bien déchu de ce qu'il était alors, et qu'il était lui-même loin d'avoir les mêmes talens que ces monarques. La Suède avait éprouvé de grandes pertes par suite de l'audace avec laquelle ce prince soutenait les anciens principes de l'aristocratie contre la toute-puissance de la France.

Dans la guerre de 1806 à 1807, la France s'était emparée de la Poméranie, seule province qui appartînt à la Suède sur la côte méridionale de la mer Baltique. La Russie, qui avait pris part à cette guerre, et qui avait encouragé Gustave à la soutenir, ayant, depuis le traité de Tilsit, changé de politique, avait déclaré la guerre à la Suède, dans le seul but, et elle n'en faisait pas mystère, de s'emparer de la Finlande, qu'elle réussit en effet à s'approprier. La Suède avait donc perdu, sous ce malencontreux monarque, plus d'un tiers de son territoire; et les habitans étaient décidés à prendre, s'il le fallait, les mesures les plus désespérées pour assurer l'indépendance de ce qui leur restait. Ils craignaient la Russie, qui pouvait aspirer à la conquête des derniers débris de cette ancienne monarchie; ils craignaient la France, qui pouvait, pour récompenser le Danemarck de sa fidélité et de ses malheurs, unir la couronne de Suède à celle de Danemarck et de Norwége, et envoyer une armée auxiliaire pour l'aider à subjuguer ce pays. Tandis que ces calamités étaient près de fondre sur eux, les Suédois sentaient que Gustave était trop obstiné pour détourner l'orage par sa soumission, et, en même temps, trop faible et peut-être trop malheureux pour résister à sa violence. Cette conviction amena une résolution, la plus universelle peut-être de toutes celles dont il soit fait mention dans l'histoire.

Le malheureux Roi fut arrêté en mars 1809, sans qu'une seule épée, autre que la sienne, fût tirée pour sa défense; et les conspirateurs craignaient même si peu qu'il pût trouver dans l'État un parti qui voulût le replacer à la tête du gouvernement, qu'ils consentirent à lui accorder sa liberté et une pension convenable, pourvu qu'il se regardât comme exilé de Suède pour jamais; sentence de bannissement dans laquelle, sans beaucoup d'égards pour la justice, son épouse, sœur de l'impératrice de Russie, et ses enfans, en y comprenant l'héritier de la couronne, furent également enveloppés.

Le duc de Sudermanie, oncle du prince dépossédé, fut appelé au trône, et Christian d'Augustemberg, prince de la maison de Holstein, fut désigné pour lui succéder. Le nouveau Roi fit la paix avec la Russie ; mais cette paix lui coûta la Finlande et l'île d'Aland, qu'il lui fallut céder à cette puissance. Bientôt après, un traité fut signé à Paris, par lequel Charles XIII promettait d'adhérer au système continental, et de fermer ses ports à toutes les marchandises anglaises, sauf quelques restrictions relatives au sel et aux denrées coloniales. En revanche, Napoléon rendit à la Suède la Poméranie et l'île de Rugen, à la réserve cependant des dotations qu'il avait assignées à ses soldats ou à ses créatures sur ces territoires ; mais, quoique par ce traité le système politique de la Suède se trouvât entièrement changé, ce malheureux pays n'était pas encore au terme de la révolution qui le déchirait intérieurement.

Le Roi était avancé en âge, et les regards du peuple se portaient avec intérêt sur son héritier, sur lequel retombait presque tout le fardeau du gouvernement, et dont la nation semblait satisfaite. Mais son gouvernement fut de courte durée : le 28 mai 1810, tandis qu'il passait quelques troupes en revue, il tomba tout à coup de cheval, et mourut sur la place, laissant de nouveau la Suède sans autre chef que son vieux monarque. Cet événement agita toute la nation, et plusieurs candidats furent proposés pour la succession au trône.

De ce nombre était le roi de Danemarck, qui, après les sacrifices qu'il avait faits pour Buonaparte, avait quelque droit d'espérer qu'il serait secondé par l'empereur des Français. Le fils du dernier roi, légitime héritier de la couronne, et qui portait comme lui le nom de Gustave, fut également mis sur les rangs. Le duc d'Oldenbourg, beau-frère de l'empereur de Russie, avait aussi des partisans. Mais il y avait de fortes objections contre chacun de ces candidats. Suivre l'ordre de succession légitime et appeler au trône Gustave, dont les droits ne pouvaient être détruits par l'incapacité de son père, c'eût été mettre un enfant à la tête de l'État, et s'exposer, dans des circonstances aussi critiques, à rétomber dans de nouveaux embarras et de nouvelles incertitudes, lorsqu'il s'agirait de nommer un régent. Un pareil choix pouvait, d'ailleurs, servir dans la suite de prétexte à son père pour faire revivre ses droits à la couronne. Quant au roi de Danemarck, la Suède et le Danemarck avaient été trop long-temps des nations rivales pour que les Suédois voulussent lui obéir; et choisir le duc d'Oldenbourg, c'eût été, par le fait, se soumettre à la Russie, dont la conduite récente avait donné à la Suède de justes sujets de plainte.

Dans cet embarras, quelques personnes proposèrent une mesure qui parut la plus sage; c'était de se concilier Napoléon, en mettant l'ancienne couronne des Goths sur la tête d'un de ses généraux, Jean-Julien-Baptiste Bernadotte, prince de Ponte-Corvo. Cet officier célèbre avait épousé une belle-sœur de Joseph Buonaparte, fille d'un riche et respectable particulier, nommé Clary, alliance qui lui avait procuré l'avantage de faire partie de la famille impériale, et il s'était fait une grande réputation dans le nord de l'Europe, lorsqu'il avait été successivement gouverneur du Hanovre et administrateur de la Poméranie suédoise. Dans cette dernière occasion, Bernadotte s'était montré, disait-on, l'ami et le protecteur de la nation suédoise, et l'on allait même jusqu'à insinuer qu'il ne serait pas éloigné de renoncer aux erreurs du papisme pour embrasser la religion évangélique de la confession d'Augsbourg. Les

Suédois sentirent généralement la force des
raisons politiques qui motivaient ce choix.
Quelque humiliant qu'il eût pu être à toute
autre époque pour un peuple fier de son an-
tique renommée, de se choisir pour maître
un soldat étranger, qui professait une autre religion que la sienne, cependant une élection
semblable allait mettre à la tête de la nation un
guerrier parfaitement en état de comprendre et
de surmonter les difficultés de l'époque; et
c'était un choix qui ne pouvait manquer, à ce
qu'ils croyaient, d'être agréable à celui qui,
d'un signe, semblait régler les destinées du
monde.

Cependant il y a d'excellentes raisons pour
douter qu'en élisant Bernadotte, les Suédois
aient fait une chose fort agréable à Napoléon.
Le nom du nouveau prince héréditaire de Suède
avait été célèbre dans les guerres de la révolution, avant qu'on eût entendu parler de Buonaparte. Sa réputation, comme militaire, datait
donc de plus loin, sans jamais cependant avoir
égalé la sienne. Dans la journée du 18 brumaire,
il fut si loin de seconder Buonaparte dans son
entreprise contre le Conseil des Cinq-Cents,
malgré toutes les avances qui lui furent faites,
qu'il était à Saint-Cloud, tout armé et prêt, si
les circonstances le permettaient, à se mettre

à la tête des premières troupes qu'on pourrait faire déclarer pour le Directoire. Et quoique Bernadotte se fût soumis, comme tous les autres, au gouvernement consulaire, et qu'il eût administré la Hollande sous Buonaparte, cependant alors, aussi-bien que sous l'empire, il passa toujours pour faire partie d'une classe d'officiers que Napoléon employait à la vérité, dont il récompensait même les services, mais qu'il n'aimait pas, et auxquels il n'accordait strictement que le degré de confiance qu'il ne pouvait leur refuser, quoique le caractère de la plupart d'entre eux fût un garant suffisant de leur fidélité.

Ces officiers formaient un parti comparativement peu nombreux, mais où se trouvaient pourtant quelques uns des noms les plus célèbres de l'armée française, qui, voyant le beau rêve d'une république s'évanouir à leurs yeux, n'avaient pu cependant oublier les espérances que l'aurore de la révolution leur avait fait concevoir. Réconciliés par nécessité avec un état de servitude qu'ils ne pouvaient éviter, ces braves militaires se regardaient comme les soldats de la France, et non de Napoléon ; ils suivaient la bannière de leur pays, plutôt que celle de l'Empereur. Sans être personnellement les ennemis de Buonaparte, ils n'étaient pas les partisans de son despotisme ; et l'on devait s'attendre que, si l'occasion s'en présentait, des hommes de ce caractère feraient un effort pour introduire quelques modifications dans le système arbitraire que l'Empereur avait établi.

Toujours profondément politique, à moins qu'il ne se laissât emporter par quelque accès de colère, Napoléon eut grand soin, comme nous l'avons déjà dit, de distribuer les places et les honneurs de manière à dérober au public le secret de cette diversité d'opinions parmi ses officiers-généraux, et à mettre en même temps l'intérêt même de ces patriotes en opposition avec leurs principes et leurs sentimens, en leur faisant trouver trop d'avantage à l'état actuel des choses pour qu'ils pussent jamais désirer un changement. Néanmoins il est facile de concevoir que ce n'est pas dans cette classe d'officiers dont le zèle était assez tiède, que Napoléon eût choisi volontairement l'héritier d'un royaume éloigné, et par cela même moins soumis à l'influence de la France ; il eût bien préféré voir monter sur ce trône quelqu'un sur qui il pût entièrement compter, et dont il n'eût pas à craindre que le dévoûment à ses volontés cédât jamais à de vains scrupules de patriotisme.

Mais indépendamment de ce que les opinions de Bernadotte étaient suspectes à Napoléon, des sujets plus positifs de discorde s'étaient élevés récemment entre eux. Bernadotte, ainsi que nous l'avons déjà vu, avait encouru le blâme de l'Empereur pour avoir laissé échapper La Romana et les Espagnols. A une époque plus rapprochée, il commandait les troupes saxonnes à la bataille de Wagram ; et quoique par une suite de manœuvres très habiles, il eût tenu en échec le général Bellegarde sur les frontières de la Bohême, lorsque sa présence aurait pu être essentiellement utile à l'archiduc Charles, il fut réprimandé par Napoléon pour avoir mis trop de lenteur dans ses manœuvres.

La descente des Anglais à Walcheren, engagea, comme on l'a vu, Fouché, de concert avec le général Clarke, alors ministre de la guerre, à confier à Bernadotte la défense de la Flandre et de la Hollande. Mais il n'eut pas encore le bonheur de remplir cette mission à la satisfaction de l'Empereur. Le crédit de Fouché, aux instances duquel il l'avait acceptée, commençait déjà à baisser ; et cette phrase maladroite que, « quelque nécessaire que fût Napoléon à la gloire de la France, sa présence n'était pourtant pas indispensable pour repousser une invasion », passa pour avoir été dictée par le désir de se faire valoir aux dépens de l'Empereur. Napoléon manifesta son mécon-

tentement en ôtant à Bernadotte le commandement de la Belgique, et en le renvoyant dans
le nord de l'Allemagne; il paraît que, de son
côté, le général cachait si peu son ressentiment,
que l'on disait de lui que ce fier Gascon embar-
rasserait l'Empereur s'il en trouvait jamais l'occasion.

Mais, tandis que Napoléon et son général
étaient exaspérés l'un contre l'autre, les Suédois, ne soupçonnant pas le véritable état des
choses, s'imaginèrent qu'en choisissant Bernadotte pour prince héréditaire, ils rendaient à
Buonaparte l'hommage qui devait le flatter le
plus. Malgré ses démêlés avec Bernadotte, et
quoique, sous le point de vue politique, il eût
beaucoup mieux aimé appuyer les prétentions
du roi de Danemarck, Napoléon ne pouvait se
dissimuler que la Suède conservait un certain
degré d'indépendance; que la mer la séparait
de ses armées; et que tout en désirant se concilier ses bonnes grâces, les Suédois n'en étaient
pas encore réduits à recevoir des lois de sa main.
Il fallait donc donner son approbation à leur
choix, puisqu'il ne pouvait leur en imposer
un autre; il y trouvait d'ailleurs l'avantage
de prouver par un nouvel et éclatant exemple,
qu'il n'était pas de dignité à laquelle les généraux qui le servaient, ne pussent prétendre;

qu'il était toujours prêt à favoriser leur avancement, et (ce qui pouvait paraître beaucoup plus équivoque encore que les deux premières propositions) qu'il s'empressait de déférer aux vœux d'un peuple qui usait du droit légitime de choisir son premier magistrat. Lors donc que Bernadotte, protestant qu'il se laisserait entièrement guider par l'Empereur, soit qu'il dût poursuivre ou abandonner cet important objet, le pria, dans le premier cas, de l'appuyer auprès des États de Suède, qui devaient élire le prince héréditaire, Buonaparte répondit qu'il ne ferait aucune démarche pour influencer l'élection, mais qu'il autorisait le prince de Ponte-Corvo à se mettre sur les rangs, et qu'il serait bien aise qu'il réussît. Voilà du moins comment Napoléon raconte cette transaction; mais nous avons eu le bonheur de nous procurer quelques notes inédites dans lesquelles la conduite de l'Empereur est représentée sous un jour tout différent, et qui prouvent clairement que, tandis que Napoléon payait son général de belles paroles, il s'efforçait sous main d'empêcher son élection. [1]

Les Suédois persistèrent cependant dans leur choix, malgré les insinuations de Désaugiers,

---

[1] Voyez l'*Appendice* : Réflexions sur la conduite de Napoléon à l'égard du prince royal de Suède.

son chargé d'affaires, que Napoléon affecta ensuite de désavouer et de rappeler, pour avoir soutenu, dans la diète d'Orèbro, les intérêts du roi de Danemarck, au lieu de ceux de Bernadotte.

Après avoir arraché à Napoléon un froid assentiment, ou plutôt l'assurance qu'il resterait neutre, Bernadotte, grâce à l'excellente réputation dont il jouissait parmi les Suédois, et à la persuasion où ils étaient qu'il était tout-puissant auprès de l'Empereur, fut élu prince héréditaire de Suède par les États de ce royaume, le 21 août 1810. Napoléon avoue lui-même qu'il fut tenté un instant de retirer son consentement, et de s'opposer à l'élection projetée; mais il persista néanmoins dans ses premières résolutions. Ce qui le décida, peut-être, fut la réflexion, que l'élection de Bernadotte assurerait l'adhésion de la Suède au système prohibitif, tandis qu'en hasardant une partie qu'il n'était pas également sûr de gagner, il parviendrait sans doute à frustrer les espérances d'un homme qu'il n'aimait pas, mais en même temps il courrait le risque de jeter les États de Suède, qu'il ne pouvait pas se flatter de voir se prononcer aussi unanimement en faveur d'un autre prétendant français, entre les bras de l'Angleterre, son ennemie déclarée, ou de la Russie, qui, depuis le traité de Schœnbrunn et l'alliance de Napoléon avec la maison d'Autriche, n'était plus à ses yeux qu'une alliée douteuse dont les intentions lui étaient suspectes.

Mais il s'efforça du moins d'obtenir de Bernadotte la promesse qu'il resterait sous la dépendance de la France et de son Empereur. Voici comment il s'y prit : lorsque Bernadotte lui demanda de lui remettre les lettres d'émancipation qui le relevaient de ses sermens comme Français, ce qui ne pouvait être décemment refusé au prince héréditaire d'un autre pays, « on n'avait pas encore expédié ces lettres, dit Napoléon, parce que Bernadotte avait à remplir une formalité que le Conseil jugeait indispensable, c'était de signer l'engagement préalable de ne jamais prendre les armes contre Napoléon. » Bernadotte se récria contre une proposition en vertu de laquelle il ne serait jamais qu'un général au service de la France. L'Empereur rougit de persister dans une prétention aussi déraisonnable, et à la fin de son audience de congé, il lui adressa ces paroles presque prophétiques : « Eh bien ! partez ; que nos destinées s'accomplissent. » Il promit au prince royal deux millions d'indemnité pour la principauté de Ponte-Corvo, et ses autres dotations en Hollande, auxquelles il devait renoncer en cessant de faire partie des sujets de la France. Il est assez singulier que Napoléon, étant à Sainte-Hélène, se soit permis d'avancer qu'il lui avait fait présent de cette somme (dont Bernadotte ne reçut jamais qu'un million), pour fournir à son général les moyens de prendre possession de sa nouvelle dignité avec une splendeur vraiment royale.

Pour achever ce qui nous reste à dire, pour l'instant, des affaires de Suède, nous pouvons ajouter ici que, quoique cette nation fût loin de désirer le renouvellement de cette lutte sanglante et désespérée qu'elle avait eu à soutenir contre la France, elle était encore moins disposée cependant à renoncer aux avantages qu'elle retirait de son commerce avec l'Angleterre. La direction des affaires publiques passa bientôt tout entière entre les mains du prince royal, l'âge et les infirmités du Roi ne lui permettant plus d'y prendre aucune part. La position de Bernadotte, ou plutôt de Charles-Jean, comme on l'appelait alors, était très délicate, et la tâche qu'il avait à remplir n'était pas facile ; il lui fallait chercher en même temps à se rendre la France propice, et trouver quelques prétextes pour engager Buonaparte à se relâcher un peu, en faveur de la Suède, de la rigueur de son système continental. Mais,

comme il lui était impossible de déguiser les
motifs qui l'empêchaient de coopérer cordialement à la mesure favorite de Napoléon, celui-
ci, trois mois environ après l'élévation de son
ancien compagnon d'armes à la dignité de
prince royal, ne pouvant contenir plus long-
temps, son impatience, accabla le ministre
suédois, le baron Lagerbjelke, d'une tirade
semblable à sa célèbre philippique contre lord
Whitworth. Il parla avec la plus grande volu-
bilité pendant une heure un quart, laissant à
peine à l'ambassadeur étourdi le temps de
placer un seul mot en forme d'observation,
de défense ou de réponse. « Pensent-ils en
Suède qu'il soit si facile de me tromper? S'ima-
ginent-ils que je me contenterai de ce demi-
état de choses? Ne me parlez pas de sentimens;
c'est sur les faits que nous nous formons une
opinion. Vous avez signé la paix avec moi au
commencement de l'année, et vous vous êtes
engagés à rompre tout commerce avec l'Angleterre ; cependant vous avez conservé un
agent anglais jusqu'au milieu de l'été, et vous
avez laissé les communications ouvertes du
côté de Gothenbourg. Vos petites îles sont autant de magasins de fraude ; vos vaisseaux vont
à la rencontre des vaisseaux anglais, et chan-
gent de cargaison avec eux. Vos affaires ne

n'ont pas laissé dormir une heure cette nuit, et cependant vous devriez me laisser prendre quelque repos; j'en ai besoin. Vous avez des vaisseaux dans tous les ports d'Angleterre. Vous direz qu'il vous faut acheter du sel, n'est-ce pas? Est-ce pour acheter du sel que vous entrez dans la Tamise? Vous dites que l'interruption du commerce vous fait souffrir! Et croyez-vous que je n'en souffre pas, moi? que l'Allemagne, que Bordeaux, que la Hollande et que la France n'en souffrent pas? Il faut que vous fassiez feu sur les Anglais, et que vous confisquiez leurs marchandises, ou bien que vous ayez la guerre avec la France. Une guerre ouverte ou une amitié constante, voilà mon dernier mot, mon *ultimatum*. Ont-ils pu croire en Suède que je modifierais mon système, parce que j'aime et que j'estime le prince royal? J'aimais et j'estimais aussi le roi de Hollande; il est mon frère; cependant j'ai rompu avec lui. J'ai étouffé la voix de la nature pour n'écouter que l'intérêt général. » Ces phrases et beaucoup d'autres non moins violentes furent débitées par Buonaparte à si haute voix, qu'on pouvait les entendre des appartemens voisins.

Les remontrances de Napoléon, transmises par l'ambassadeur, furent appuyées, à la cour de Stockholm, par le Danemarck et par la

Russie, et le prince royal fut enfin obligé de faire adhérer la Suède au système continental, et de déclarer la guerre à l'Angleterre. Le gouvernement anglais sentit très bien que la Suède n'agissait ainsi que par contrainte ; et, bien loin de se porter à des actes d'hostilité contre ce royaume, il ne changea rien aux relations qui existaient auparavant entre les deux pays.

Cependant Bernadotte et Napoléon cachèrent quelque temps, sous les dehors ordinaires de la politesse, le ressentiment qu'ils nourrissaient l'un contre l'autre. Mais le prince héréditaire ne pouvait pardonner à l'Empereur d'avoir voulu exercer sur lui l'autorité d'un maître vis-à-vis de son vassal, et de l'avoir contraint, malgré ses sollicitations, à ruiner ses sujets, et à rendre son gouvernement impopulaire, en sacrifiant un commerce lucratif. Napoléon, de son côté, était indigné que Bernadotte, qui n'était monté sur les degrés d'un trône que parce qu'il l'avait bien voulu, se permît d'avoir une opinion différente de la sienne, et d'hésiter entre le désir d'obliger la France et la crainte de compromettre les intérêts de la Suède.

Dans plusieurs autres occasions, le prince royal ne montra pas un désir bien vif d'obliger l'Empereur. Napoléon lui adressait continuellement des demandes pour qu'il engageât des ma-

telots et des soldats pour le service de la France.
Bernadotte trouvait toujours moyen de les éluder, en alléguant les lois de la Suède, monarchie limitée, qui ne lui permettaient pas, comme
au souverain absolu du Danemarck, de disposer de ses marins comme bon lui semblait,
et en se rejetant sur le caractère des Suédois,
qui, soldats pleins d'ardeur et de bonne volonté dans leur pays, étaient trop attachés à
leur climat et à leurs habitudes pour se faire
à celles d'une autre contrée. Ces excuses et
d'autres semblables ne pouvaient tromper un
homme aussi fin que Napoléon, et il y voyait
clairement une détermination formelle, de la
part de son ancien compagnon d'armes, de ne
se soumettre à l'influence de la France que
lorsqu'il lui serait impossible de s'y soustraire.
Et quoique une sorte de bonne intelligence
continuât à régner en apparence entre les deux
peuples, et même entre les deux monarques,
il était évident qu'elle reposait sur des bases
trop fragiles, pour que le plus léger conflit
d'intérêts ne suffît pas pour la détruire. Elle
se maintint cependant jusqu'à l'année 1812,
cette année si féconde en événemens. Mais
revenons aux affaires de France.

L'Empereur fit un voyage en Flandre et en
Hollande, avec la jeune Impératrice, dans la

vue de s'assurer si ses intentions étaient fidèlement remplies en ce qui concernait l'administration tant civile que religieuse. Une ou deux circonstances de ce voyage furent particulièrement remarquables. La première fut: les sanglans reproches qu'il adressa au clergé du Brabant, qui, se montrant plus papiste que dans plusieurs autres pays catholiques, avait fait circuler parmi le peuple la bulle d'excommunication lancée par le Pape contre Napoléon. C'était sans doute un grand outrage ; mais la manière dont Napoléon s'en vengea ; et la réception qu'il leur fit, furent véritablement d'une violence indécente. Il s'emporta d'abord sur ce qu'ils osaient paraître devant lui sans leurs ornemens. « Vous vous dites prêtres, s'écria-t-il ; où sont vos chasubles? Êtes-vous des procureurs, des avocats ou des paysans? Vous commencez par oublier le respect qui m'est dû, tandis que le principe de l'Église chrétienne, ainsi que ces messieurs peuvent vous l'apprendre, ajouta-t-il en se tournant vers les députés protestans, et, comme ils viennent de le professer, est de rendre à César ce qui est à César. Mais vous, vous ne voulez pas prier pour votre souverain, parce qu'un prêtre romain m'a excommunié. Mais qui lui en a donné le droit? Peut-être vou-

driez-vous rétablir les tortures et les écha-
fauds? mais je saurai bien vous en empêcher.
Je suis armé de l'épée temporelle, et je sais en
faire usage. Je suis un monarque de la création
de Dieu, et vous, reptiles de la terre, vous
voudriez me résister! Je ne dois compte de
mon administration qu'à Dieu et à Jésus-Christ.
Pensez-vous que je sois fait pour baiser la
mule du Pape? Si vous le pouviez, vous me
raseriez la tête; vous me mettriez un capu-
chon, et vous me plongeriez dans un cloître!
Mais si vous ne prêchez pas l'Évangile comme
le prêchaient les Apôtres, je vous bannirai de
l'empire, et je vous disperserai comme tant
de Juifs. Quant à vous, monsieur le préfet,
faites jurer à ces gens-là d'observer le Con-
cordat, et veillez à ce que le véritable Évangile
soit enseigné dans les séminaires, afin qu'il en
sorte des hommes de sens, et non pas des idiots
tels que ceux-ci.» Ainsi se termina cette édi-
fiante admonition.

Les Hollandais furent obligés d'affecter de
grandes démonstrations de joie; cependant le
danger qu'ils couraient en disant ouvertement
leur façon de penser, ne retint pas toujours ces
braves et francs négocians. Quand l'Empereur
parla avec emphase d'établir une Chambre de
Commerce à Amsterdam, l'un des bourgue-

mestres répondit gravement qu'il n'y avait pas besoin d'une Chambre, puisque tout le commerce qui leur restait pourrait tenir dans un cabinet [1]. De même, lorsque Napoléon se vanta d'avoir bientôt une flotte de deux cents voiles; « et quand vous les aurez, répondit hardiment un Hollandais, les Anglais en auront le double. »

Mais il parut, tandis que Napoléon était en Hollande, quelque chose de plus formidable que des vérités énoncées avec franchise et des plaisanteries indifférentes; c'était un de ces appels énergiques destinés à soulever le peuple contre la tyrannie étrangère, qui ont souvent amené la chute d'un pouvoir injuste, et toujours rendu ceux qui le possèdent malheureux et inquiets : « Peuple de Hollande, disait cette singulière brochure (qu'on peut comparer au traité de *Killing no murder* [2], qui bannissait le sommeil de la couche de Cromwell), pourquoi craignez-vous votre oppresseur? Il est seul; vous êtes nombreux. Appelez-en à ses soldats eux-mêmes; leurs désertions en Espagne montrent combien ils le haïssent, et ses généraux même l'abandonneraient s'ils pouvaient conserver leur rang et leurs grandeurs sans rester

---

[1] *In a closet.* (*Édit.*)

[2] *Est-ce un crime de tuer un tyran :* tel était le sens de ce pamphlet politique auquel l'auteur fait allusion. (*Édit.*)

sous sa dépendance; mais, par-dessus tout, élevez-vous jusqu'au noble effort de reconquérir votre liberté. Levez-vous, et vous verrez ce que peut une nation qui se lève en masse : une révolte générale du continent suivra vos efforts; l'oppresseur tombera, et votre triomphe sera une leçon pour les tyrans et un exemple pour le monde. »

Cet appel ne produisit aucun effet sensible à cette époque; mais, ainsi que d'autres brochures du même genre, il fit une profonde impression sur l'esprit public.

De retour à Paris, Napoléon entreprit de donner une nouvelle extension au système continental, projet auquel l'encourageaient l'envahissement de la Hollande et la révolution de Suède. Regardant son plan comme beaucoup plus décisif qu'il n'aurait pu l'être, quand même ses forces pour l'effectuer auraient répondu à son ressentiment, il jeta les yeux sur tous les points, pour fermer tout passage, quelque faible qu'il fût, qui eût pu laisser respirer un seul instant le commerce britannique, cette victime qu'il se flattait d'étouffer entièrement.

Un des caractères de l'ambition de Buonaparte, comme de toute ambition démesurée en général, c'est que, quelques accroissemens que pût prendre son empire, ces accroissemens ne faisaient qu'augmenter sa soif d'acquérir. Cette Hollande, dont les marchands étaient les princes du commerce, et qui en était elle-même la reine, cet insatiable ambitieux venait de la dévorer avec ses vastes côtes et ses ports si fameux; mais il fallait que d'autres États, moins riches, moins célèbres, mais encore respectables par le souvenir de leur importance passée, fussent enclavés dans la France, pour que Buonaparte crût le blocus du commerce britannique complet.

L'envahissement des pauvres contrées qu'on appelle le Valais, auxquelles on avait permis jusqu'alors d'exister comme république indépendante, rendit la France maîtresse absolue de la route du Simplon. Ce passage étant le grand moyen de communication entre la France et l'Italie, Napoléon n'était pas disposé à le laisser au pouvoir d'une petite république; car, dans ces temps malheureux, il suffisait, pour dépouiller un État de son indépendance, que la France pût trouver son avantage à ce changement; et, en cette occasion, il n'eut point lieu sans effusion de sang. Les pauvres montagnards coururent aux armes, et il fallut livrer plusieurs combats avant qu'ils fussent forcés de se soumettre, et que leurs montagnes stériles fussent réunies au grand empire.

Mais il était d'une bien plus grande importance aux yeux de Napoléon d'empêcher que le commerce qu'il avait banni de la Hollande n'allât se fixer dans les villes commerçantes du nord de l'Allemagne, formant ce qu'on appelait la ligue anséatique. En conséquence, une nouvelle prise de possession réunit à la France tout le littoral de la mer du Nord, qui comprenait les sources de l'Escaut, de la Meuse et du Rhin; de l'Ems, du Wéser et de l'Elbe; et l'Empereur avait dessein de réunir ces possessions maritimes à la France par un canal qui eût joint la mer Baltique à la Seine. Une partie considérable du royaume de Westphalie et du grand-duché de Berg, deux principautés que Napoléon avait créées lui-même, fut enveloppée dans cette prise de possession; nouvel exemple, si celui de la Hollande ne suffisait pas encore, qui prouvait combien peu Napoléon était disposé à respecter même les droits émanés de sa puissance, lorsqu'ils contrariaient des plans plus récens et de plus vastes projets de son ambition.

Si la Prusse avait conservé son ancienne influence comme protectrice du Nord, Hambourg, Brême et Lubeck n'eussent point été avec si peu de cérémonie incorporés et fondus dans l'empire français. Mais tandis que ces cités illustres et antiques tombaient, sans appui et sans résistance, au pouvoir d'un despotisme qui menaçait de devenir universel, un petit État bien moins important, à peine connu comme ayant une existence indépendante de tous ceux qui n'étaient pas parfaitement familiarisés avec les divisions du nord de l'Allemagne, trouva un protecteur et un protecteur puissant. Cet État était le duché d'Oldenbourg, dont le prince actuel était parent de l'empereur de Russie, puisque tous deux descendaient de la maison de Holstein-Gottorp, et de plus, beau-frère d'Alexandre. On avait eu soin d'excepter cet État d'Oldenbourg des changemens qui avaient eu lieu dans le nord de l'Allemagne après le traité de Tilsit, ce qui faisait que la confiscation de son territoire était un procédé encore plus outrageant pour la cour de Russie. Une réclamation formelle ayant été présentée à Napoléon, il proposa de réparer le tort fait au duc d'Oldenbourg, en lui assignant la ville et le territoire d'Erfurt, avec la seigneurie de Blankenheim. Mais le duc se sentait trop bien appuyé pour se soumettre à la nécessité d'abandonner ses domaines et d'en recevoir d'autres en échange. L'offre d'indemnité fut repoussée hautement ; la France persévéra dans son projet d'usurper Oldenbourg, et l'empereur Alexandre, dans une protestation écrite avec force, mais avec modération, dont il fut remis

copie à tous les membres du corps diplomatique, déclara qu'il n'approuvait point l'injustice faite à un prince de sa famille, sans
abandonner pour cela le système d'intérêts
politiques qui avait amené l'alliance entre la
France et la Russie.

La vérité était que Napoléon, assuré de l'amitié de l'Autriche par sa dernière alliance, ne
trouvait plus, à ce qu'il semblait, que la Russie
méritât encore les mêmes ménagemens, que
dans l'origine il avait trouvé politique de garder
envers l'empereur Alexandre. Le Czar lui-même
s'en aperçut ; et le grand nombre de ses sujets
qui formaient le parti des anciens Russes, comme
ils s'appelaient eux-mêmes, et qui favorisaient
l'alliance anglaise et détestaient l'union avec la
France, profitèrent de l'occasion. Ils exposèrent
les maux que souffraient toutes les classes de
la nation depuis que le Czar, pour seconder les
plans de Napoléon, avait décrété l'abolition du
commerce anglais. Ils montrèrent que cette con-
descendance pour les vues de la France avait
été suivie de grandes pertes pour ses propres
sujets, qui ne pouvaient plus ni vendre leurs
denrées et les productions de leur pays, auxquelles l'Angleterre offrait toujours un débou-
ché, ni se procurer les productions des colonies
et les marchandises de fabrique anglaise, objets

presque de nécessité absolue pour la consommation de la Russie.

Alexandre rendit, le 31 décembre 1810, un
ukase rédigé avec une adresse remarquable;
car, tandis que ses termes semblaient affirmer
l'exclusion des produits des manufactures anglaises de l'empire en général, il permettait les
importations à Archangel, à Saint-Pétersbourg,
à Riga, à Revel, et dans cinq ou six autres ports,
où différens articles de commerce, et, en particulier les productions coloniales, à moins qu'ils
n'appartinssent à des Anglais, pouvaient être
librement importés. Aussi Napoléon ne pouvait
manquer de s'apercevoir que, tout en parlant
du système continental et en paraissant le respecter, la Russie y renonçait par le fait. Mais,
de même qu'Alexandre n'avait pas hasardé de
se prévaloir de l'envahissement d'Oldenbourg
pour rompre son alliance avec la France; Napoléon, de son côté, quoique le changement de
ton de la politique russe ne pût lui échapper,
hésita néanmoins à en venir à une rupture ouverte, avec un ennemi si puissant, au sujet de
l'ukase du 31 décembre 1810.

Cependant l'empereur des Français sentit
probablement que la paix avec l'Angleterre serait la base la plus solide de son trône. Au mois
d'avril 1810, quelques tentatives pour en venir

à une pacification avaient été faites pendant la mission de M. Mackensie, qui avait été envoyé à Morlaix comme agent du gouvernement britannique. Ce n'était pas la moins cruelle des circonstances de cette guerre invétérée, qu'aucun cartel n'eût eu lieu d'aucun côté pour l'échange des prisonniers, et que, par conséquent, les malheureux que le hasard avait fait tomber au pouvoir de l'ennemi, n'eussent d'autre alternative probable que de languir le reste de leur vie dans un pays lointain et ennemi, ou au moins de rester captifs jusqu'à la fin des hostilités, à laquelle personne ne pouvait assigner de date. L'obstacle primitif qui s'opposa à cet échange, considéré chez toutes les nations civilisées comme une obligation indispensable pour adoucir les maux de la guerre et diminuer les souffrances de ses victimes, ce fut la prétention de Napoléon, qui voulait que les personnes étrangères au service militaire qu'il avait fait arrêter, au mépris du droit des gens, lors de la déclaration des hostilités, fussent échangées contre des matelots et des soldats français. Les ministres anglais repoussèrent long-temps une mesure aussi inusitée, à laquelle en effet la politique leur défendait d'accéder. A la fin cependant, les souffrances des prisonniers et de leurs familles décidèrent le gouvernement anglais à permettre que l'Empereur retirât le fruit de l'acte d'oppression qu'il avait commis en retenant ces malheureux, et à consentir à ce qu'ils fussent compris dans le cartel proposé. Mais quand les commissaires se réunirent à Morlaix, M. Mackensie se trouva aussi loin que jamais d'arriver à un accommodement. Le nombre des prisonniers français en Angleterre surpassait de plusieurs milliers celui des Anglais en France, et Buonaparte, qui concluait rarement un marché sans le faire à son avantage, insista pour que le surplus des prisonniers français fût échangé contre un pareil nombre d'Allemands, d'Espagnols, de Portugais ou d'autres qui seraient captifs en France.

Ce fut une condition facilement admise par rapport aux troupes étrangères à la solde de l'Angleterre; mais il était également déraisonnable et contraire à l'usage, de demander que nous rendissions à la France ses sujets, enfans du sol, qui pouvaient augmenter ses soldats, tandis que nous recevions en échange des étrangers qui ne nous étaient unis par aucun lien de service militaire ou d'allégeance, et qui peut-être une fois mis en liberté eussent été tout aussi disposés à joindre les drapeaux français que ceux de la nation au nom de laquelle leurs fers auraient été brisés.

Après beaucoup de discussions, M. Mackensie, pour montrer le sincère désir qu'avait le
gouvernement anglais de délivrer les prisonniers des deux côtés, proposa que l'échange
commencerait par le renvoi d'un nombre de
prisonniers français égal à celui des captifs anglais qui étaient dans les prisons de France;
qu'après cela, les prisonniers des autres nations
seraient échangés indifféremment des deux
côtés; et que le nombre des prisonniers restant,
une fois la balance établie, serait également
mis en liberté sous la condition de ne pas servir
jusqu'à ce qu'ils fussent régulièrement échangés. A cette proposition, il était difficile d'en
faire une plus libérale, les Français répondirent par de nouvelles demandes et de nouvelles objections. On aura même de la peine à
croire que Moustier, le commissaire français,
eut la modestie de proposer que lord Wellington
et son armée, dans les lignes de Torres-Vedras,
seraient compris parmi les prisonniers français
dans le cartel. M. Mackensie répondit avec une
juste fierté qu'il ne servirait pas d'intermédiaire
pour faire insulter son gouvernement par une
telle proposition, et qu'il suspendrait toute négociation jusqu'à ce qu'on lui eût rendu raison
de cette impertinence.

Il est inutile de s'étendre davantage sur les

détails illusoires d'un traité que Napoléon avait bien résolu d'avance de ne pas laisser parvenir à une issue utile. Il savait quel était celui des deux pays qui supportait le mieux l'absence de ses prisonniers, ou plutôt celui à qui leur service était le plus important. Il sentait que lui, par la conscription, aussi-bien que par les troupes auxiliaires qu'il pouvait exiger à son gré de ses voisins ou des États dans sa dépendance, il ne manquerait jamais d'hommes pour ses projets les plus gigantesques; tandis que la Grande-Bretagne, qui ne peut obtenir qu'à grands frais ses soldats, était proportionnellement plus intéressée à la délivrance de ses prisonniers. Quelle que fût son intention en ouvrant la négociation, qui n'était peut-être qu'une feinte pour contenter l'armée française, en témoignant une fausse pitié pour les malheureuses victimes de la guerre plongées dans les prisons anglaises, il était facile de voir que la Grande-Bretagne souffrait plus de l'état actuel des choses que la France.

Quelques propositions pour la paix générale avaient été faites aussi pendant les conférences de Morlaix; et le cabinet anglais avait mis en avant trois principes sur l'un desquels il exprimait le désir de fonder les bases d'un traité. C'était 1° ou l'*état de possession* avant la guerre, ou 2°. l'état actuel de possession, ou 3°. un plan de compensations réciproques. Mais aucun de ces principes ne convenait au gouvernement. français, de sorte qu'il fallut renoncer en même temps au traité de paix générale, et à celui qu'on avait négocié d'abord pour rendre à la liberté, à leur pays et à leur famille plus de cent mille hommes, en réunissant les prisonniers de part et d'autre.

Un ton de défi fut donc adopté de nouveau dès qu'il fut bien clair que la Grande-Bretagne rejetterait toute condition de paix non fondée sur des principes d'égalité. Un discours du comte de Sémonville dit qu'il fallait s'en prendre à l'ambition persévérante de l'Angleterre, si Buonaparte avait été forcé de s'emparer des côtes maritimes de l'Europe, et que tous ses empiétemens sur terre étaient la conséquence nécessaire de la domination de l'Angleterre sur mer. Il demanda ensuite, avec une colère prophétique, quels seraient les bornes du possible dans l'avenir : « C'est à l'Angleterre de répondre, dit-il, Qu'elle tourne les yeux sur le passé, et apprenne à juger ce qui l'attend. La France et Napoléon ne changeront jamais. »

CHAPITRE V.

Gigantesque puissance de Napoléon à cette époque. — Naissance du roi de Rome. — Critique de ce titre qui lui fut donné. — Considérations sur les avantages ou les désavantages qui résultèrent de cet événement. — Ex-reine d'Étrurie. — Cruelle et inexcusable conduite de Napoléon envers elle. — Lucien Buonaparte en Angleterre, où il fait un poëme épique. — Entreprise manquée pour délivrer Ferdinand : — sa pusillanimité. — Opérations dans le Portugal. — Retraite de Masséna : — sa conduite comme général et comme homme. — Habileté déployée des deux côtés. — Batailles de Fuentes-d'Onoro, par Wellington ; — sur la frontière méridionale du Portugal, par lord Beresford ; — de Barossa, par le général Graham. — Les Anglais victorieux. — Entreprise d'Arroyo-Molinos. — Espagnols défaits sous Blake. — Valence prise par les Français, Blake et son armée prisonniers de guerre. — Division parmi les généraux français. — Joseph écrit à Napoléon, pour abdiquer la couronne d'Espagne.

Les conséquences naturelles d'un empire trop agrandi par la conquête sapaient déjà celui de Napoléon; car l'étendue du territoire ne constitue pas plus la puissance que l'embonpoint dans le corps humain ne constitue la force ou la santé; et l'autorité réelle de Napoléon était, au vrai, plus grande quelques années auparavant, qu'alors où ses domaines étaient devenus si vastes. La guerre d'Espagne, entretenue au prix de tant d'or et de sang, était une plaie dévorante. La Hollande lui avait apporté de plus prompts secours, et avait eu plus de moyens de le faire, sous la domination de son frère Louis, que depuis qu'elle formait une partie constituante de l'empire français. On en peut dire autant des États et des villes libres dans le nord de l'Allemagne, où souvent de nombreuses troupes de contrebandiers, vêtus et armés comme les guérillas, faisaient une guerre d'escarmouches avec les employés de la France; et poussés également par les haines nationales et l'amour d'un gain obtenu à des risques désespérés, continuaient, sur quelques points, une sorte de petite guerre intérieure. Toutefois, quoique les racines de l'arbre fussent ainsi minées, les branches et le feuillage, selon les apparences, étendaient une ombre plus vaste que jamais : ce fut surtout quand une annonce formelle, adressée à la France et à l'Autriche à la fois, appela les fidèles sujets des deux empires à se réjouir de la naissance d'un héritier, que Marie-Louise donnerait bientôt à Napoléon; les hommes qui ouvraient la carte de l'Europe virent avec étonnement et frayeur le redoutable héritage que l'enfant attendu aurait probablement à recueillir.

Les États actuels de la France, gouvernés

par Napoléon, comme empereur des Français, avaient graduellement atteint une dimension extravagante. Ils s'étendaient du nord-est au sud-ouest depuis Travemunde, sur l'océan Baltique, jusqu'au pied des Pyrénées; et du nord-ouest au sud-est, depuis le port de Brest jusqu'à Terracine, sur les confins du territoire napolitain. Une population de quarante-deux millions, pourvue à divers égards de tout ce qui peut assurer la prospérité d'un État, et placée, pour la richesse, la fertilité du sol et le bien-être du climat, dans la plus belle portion du monde civilisé, formait l'immédiate souveraineté de ce magnifique empire.

Toutefois, s'arrêter ici serait restreindre de beaucoup les bornes du pouvoir de Napoléon. Il faut ajouter à son empire particulier la Carniole, les provinces Illyriennes, et le beau royaume d'Italie. Ensuite, comme médiateur de la république helvétique, l'Empereur exerçait une autorité presque absolue sur la Suisse, qui lui fournissait, bien qu'à contre-cœur, sa part prescrite de troupes; et chaque État y mettait une promptitude et une affectation de zèle bien différente de la lenteur et de la répugnance avec laquelle ils s'acquittaient autrefois de leur chétif contingent envers l'empereur d'Allemagne.

Murat, roi de Naples, était, avec son royaume, à la disposition de son beau-frère; et si, comme l'espérait Buonaparte, la Péninsule devenait enfin trop faible pour soutenir la guerre, alors l'Espagne et le Portugal devaient être ajoutés à son immense empire. En effet, ces royaumes, déjà bouleversés par des rebelles, lui semblaient ne pouvoir résister plus long-temps. Ainsi, un empire de 800,000 milles carrés, contenant une population de 85 millions, c'est-à-dire un cinquième en fait de territoire, et en population. la moitié des habitans de l'Europe, était paisiblement soumis au sceptre de Napoléon, ou sur le point, comme on le croyait, de s'y soumettre.

De ceux qui partageaient entre eux le reste de l'Europe, et conservaient encore quelque droit à l'indépendance, l'Angleterre peut se vanter de s'être toujours opposée à ce dictateur du monde; de lui avoir rendu, dans cette longue lutte, des blessures aussi profondes que celles qu'elle en reçut jamais, et d'avoir dédaigné, en toutes circonstances, de traiter avec lui, à d'autres termes que ceux de l'égalité. Que la louange n'en soit pas attribuée à ce beau pays, quoiqu'il supportât de lourds fardeaux, et souffrît de grandes pertes, mais à la Providence, qui soutint son courage; ce fut la Providence qui lui donna la force de combattre pour la bonne cause, qui était celle de l'indépendance européenne; ce fut encore elle qui lui inspira de se confier à la justice du ciel, quand les dangers semblaient, aux yeux des hommes, assez effroyables pour priver le sage de la tête qui conseille, le brave du cœur qui résiste.

Le Danemarck, tant était puissante l'influence de la France dans ses conseils, doit presque être considéré comme descendu au rang des principautés fédératives.

La Suède n'eut qu'une médiocre et secondaire influence; elle sentit, comme les autres contrées de l'Allemagne, le vent desséchant du système continental, ou plutôt antisocial; mais dans les circonstances où elle était, en possession de la Poméranie suédoise, dépendant du bon plaisir français, elle n'avait d'autre remède que d'attendre un temps plus favorable.

La Prusse était dans le même cas, et pire encore : mortelle ennemie du nom français dans toutes ses provinces, mais que les fortes garnisons que la France avait placées dans ses domaines, et les nombreuses forces qu'elle y déployait, obligeaient, pour le moment, à jouer le rôle d'une humble vassale. Il est bien vrai que sa cour s'efforçait sans bruit de remonter son état militaire; qu'elle renvoyait les lâches qui avaient vendu et livré leur patrie, et les remplaçait par la fidélité éprouvée ou par la jeunesse, qui, témoin de l'oppression nationale, regardait la vengeance comme son premier devoir. Il est vrai aussi que le peuple en Prusse, et dans la plus grande partie de l'Allemagne, attendait, comme le jour après la nuit, le retour de son indépendance. Mais rien d'apparent ne trahissait ces espérances, ces désirs et ces préparatifs cachés; on ne voyait en Prusse qu'une nation résignée à son esclavage.

L'Autriche, outre les terribles pertes que la dernière guerre lui avait fait éprouver, était alors liée à Napoléon par un nœud qui semblait imposer à la fière maison de Hapsbourg la soumission, ou du moins les égards qu'elle rendait au gendre de son Empereur.

La Turquie, qui aurait eu son tour si la fortune n'avait changé, n'était pas encore sur la ligne des plans de Napoléon.

La Russie faisait à la Porte une guerre impolitique pour réaliser quelques uns des projets personnels d'agrandissement que Napoléon avait consentis et peut-être suggérés à Tilsit et à Erfurt. Mais alors il en était le témoin sans en souhaiter le succès; et il écoutait les plaintes de l'Autriche, qui voyait d'un mauvais œil les prétentions ambitieuses de la Russie sur ces provinces. De tous les États du continent qui se donnaient un faux air d'indépendance, la Russie paraissait seule en posséder la réalité ; et par des actes récens, tels que la protestation au sujet du duché d'Oldenbourg, et la réception de marchandises et de vaisseaux anglais dans ses ports, on reconnaissait dans les conseils de cè grand empire un autre esprit que celui qui les avait régis pendant les conférences de Tilsit et d'Erfurt. Cependant il était peu de politiques qui pussent croire que la Russie, seule de tout le continent de l'Europe, osât s'opposer à Napoléon, et moins encore, que son opposition pût réussir. C'était de cette nuit impénétrable à tous les yeux mortels, que devait se lever l'aurore de la liberté européenne.

L'Amérique, heureuse dans l'Atlantique, qui la séparait de l'Europe, théâtre presque universel de guerre ou d'esclavage, se sentait forte de sa sécurité, et renouvelant dans cette crise des prétentions contestées par la Grande-Bretagne, semblait se souvenir davantage d'une inimitié récente que de leur même origine, de leur langage et de leurs mœurs semblables. .

Un an après son mariage avec Napoléon, la jeune Impératrice fut surprise des douleurs de l'enfantement : il paraissait difficile et dangereux ; le chirurgien [1] déployait un cou-

____

[1] M. le professeur Dubois. (*Édit.*)

rage inutile, et s'effrayait de ce qui devenait nécessaire. Napoléon entra, et lui commanda de faire comme si l'accouchée était la femme d'un bourgeois de la rue Saint-Denis. Elle fut enfin heureusement délivrée d'un beau garçon, que Buonaparte, aussi triomphant sans doute qu'après une bataille gagnée, porta dans la pièce voisine, et montra aux grands officiers et aux courtisans qui le saluèrent unanimement Roi de Rome, dignité destinée à l'héritier de la ré-publique française.

Ce titre, à la vérité, ne passa pas sans critique. Quelques uns disaient que prendre la dé-nomination royale d'une cité où le nom de Roi fut en horreur, était de mauvais augure. Pour les catholiques, ce titre portait nécessairement avec lui le souvenir de la sacrilége violence qui avait dépouillé le Pape de ses États. Enfin, on demandait quelle chance il y avait de l'exé-cution de cette partie de la constitution ita-lienne qui garantissait la succession du royaume d'Italie à un autre que l'empereur de la France, quand le titre de Roi de Rome était réuni à celui d'héritier de l'empire français? [1]

Ces remarques sinistres, cependant, ne cir-

---

[1] Des plaisanteries, aussi-bien que de sérieuses obser-vations, eurent lieu à ce sujet. « Avez-vous quelques com-

culaient que parmi les mécontens, ou se répé-
taient avec les railleries anti-impériales et les
calembourgs dans les salons du faubourg Saint-
Germain, fréquentés par d'anciens et fidèles
sujets de la maison de Bourbon. La ville de Paris
donna des spectacles aussi brillans que ceux
qu'elle avait jadis coutume d'offrir quand il lui
naissait un fils de ses bien aimés souverains. Il
y eut des députations avec des adresses de tous
les corps publics de l'État ; et pour que rien ne
manquât aux flatteries serviles, la couleur à la
mode pour la saison portait un nom qui, faisant
allusion au Roi de Rome [1], aurait dû être re-
jetée par la délicatesse française, sinon la fierté
nationale. Mais peut-être ce qu'il y eut de plus
étrange, fut que le vieux Roi détrôné d'Espagne et la Reine sa compagne, entreprirent

missions pour la France ? disait à Naples un Français à un
Anglais de ses amis; j'y serai dans deux jours. — En
France, répondit l'autre, je croyais que vous alliez à
Rome ? — Il est vrai, mais Rome, par un décret de l'Empereur, est indissolublement unie à la France. — Je n'ai
à vous charger de rien pour ce pays; mais puis-je faire
quelque chose pour vous en Angleterre, j'y serai dans
une demi-heure. — En Angleterre! et dans une demi-
heure! — Oui, dans cet intervalle je serai en mer, et la
mer a été indissolublement unie à l'empire britannique. »

[1] Le c... dauphin de l'ancien régime devenu le c... du
Roi de Rome. (*Édit.*)

un voyage, afin de porter leurs félicitations personnelles sur la naissance d'un héritier à celui qui avait déposé et retenait en prison leur propre fils, et qui avait inondé de sang l'Espagne, leur héritage, depuis les Pyrénées jusqu'aux colonnes d'Hercule.

Napoléon et ses dévoués admirateurs se réjouirent de cet événement, comme s'il devait à jamais perpétuer l'empire français, quand la mort enleverait celui qui l'avait fondé. La protection de la maison d'Autriche, et le charme jeté sur l'enfant par la haute renommée de son père, ne pouvaient, pensait-on, que lui assurer une paisible succession au trône ainsi qu'un règne tranquille. La vie de Buonaparte aussi était assurée contre des fanatiques comme celui de Schœnbrunn : de quoi servirait-il d'assassiner l'Empereur, quand l'empire devait survivre, et passer avec toute sa force à son fils et son héritier ?

Mais d'autres prétendaient que les avantages de la naissance du Roi de Rome étaient balancés par les inconvéniens contraires. La plupart des grands généraux français avaient suivi la fortune de Napoléon, dans l'espoir qu'à sa mort, qu'elle eût lieu sur le champ de bataille ou qu'elle fût naturelle, ils pourraient, comme les successeurs d'Alexandre-le-Grand, se partager

la vaste succession des royaumes et des principautés, qui, vraisemblablement, devien-
draient la propriété du plus fort et du plus
brave dans la loterie qu'ils pouvaient espérer
d'en faire à la mort de ce grand favori de la
Fortune. Ces illustres soldats, pensait-on, frus-
trés de cette belle perspective, n'auraient plus
le même intérêt à servir Napoléon, dont l'héritage devait maintenant passer à un fils, comme
celui d'un laboureur ou d'un bourgeois, suivant
l'ordre légal et régulier des successions ordinaires. Mais les politiques qui raisonnaient ainsi
ne considéraient pas assez le degré de supériorité que Napoléon avait obtenu sur ceux qui
l'entouraient, son habitude de commandement
absolu et leur obéissance implicite. Il n'y avait
pas la moindre apparence qu'aucun de ceux
qui servaient sous lui, risquerait d'encourir son
déplaisir, et de perdre le rang et la fortune
qu'il tenait directement de lui, en ressentant,
avec des marques de froideur et de mécontentement, la perte de leurs espérances lointaines
et chimériques.

Il en était d'autres qui auguraient d'autres
conséquences du même événement sur les ennemis de Buonaparte, déclarés ou secrets.
C'était une opinion générale, et certainement
fondée, que l'empire immense, mais mal ci-

menté de Napoléon, tomberait en pièces dès qu'il ne serait plus soutenu par la crainte et l'admiration de ses talens personnels. De là tant de prudence et de résignation opposée au désir général de secouer le joug de la France. On se courbait sous l'invincible génie et les inévitables destinées de Napoléon; mais on consolait les plus impatiens, en leur conseillant d'attendre sa mort pour tenter l'audacieuse entreprise de venger leur liberté. De tels discours étaient favorablement reçus; car les hommes sont toujours portés, malgré eux, à écouter de prudens conseils, quand ils tendent à éloigner le moment d'un péril imminent. Mais cette objection n'était plus admise quand l'héritage du despotisme semblait garanti de père en fils en ligne directe. Quel terme fixer désormais à cette triste perspective? comment les tièdes patriotes pourraient-ils plus long-temps différer leur délivrance? La naissance du Roi de Rome était considérée sous ces divers points de vue, et il peut après tout rester en question si le don d'un fils et d'un héritier, doux comme il devait nécessairement l'être aux affections privées de l'Empereur, lui garantit l'avantage politique qu'il s'en promettait sans doute.

Avant de retracer les nouveaux différends entre la France et la Russie, qui entraînèrent rapidement de si importantes conséquences, nous mentionnerons brièvement quelques circonstances relatives à l'Espagne et aux affaires de ce pays, quoique les deux incidens dont nous parlerons d'abord fussent plutôt d'un intérêt particulier.

Le premier se rapporte à l'ex-reine d'Étrurie, fille, comme on doit se le rappeler, de Charles, roi d'Espagne, et sœur de Ferdinand. Buonaparte avait assigné à cette princesse et à son fils, le royaume d'Étrurie ou de Toscane. Pour préluder à l'intrigue de Bayonne, il l'avait ensuite dépouillée de cette dignité, afin de l'offrir en indemnité à Ferdinand pour la cession qu'il demandait à ce malheureux prince de l'héritage d'Espagne. Puis, croyant pouvoir obtenir cette cession sans compensation, Buonaparte se réserva l'Etrurie, et retint la Reine en otage. Pendant quelque temps il lui fut permis de résider à Compiègne avec son père et sa mère ; mais ensuite, sous prétexte de l'escorter à Parme, elle fut conduite à Nice, et là soumise à la sévère vigilance de la police. La princesse paraît avoir été plus sensible à ces outrages que le reste de sa famille, ce qui, du reste, ne prouve pas un haut degré de sensibilité. Cependant, alarmée de sa situation, elle tenta de fuir en Angleterre. Deux gentilshommes de

sa suite furent envoyés en Hollande, afin de
préparer son évasion, mais son projet fut découvert. Le 16 avril 1811, des officiers de police et des gendarmes violèrent la demeure de
la Reine à Nice, saisirent sa personne et ses
papiers; et après l'avoir gardée deux mois, en
menaçant de la faire juger par un tribunal militaire, ils lui déclarèrent qu'elle était condamnée
avec sa fille (son fils était resté malade à Compiègne), à être détenues prisonnières dans un
monastère à Rome, où elles devaient se rendre
dans les vingt-quatre heures après la notifi-
cation de leur sentence. Ses deux agens, qui
avaient été préalablement faits prisonniers,
furent envoyés à Paris; ils furent condamnés à
mort par une commission militaire, et conduits
en conséquence dans la plaine de Grenelle. L'un
fut fusillé sur-le-champ, son compagnon, au
moment de subir le même sort, eut sa grâce;
mais l'angoisse de ce malheureux avait affecté
en lui les sources de la vie : il mourut peu de
jours après. La rigueur de cette conduite envers une Reine, une femme qui s'était remise
entre les mains de Napoléon, espérant que sa
liberté du moins ne lui serait pas ôtée, fut à la
fois une violation de la justice, de l'humanité,
et des plus simples égards.

Il est bon d'observer qu'environ dans le même

temps où Napoléon traitait avec tant de cruauté une princesse étrangère et indépendante, parce qu'elle témoignait le désir de transférer sa résidence de France en Angleterre, son propre frère Lucien était reçu avec hospitalité dans cette île, si cordialement détestée, si fréquemment vouée au sort d'une seconde Carthage. Napoléon, qui voulait toujours considérer les princes de son propre sang comme les premiers esclaves dans l'État, était devenu très pressant avec Lucien pour lui faire renvoyer sa femme, afin de l'allier à quelques familles royales sur le continent, ou du moins pour qu'il accordât la main de sa fille au jeune Ferdinand d'Espagne, qui s'était élevé en faveur, par sa conduite dans une occasion que nous rapporterons tout à l'heure. Mais Lucien, déterminé alors à ne pas s'engager, lui ou sa famille, dans l'ambitieuse carrière de son frère, résolut de s'établir en Amérique, et de mettre l'Atlantique entre lui et les importunités de l'Empereur. Il s'adressa pour obtenir un passe-port à l'ambassadeur d'Angleterre en Sardaigne, qui devait en référer à son gouvernement. Lucien fut invité à venir en Angleterre, où il lui fut permis de vivre en liberté sur sa parole seulement; un officier devait surveiller ses mouvemens et sa correspondance : sa conduite fut irréprochable à tous égards; et l'ex-homme d'État qui avait joué un rôle si important dans le grand drame révolutionnaire, put se distraire encore par la composition d'un poëme épique sur Charlemagne, occupation plus innocente que celle de son frère Napoléon, qui prétendait reconstruire et consolider le vaste empire du fils de Pépin.

Une autre intrigue d'un caractère singulier, et qui se termina d'une manière inattendue, provint d'une entreprise du ministère anglais pour rendre la liberté à Ferdinand, roi légitime de l'Espagne. Un parti de royalistes et un parti populaire, qui s'étaient montrés dans ce malheureux pays, étaient venus distraire les vrais patriotes de leur objet le plus important, celui d'arracher leur pays aux armées françaises et à un monarque étranger. Le gouvernement anglais était naturellement persuadé que Ferdinand, au nom duquel ses sujets étaient si fortement attachés, devait être désireux et capable, une fois en liberté, de se mettre à leur tête, de terminer toutes leurs disputes par son autorité; et de donner à leurs efforts une impulsion qui ne pouvait être communiquée que par le roi d'Espagne à la nation espagnole. Il n'est pas douteux que si le gouvernement anglais eût connu le vrai caractère de ce prince, le vœu de sa délivrance ou de sa présence en Espagne aurait été le dernier qu'il eût formé. Cette méprise cependant était naturelle, et l'on agit en conséquence.

Un Piémontais d'origine irlandaise, nommé le baron Kolli (ou Kelly), agent du gouvernement anglais, fut muni de quelques diamans et autres objets précieux, afin que, sous le prétexte de les vendre, il pût être admis près du prince, alors prisonnier à Valencey, où son principal amusement, dit-on, était de broder une robe et un jupon pour la vierge Marie. Kolli, après avoir informé le prince de son message, devait effectuer sa fuite avec l'aide de quelques royalistes, l'accompagner jusqu'à la côte, où une petite escadre attendait l'issue de l'événement pour transporter le roi d'Espagne à Gibraltar, ou n'importe en quel lieu il voudrait. En mars 1810, Kolli débarqua dans la baie de Quiberon, d'où il alla à Paris tout préparer pour ses desseins. Il fut découvert par la police, et arrêté lorsqu'il partait pour Valencey. On tenta de l'engager à continuer, d'accord avec le ministère français, l'exécution de son entreprise, dont le plan général était révélé par ses papiers à la police; comme il dédaigna de jouer ce rôle perfide, Kolli fut enfermé au château de Vincennes, tandis qu'un homme, le même qui trahit son chef, et dont l'extérieur correspondait en quelque sorte au signalement de l'émissaire anglais, fut envoyé à sa place au château de Valencey.

Mais Ferdinand, soit qu'il soupçonnât le piége qui lui était tendu, soit qu'il eût assez peu de cœur pour préférer la sécurité dans l'esclavage, à des dangers courus pour la liberté, ne voulut pas écouter l'agent supposé de l'Angleterre, et même il dénonça le prétendu Kolli à Barthélemy, gouverneur du château. Le faux Kolli retourna donc à Paris, tandis que le véritable resta dans le château de Vincennes jusqu'à la prise de Paris par les Alliés. Ferdinand se vanta, dans une lettre à Buonaparte, d'avoir résisté à la tentation du gouvernement anglais, qui, observait-il pathétiquement, avait abusé de son nom, et par là fait répandre tant de sang en Espagne. Il exprimait encore son ardent désir de devenir le fils adoptif de l'Empereur ; ainsi que son espérance que l'auteur et les complices du projet de sa délivrance, subiraient un juste châtiment ; mais il finissait par faire entendre qu'il désirait vivement quitter Valencey, résidence qui n'avait rien que de déplaisant, et nullement convenable pour lui. L'insinuation de Ferdinand sur une alliance avec la famille de Buonaparte, amena probablement la nouvelle importunité de l'Empereur, qui obligea Lucien à quitter l'Italie. Ferdinand n'obtint pas le changement de résidence qu'il désirait; et sa franchise envers son geôlier ne paraît pas lui avoir profité, si ce n'est qu'il évita une captivité plus sévère, ou le sort pire encore auquel il aurait pu être condamné, s'il s'était imprudemment confié au faux baron Kolli.

En Portugal la grande lutte entre Masséna et Wellington, sur laquelle, comme nous l'avons déjà observé, les yeux du monde étaient fixés, se décida enfin en faveur du général anglais. Cet avantage fut remporté sans aucun aide des élémens, sans aucune de ces circonstances fortuites, qu'on appelle chances de la guerre, ni par des risques aventureux, ni par le sort d'une bataille perdue ou gagnée, mais par la seule supériorité d'un grand général sur un autre, dans ce noble jeu des héros, où ni l'un ni l'autre n'avaient pas encore trouvé leur rival.

Pendant plus de quatre mois, Masséna, avec une aussi belle armée qu'en eût jamais fourni la France, resta à regarder les lignes imprenables, dont les forces anglaises, si inférieures en nombre, entouraient Lisbonne, l'objet de son expédition. Attaquer dans une telle position des troupes dont il avait éprouvé la valeur à Busaco aurait été sacrifier ses soldats; et se retirer, était abandonner l'entreprise que son maître avait confiée à son habileté et à sa bonne fortune, sur laquelle on avait tant compté jusque-là. Masséna essaya tout ce que le talent militaire pouvait suggérer pour tirer son ennemi de sa position avantageuse. Il menaça de porter la guerre vers le Tage et d'étendre son armée sur Oporto; mais tout avait été prévu et calculé par son antagoniste; rien ne lui réussit. Enfin, vaincu par le manque de vivres et l'interruption de ses communications, après avoir passé un mois à Alenquer, Masséna fit retraite à Santarem, comme quartier d'hiver préférable; mais au commencement de mars il vit que cette place n'était pas plus tenable, et sentit que s'il voulait sauver le reste d'une armée affaiblie, ce devait être nécessairement par une prompte retraite.

Ce mouvement décisif du sort de la campagne commença environ le 4 mars. Masséna peut être considéré sous deux points de vue, qui diffèrent comme la lumière et les ténèbres. Si nous l'examinons comme homme, et que nous retracions les horreurs qu'il permit à ses soldats, le lecteur indigné lui en refuserait le nom. C'est une superstition vulgaire que, quand l'ennemi du genre humain a été évoqué, il détruit en se retirant l'édifice témoin de son apparition. Il semblait que les Français, en laissant le Portugal, eussent résolu que des ruines seules témoigneraient de leur passage, et ils se livrèrent à la licence la plus odieuse et la plus effroyable. Mais si l'on tire un rideau sur ces criminelles horreurs, et que Masséna soit uniquement regardé comme chef militaire, sa retraite peut-être lui fit autant d'honneur qu'aucun des grands exploits qui l'avaient déjà rendu fameux. S'il avait justement été nommé le favori de la fortune, il montra que sa réputation ne dépendait pas de son sourire, mais qu'il pouvait la maintenir par lui-même, tandis qu'elle couronnait d'autres bannières. Dans sa retraite par le nord du Portugal, pays montagneux, il fut suivi par lord Wellington, qui ne lui laissa pas un moment de répit. Les mouvemens des deux armées furent calculés avec la précision qu'exige le jeu d'échecs. Tels ils parurent à tous ceux qui les suivirent et qui eurent assez de sang-froid pour les étudier.

On voyait incessamment les Français s'arrêter sur un terrain d'où il semblait impossible de les déloger ; et toujours les bayonnettes d'une colonne anglaise, qui avait marché par quelque route de traverse, étincelaient dans la direction de leur flanc, et annonçait que leur ligne allait être tournée ; mais ce n'était pour

Masséna que le signal de recommencer sa retraite, qu'il effectuait avant que les troupes anglaises pussent tomber sur lùi ; et il ne manquait
point de faire une halte nouvelle jusqu'à ce
qu'il fût encore délogé par son intrépide et habile rival. Enfin les Français furent expulsés du
territoire portugais, excepté de la garnison de
la ville frontière d'Almeida, dont lord Wellington fit d'abord le blocus et ensuite le siége.

A peine échappé des frontières du Portugal,
Masséna se hâta de tirer de la Castille tous les
renforts qu'il put obtenir ; il rassembla encore
une fois de grandes forces, et quinze jours environ après sa retraite, il reprit l'offensive dans
la vue de sauver Almeida, seul trophée de sa
marche triomphante dans la précédente campagne. Lord Wellington ne refusa pas la bataille, qui se donna le 5 mai, près de Fuentes-
d'Onoro. Le succès fut disputé, mais le général
français eut enfin le désavantage, malgré sa supériorité de nombre, surtout en cavalerie. Il
se retira alors de la frontière du Portugal, ayant
d'abord envoyé des ordres pour l'évacuation
d'Almeida, que le commandant français exécuta
avec beaucoup de dextérité.

Sur la frontière méridionale du Portugal,
lord Beresford donna aussi une sanglante et
terrible bataille. L'action fut en quelque sorte

indécise ; mais Soult, qui commandait les Français, ne remporta pas le succès qu'il lui fallait pour atteindre son but, qui était de faire lever le siége de Badajoz. Ainsi, dans le cœur du Portugal et sur ses frontières, les Anglais furent également vainqueurs, et leurs compatriotes commencèrent encore une fois à croire aux inspirations de l'espérance et du courage.

Cadix aussi, dernier boulevard des patriotes, avait vu une brillante action. Le général Graham, avec un corps de troupes anglaises, était sorti de la garnison en mars 1811, et avait remporté sur les hauteurs de Barossa une victoire qui aurait sérieusement influé sur les événemens du siége, s'il eût été secondé par le général espagnol Lapena, et qui, bien qu'imparfaite, rendit la confiance aux assiégés, et jeta l'abattement parmi les assiégeans, qui se virent bravés dans leur propre position. Il se donna en Espagne beaucoup de combats avec divers résultats ; mais, si nous osons hasarder une telle comparaison, le buisson, quoique ardent, n'était pas consumé, et l'Espagne continuait une sorte de résistance générale qui ne cessait de recommencer quand tous les moyens d'opposition régulière étaient épuisés, comme dans une maladie la nature vient combattre,

par ses propres forces, un mal que l'art avait
déclaré mortel.

La Catalogne, quoique ses places fortes fussent perdues, continua, sous le commandement
de Lacy et d'Éroles, à remporter des avantages
partiels sur l'ennemi; et l'Espagne vit Figueras,
une de ses plus importantes forteresses, recou-
vrée par le hardi stratagème de Roviza, prêtre
espagnol et commandant d'un parti de guérillas. Assiégée aussitôt par les Français, et
mal pourvue de vivres, la place, à la vérité,
ne leur résista pas long-temps; mais, dans la
possibilité de s'en emparer, l'esprit particulièrement tenace des Espagnols trouvait un en-
couragement bien au-dessus du regret de la
voir reprise.

Mais les troupes auxiliaires anglaises, surtout depuis que les Portugais, exercés par les
soins de lord Beresford, furent capables de
figurer dans les rangs de leurs alliés, montrèrent qu'elles étaient guidées par un autre esprit
que celui des premières expéditions, où leurs
chefs, un pied sur terre et l'autre sur mer, ne
s'aventuraient jamais hors de la vue de l'Océan,
comme s'ils eussent commandé des soldats am-
phibies qui avaient besoin des deux élémens
pour assurer leur existence : tout leur système
de guerre était de dérouter et de repousser,

du mieux qu'ils pouvaient, les attaques de l'ennemi ; mais rarement ils risquaient d'anticiper ses plans ou de les déconcerter. Pour protéger la Galice, par exemple, lorsqu'elle fut envahie par les Français, lord Wellington, quoique avec une armée très inférieure à celle qu'il savait devoir marcher contre lui, forma le blocus de Ciudad-Rodrigo, forçant ainsi l'ennemi à se désister de sa tentative sur la province, et à concentrer ses forces pour secourir cette place importante. Une telle concentration dans l'état des armées françaises ne pouvait s'effectuer qu'à leur grand désavantage. Elle ouvrait une plus vaste arène aux guérillas, et leur offrait l'occasion qu'elles ne négligaient jamais, d'agir avec leur courage et leur sagacité ordinaire, contre les petits détachemens et les convois français, aussi-bien qu'en s'emparant de tous les postes imparfaitement défendus. Et quand les Français eurent réuni toutes leurs forces pour accabler le général anglais et son armée, Marmont eut la mortification de les voir se retirer devant un ennemi supérieur, avec autant de calme et de sécurité que dans une contrée paisible.

Il ne restait plus au général français qu'à détailler dans les pages du *Moniteur* quel eût été le sort des Anglais, sans leur fuite précipitée, quand l'entreprise bien concertée et hardiment exécutée d'Arroyo-Molinos, le convainquit à ses dépens qu'une retraite n'était pas une déroute.

Plus de quatorze cents Français furent faits prisonniers dans ce village au moment qu'ils s'attendaient le moins à être attaqués. Cette petite action montrait un esprit d'audace, une disposition à reprendre l'offensive, que les Français n'attendaient pas des troupes anglaises; et ils oublièrent pour la première fois leurs propres qualités militaires, la vigilance, la résolution et l'activité. En Angleterre aussi, la nation s'aperçut que son armée de terre montrait le même courage et la même supériorité qu'on avait regardés comme l'apanage exclusif de ses braves marins. Les Français furent défaits sous le mont de Gibraltar par le général espagnol Ballasteros, et leur commandant Godinot se brûla la cervelle plutôt que de rendre le compte que Soult son général en chef allait lui demander. Tarifa, du même côté, fut heureusement défendue par une garnison mêlée d'Espagnols et d'Anglais, et l'on estime que les Français y perdirent environ deux mille cinq cents hommes.

D'autre part, la discipline des Français continuait à les rendre supérieurs aux patriotes;

partout où ces derniers pouvaient être amenés à quelque action ressemblant à une bataille rangée. Ainsi Blake fut totalement défait près de Murviedro, et cette ville elle-même tomba au pouvoir de l'ennemi. Après cette désastreuse action, une conséquence plus funeste de la bataille d'Ocana, fut la prise de Valence, où Blake et le reste de son armée furent faits prisonniers.

Mais, dans ces vicissitudes de bonne et mauvaise fortune, l'Espagne continuait contre Buonaparte le même système qu'elle avait adopté dès le commencement, pour l'épuiser et le harasser sans relâche. La maladie et les privations faisaient plus de ravages dans les troupes françaises que l'épée de l'ennemi, qui ne restait pourtant pas oisive. Plusieurs cantons sont malsains pour les étrangers, dont il était pourtant nécessaire aux envahisseurs de conserver la possession. Là, tandis que des morts nombreuses affaiblissaient les troupes, les guérillas épiaient le reste, jusqu'à ce que la fatigue et les maladies eussent réduit les garnisons à un nombre insuffisant pour se défendre ; elles fondaient alors sur eux comme les oiseaux de proie.

En outre, la division continuait de régner entre les généraux français. Joseph, quoique l'ombre de ce qu'un roi devrait être, avait assez d'esprit pour sentir quelle était sa position parmi les fiers généraux de l'armée, qui ne reconnaissaient de supérieur que l'Empereur, et n'écoutaient d'autres lois que les instructions venant de Paris. Il écrivit à son frère une lettre, accompagnée d'une formelle abdication du trône d'Espagne, à moins qu'il ne lui fût donné une autorité plus complète que les ordres même de Napoléon ne l'avaient mis en état d'en obtenir jusqu'alors. Mais la perspective de plus en plus prochaine d'une guerre dans le Nord, força Napoléon d'ajourner la demande de son frère, quelque pressante qu'elle fût ; et l'Espagne fut en quelque sorte abandonnée à son sort, pendant les événemens plus urgens de la campagne de Russie.

CHAPITRE VI.

Coup d'œil sur les causes qui amenèrent la rupture entre la France et la Russie : — elles datent de la paix de Tilsit. — Sujets de plainte de la Russie. — Raisons des conseillers de Napoléon contre la guerre avec la Russie. — Fouché est contre la guerre. — Il présente un mémoire à Napoléon sur ce sujet : — sa réponse. — Vues de Napoléon et motifs qu'il donne à ses divers conseillers en faveur de la guerre.

Nous approchons maintenant de cette année fatale où la fortune, jusqu'alors si constante dans sa partialité pour Napoléon, se tourna pour la première fois contre lui personnellement et le menaça d'un avenir orageux. Il avait bien fait des pertes sur terre et sur mer, mais il pouvait encore dire, comme lorsqu'il apprit la défaite de Trafalgar : « Je n'y étais pas ; je ne peux pas être partout. » Mais il ne devait pas tarder à subir des revers auxquels il ne pourrait appliquer cet orgueilleux commentaire. Il faut d'abord rappeler au lecteur les causes de la querelle qui était sur le point d'éclater entre l'empire français et la Russie.

Malgré l'intimité qui s'établit entre les deux souverains, et qui, pendant cinq ans, maintint une paix inaltérable entre Alexandre et Napoléon, il était facile de trouver dans le traité même de Tilsit des germes de division. La Russie, qui, sur tous les autres points de son territoire, est à l'abri de l'invasion, se trouva entièrement découverte du côté de sa frontière occidentale, et des vastes possessions par lesquelles elle occupe un rang dans la république européenne. Le partage de la Pologne, injuste sous tous les rapports, avait été d'une plus grande importance pour la Russie que pour l'Autriche et la Prusse; en effet, tant que la Pologne conserva sa liberté turbulente et demi-barbare, elle fut d'un grand poids dans la balance politique en séparant la Russie du reste de l'Europe, c'est-à-dire du monde civilisé. La révolution qui eût rendu aux Polonais cette indépendance qui n'avait pas cessé d'être l'objet de leurs vœux, aurait eu pour résultat de repousser le Czar dans ses forêts, de détruire son influence sur les affaires de l'Europe, et de le réduire au rang d'un monarque de l'Asie. L'affranchissement de leur pays, et la réunion de leurs provinces démembrées avec une constitution libre, voilà ce que les Polonais attendaient de Buonaparte : c'est pour cela qu'ils se rangèrent sous son étendard après la bataille d'Iéna; et, quoiqu'il fût trop prudent pour faire aucune promesse explicite relative au rétablissement de la Pologne parmi les nations européennes, plusieurs de ses mesures révélèrent le dessein d'accomplir un jour cette révolution. Ainsi, quand les provinces polonaises qui avaient formé la part de la Prusse furent érigées en principauté indépendante sous le nom de Grand-Duché de Varsovie, et quand on en vit l'investiture accordée, non sans une arrière-pensée, au roi de Saxe, descendant des anciens monarques polonais, ne dut-on pas croire que ce n'était là que le prélude du rétablissement intégral de la Pologne, et que les provinces appartenant à l'Autriche et à la Russie seraient réunies à ce nouveau duché dès que l'occasion s'en présenterait? « Que signifient, se demandaient les vieux hommes d'État de l'empire russe qui composaient le parti anti-français, que signifient ces stipulations qui laissent passer les troupes françaises de la Saxe au grand-duché, et par la Silésie, sinon que la France veut jeter une force prépondérante dans la Pologne, afin de défaire à sa volonté l'ouvrage de Catherine, en dépouillant la Russie des fertiles provinces que la politique de cette grande princesse avait réunies à l'empire? Pourquoi cet article spécial du traité de Tilsit qui a conservé Dantzick à la France pour toute la durée de la guerre maritime, si ce n'est afin que cette ville serve à la France comme d'une place d'armes dans le cas d'une guerre contre la Russie?» guerre dont Napoléon avait certainement calculé la probabilité dans le temps même où il entretenait une liaison si intime avec l'empereur Alexandre.

Ces soupçons étaient considérablement augmentés par les articles du traité de paix conclu avec l'Autriche à Schœnbrunn. Par ce traité, toute la Gallicie occidentale, ainsi que la ville de Cracovie et d'autres territoires, furent séparés de l'Autriche et réunis au duché de Varsovie, Napoléon ne dissimulant plus son intention de rétablir tôt ou tard l'ancien royaume de Pologne, dont la Russie seulement conservait encore la part qui lui était échue par le traité de partage.

D'autres causes conduisaient aux mêmes prévisions. Les vieux Russes, dont le parti nombreux et puissant se composait de grands propriétaires, considéraient comme une calamité publique et particulière la cessation du commerce avec l'Angleterre, par suite du système continental. Ils n'oubliaient pas que leur commerce avait éprouvé la même détresse sous l'empereur Paul. Les bois de construction, la résine, la potasse, le chanvre, tous les objets de la même nature qui composent la principale richesse de leur pays, et qui, étant d'un transport lourd et difficile, réclament des communications avec l'Angleterre, restaient entre leurs mains; et, d'un autre côté, ils étaient privés des denrées coloniales et des produits des manufactures anglaises, qu'ils avaient coutume de recevoir en échange de leurs marchandises. Les tirades sur la liberté des mers et sur la tyrannie maritime de l'Angleterre qu'ils pouvaient lire dans les décrets et les proclamations de Buonaparte, n'étaient pas capables de les réconcilier avec d'aussi funestes prohibitions : ils trouvaient que ce prétendu affranchissement du joug anglais s'annonçait pour eux sous de bien sombres présages, en commençant par la ruine de leur commerce et l'appauvrissement de leurs terres; et les boyards russes ne pouvaient pas plus saisir le sens des déclamations de Buonaparte contre les Anglais, que les meuniers des bords de l'Èbre ne comprenaient la sortie de don Quichotte contre leurs usages. Ils voyaient seulement que le souverain de la France s'inquiétait peu de réduire leur commerce à la plus grande détresse, afin d'exécuter son plan de ruiner la Grande-Bretagne, après quoi ce serait une entreprise plus facile de détruire l'importance politique de la Russie comme puissance européenne, en rétablissant la Pologne, et en reprenant les riches provinces qui formaient la frontière occidentale de l'empire. Il pourrait alors conduire le cabinet russe par une route funeste à une ruine d'autant plus certaine, à moins que la Russie ne se lassàt d'être asservie aux intérêts de la France.

C'était de plus une opinion généralement répandue dans l'empire, que la France traitait l'empereur de Russie comme un inférieur. C'est en effet une chose inouïe en diplomatie, qu'un gouvernement prétende imposer des conditions au commerce d'un autre État avec lequel il est sur le pied de l'égalité; et plus d'une fois une semblable prétention, accompagnée de menaces en cas d'opposition, a rendu légitime une déclaration de guerre. La conviction que l'alliance avec les Français déshonorait la nation russe, compromettait tous les intérêts du pays et devait présager de plus grands malheurs, devint si générale en Russie, que l'Empereur aurait été forcé de prêter l'oreille aux vœux de ses peuples, quand même l'amitié qui l'unissait personnellement à Napoléon n'eût pas été refroidie par les derniers événemens.

L'alliance avec l'Autriche était également capable d'alarmer Alexandre. La Russie et l'Autriche, quoique ayant un commun intérêt à résister à la prépondérance de Buonaparte, avaient été, dans les temps ordinaires, toujours rivales et quelquefois ennemies. L'intervention de l'Autriche avait, dans plusieurs circonstances, arrêté les progrès des Russes en Turquie, et élevé une barrière contre l'accroissement de leur puissance dans le midi de l'Europe. C'est pourquoi le lien de famille formé par Napoléon avec la maison de Hapsbourg, le rendit encore plus formidable à la Russie ; elle put croire qu'il épouserait tous ses griefs, et encouragerait les prétentions de cette puissance contre le Czar, alors même que la France n'aurait point de démêlés avec lui.

Mais il n'était pas nécessaire d'avoir recours à ces causes éloignées de soupçon ; la Russie avait et devait toujours avoir un motif direct et immédiat de jalousie tant que la France s'arrogerait le droit de dicter des lois à son commerce, et de s'immiscer dans les autres relations sur lesquelles un État indépendant est surtout jaloux de se déterminer par lui-même. Tel était le véritable état des choses. Pour rester allié de Buonaparte, il fallait qu'Alexandre devînt son vassal. Essayer de se rendre indépendant, c'était s'en faire un ennemi ; et il n'est pas permis de s'étonner qu'un souverain puissant et fier comme le Czar, ait voulu courir les hasards d'une bataille plutôt que de diminuer l'éclat ou de compromettre l'indépendance de sa couronne.

Le moment paraissait aussi favorable que la Russie avait jamais pu l'espérer. La guerre d'Espagne, continuant avec des succès balancés, ne paraissait pas prête à se terminer : elle occupait 250,000 hommes des meilleures et et des plus vieilles troupes françaises, exigeait d'immenses subsides, et diminuait ainsi les ressources qui restaient à Napoléon pour porter la guerre aux frontières de la Russie. La fin de la guerre d'extermination qu'il faisait en Espagne l'aurait rendu beaucoup plus formidable par le nombre des troupes dont il aurait pu disposer, et il ne paraissait pas qu'il fût de l'intérêt de la Russie d'attendre que cette époque fût arrivée.

Les mêmes raisons qui engagèrent la Russie à saisir le moment présent pour résister aux extravagantes prétentions de la France auraient dû déterminer Napoléon à se désister prudemment de ces prétentions, et à ne pas se précipiter, sans que rien l'y obligeât, dans deux guerres à la fois, toutes les deux nationales, et dont une seule pouvait profiter de sa présence et de ses talens. Les meilleurs et les plus expérimentés de ses généraux qu'il consulta, ou pour mieux dire, à qui il découvrit son dessein, employèrent divers argumens pour le déterminer à changer, ou du moins à différer sa résolution. Lui-même il hésita pendant plus d'une année, et fut plusieurs fois sur le point d'arranger à l'amiable les contestations qui pouvaient exister entre lui et l'empereur de Russie.

Les sujets de plainte du côté du Czar étaient au nombre de quatre :

1°. L'alarme causée à la Russie par l'agrandissement du duché de Varsovie depuis le traité de Schœnbrunn, comme si ce duché était destiné à devenir le point central d'un État indépendant ou d'un royaume, auquel on n'attendait que l'occasion favorable pour réunir les provinces démembrées de la Pologne qui avaient été le partage de la Russie. Sur ce point, le Czar exigeait que l'empereur des Français fît la promesse explicite que le royaume de Pologne ne serait jamais rétabli. Napoléon refusa cette clause comme tendant à l'obliger de garantir la Russie d'un événement qui pouvait arriver sans sa coopération ; mais il offrait de ne jamais favoriser aucune entreprise qui, directement ou indirectement, conduirait au rétablissement de la Pologne comme royaume indépendant. Ainsi modifié, cet acquiescement aux demandes de la Russie ne répondait que bien faiblement à ce que désirait le Czar : en effet, par cette stipulation, comme on l'appela d'abord, la France s'engageait réellement à n'opposer aucune entrave à l'indépendance des Polonais, et d'autant plus que, d'après la modification que cet acte reçut à Paris, il était impossible, en cas d'une tentative d'insurrection, que la France restât neutre.

2°. L'injustice faite, en réunissant à la France, sous la promesse d'une indemnité, le duché d'Oldenbourg, qui avait été garanti, par le traité de Tilsit, à un prince proche parent et allié du Czar. La Russie désirait que cette indemnité consistât dans le duché de Dantzick, ou dans quelque autre territoire d'une égale importance, situé sur les frontières du grand-duché de Varsovie, et qui pût ainsi offrir une nouvelle garantie contre les craintes qu'inspirait l'agrandissement progressif de cet État. La France ne voulut rien entendre sur cet article, quoiqu'elle ne fît pas difficulté d'accorder une autre compensation.

3°. Le troisième point en litige était le degré auquel le commerce de la Russie avec l'Angleterre serait restreint. Napoléon proposa d'adoucir ce que la prohibition avait de plus rigoureux, en autorisant les échanges de produits entre les Anglais et les Russes.

4°. Il fut proposé de réviser le tarif russe de

1810; de sorte que, sans blesser les intérêts de la Russie, on pût diminuer les droits exorbitans imposés sur les objets du commerce français.

D'après cet exposé, qui reproduit les bases définitives sur lesquelles Napoléon paraissait vouloir traiter, il est bien évident que, s'il n'eût pas existé, entre les deux Empereurs, un sentiment d'animosité ou de jalousie plus profond que ceux qu'expriment les sujets de contestation qui viennent d'être rapportés, tout aurait pu s'arranger à l'amiable. Mais, d'une part, Napoléon ne pouvait souffrir d'être sommé de s'expliquer comme un souverain du second rang, ou du moins sur le pied d'un égal, par l'empereur de Russie; de l'autre côté, celui-ci, de plus en plus alarmé par les mouvemens des armées françaises qui s'avançaient vers la Poméranie, ne pouvait se persuader qu'en consentant à admettre ces griefs, Napoléon eût une autre idée que celle d'ajourner cette lutte fatale qui devait décider de la prééminence entre eux, jusqu'au moment où il serait beaucoup plus assuré du succès en commençant les hostilités.

Cependant, et avant que les négociations fussent définitivement rompues, les conseillers de Buonaparte le pressaient, avec autant d'instances qu'il leur était permis d'en faire, de ne

pas s'obstiner à courir les chances d'une expédition si lointaine, si hasardeuse et si peu nécessaire. Ils prétendaient que ni les intérêts de la
France, ni l'honneur national n'étaient compro-
mis dans les contestations qui s'étaient élevées.
Les principes sur lesquels roulaient les points
en litige, une fois admis, ils ne voyaient pas
pourquoi leur maître persistait dans ses préparatifs de guerre. Faire entrer une armée dans
la Prusse, appeler les Prussiens sous ses drapeaux en qualité d'auxiliaires, c'était autant de
mesures contre la Russie, qui porteraient nécessairement cette puissance à une guerre qu'ils
ne prévoyaient pas sans inquiétude. La Russie
ne pouvait pas, sans détruire son influence au-
dedans et au-dehors, céder aux menaces d'une
force ouverte déployée contre elle; et l'on ne
devait pas s'attendre à ce qu'elle livrât le passage sans combat.

Ces conseillers avouaient qu'il serait possible
de justifier des opérations tendant à détruire la
puissance russe dans le cas où les transactions
entre la France et les autres États de l'Europe
seraient méconnues, et où l'on aurait à craindre que ces États, irrités de la conduite de
la France, ne fussent tentés de chercher un
protecteur et un chef auprès de l'empereur
Alexandre. Mais cette extrémité n'aurait ja-

mais lieu tant que la France aurait les moyens d'éviter une guerre périlleuse, en adoucissant la rigueur de sa politique à l'égard de ses vassaux et de ses auxiliaires : car si les États dont on appréhendait la révolte pouvaient être réconciliés à la France par un système plus doux adopté à leur égard, ils n'éprouveraient plus aucune tentation de se réfugier sous la protection de la Russie. Dans ce cas, la puissance russe ne devait pas causer une plus longue jalousie à la France, ni la précipiter dans une guerre incertaine, et dont le succès n'aurait pas de résultat important, puisque l'influence de la Russie ne pourrait devenir dangereuse à l'empire qui dominait le midi de l'Europe, tant que la France conserverait sa clientelle d'États.

On aurait pu ajouter, quoique cette matière eût été plus délicate, que rien n'aurait été plus aisé pour la France que de modifier ou d'adoucir sa politique à l'égard des États du second rang, en faveur desquels on redoutait l'intervention de la Russie. Cette politique avait été un système uniforme d'insultes et de menaces. L'influence que la France avait obtenue en Europe était moins l'effet des traités que de la crainte imprimée dans tous les esprits par le souvenir de ses premiers triomphes. Tous les États de l'Allemagne sentaient les suites fatales de l'existence d'un despotisme universel exercé par des hommes qui, tels que Napoléon lui-même et ses gouverneurs militaires, jouissaient sans modération d'une autorité pour laquelle ils n'étaient pas nés; et, d'un autre côté, l'empereur des Français et ses satellites éprouvaient, à l'égard des peuples conquis et des États qu'ils avaient subjugués, les craintes perpétuelles que produit, dans l'âme des oppresseurs, la conscience de l'injustice, et qui voient incessamment ceux qu'ils tiennent sous le joug, n'attendant que le moment favorable pour se tourner contre eux. Ce ne fut donc ni l'intérêt ni l'honneur de la France qui portèrent Napoléon à faire la guerre à Alexandre. Mais Napoléon ne put résister au désir de livrer une grande bataille, pour gagner une grande victoire; d'occuper, avec ses armées victorieuses, une autre grande capitale; et enfin, de subjuguer la Russie, qui, seule de tous les États du continent, s'était maintenue indépendante de la domination française.

Tel était le point de vue sous lequel la question de la paix et de la guerre était considérée par les politiques français; il est curieux d'observer dans le rapport qui nous est transmis de leurs argumens, qu'ils montrèrent dans cet examen une absence complète de principes. Ils s'arrêtèrent sur la difficulté de l'entreprise, sur ses dangers, sur ses frais, sur la faible compensation que fournirait l'usage ordinaire des confiscations, ou des levées de contributions. Ils insistèrent sur le peu de probabilité que même le succès dans la guerre projetée mît un terme aux désastreux événemens de la guerre d'Espagne. Et tous ces argumens étaient insinués ou appuyés avec plus ou moins d'énergie, suivant le caractère, ou les fonctions du conseiller qui s'aventurait dans les discussions, et surtout suivant le degré de faveur dont il jouissait auprès de son maître. Mais parmi ces conseillers, nous n'avons pas appris qu'un seul ait eu le courage de demander ouvertement, où était la justice de cette attaque contre la Russie? Qu'avait-elle fait pour la mériter? Les Empereurs étaient alliés par le traité de Tilsit, traité qui avait été confirmé par les marques d'intimité qu'ils s'étaient données dans leur entrevue à Erfurt. Comment avaient-ils cessé de l'être? Qu'était-il arrivé depuis cette époque qui dût placer la Russie, alors l'amie et l'égale de la France, au rang d'un État subordonné et tributaire? Sous quel prétexte Napoléon avait-il confisqué à son propre bénéfice le duché d'Oldenbourg, reconnu comme la propriété du beau-frère d'Alexandre, par un article formel du traité de

Tilsit? De quel droit pouvait-il condamner la nation russe à toutes les calamités de son système anticontinental, tandis qu'il reconnaissait cet empire comme un État indépendant et libre? Et surtout, lorsqu'il ne pouvait pas nier que le peuple russe méritait tous les égards que se doivent entre eux des peuples réunis par les traités, avec quelle apparence de justice, ou même de décence, s'obstinait-il à établir sur ce peuple des prétentions insensées, en faisant passer des troupes sur les frontières des Russes, et leur suscitant des ennemis dans leurs voisins. De tous ces argumens, qui étaient ceux de la justice et de la morale, il n'y en eut pas un seul de mis en avant. Et il ne faut pas s'étonner d'un tel silence, puisque insister sur ces points eût été heurter le principe fondamental de la politique de Buonaparte, qui n'était pas homme à négliger un avantage présent pour respecter un principe. «Qu'on ne nous parle pas de principes généraux, disait le principal ministre de Buonaparte à cette époque; nous ne gouvernons pas d'après la théorie, mais d'après les circonstances.»

Nous ne devons pas omettre ici que Fouché, entre autres, se déclara contre la guerre de Russie. On lui avait permis de se rendre à son château de Ferrières, près Paris, parce que l'air de l'Italie ne convenait pas à sa constitution. Mais Napoléon se défiait de lui, et la police reçut ordre de surveiller avec la plus grande activité la conduite de son dernier ministre. Fouché se tint sur ses gardes, et afin que sa remontrance eût toute la force d'un argument inattendu, il se renferma dans une retraite absolue, et il se mit à composer un écrit, par lequel il espérait peut-être se rappeler au souvenir, sinon regagner la faveur de son maître.

Dans un mémoire très bien fait, et qui n'était pas sans éloquence, Fouché rappelait à Buonaparte qu'il était déjà le maître absolu du plus bel empire qui ait jamais existé dans le monde, et que toutes les pages de l'histoire démontraient l'impossibilité de réaliser jamais une monarchie universelle. L'empire français, suivant cet habile ministre, était parvenu à un tel point d'accroissement, que désormais son maître devait penser à affermir sa puissance et à consolider ses acquisitions plutôt qu'étendre ses conquêtes, puisque son empire ne pouvait s'empêcher de perdre en solidité, autant qu'il acquérerait en étendue. Fouché alléguait l'étendue du pays que Napoléon attaquait, la pauvreté du sol, la rigueur du climat; chaque nouvelle victoire l'éloignait de ses ressources, et toutes les communications seraient infailliblement gênées par les peuplades de Cosaques et de Tartares. Il conjurait l'Empereur de se souvenir de la destinée de Charles XII, roi de Suède; si ce vaillant monarque, disait-il, n'avait pas, comme Napoléon, laissé la moitié de l'Europe derrière lui, quand il n'aurait pas eu pour rival le czar Pierre, quatre cent mille soldats, et cinquante mille cosaques, il aurait toujours eu contre lui la haine des classes élevées, le fanatisme des paysans, et les soldats accoutumés à toute la rigueur du climat. La situation de Napoléon était plus compliquée; il fallait redouter encore, en cas du moindre revers, les intrigues des Anglais, l'inconstance de ses alliés du continent, et même les étincelles de mécontentement et de conspirations qui éclateraient dans la France elle-même, aussitôt qu'on serait généralement persuadé qu'il voulait sacrifier le salut de l'État à un désir insatiable d'entreprises nouvelles et de conquêtes éloignées.

Fouché se présenta lui-même aux Tuileries et demanda une audience de l'Empereur, espérant sans doute que son apparition inattendue au château et les argumens de son mémoire exciteraient l'attention de Napoléon. A sa grande surprise, Napoléon, avec un air d'indifférence aisée, commença l'entretien : « Je n'ignore pas, monsieur le duc, le but de votre démarche; vous avez un mémoire à me présenter; donnez-le-moi, je le lirai, quoique je connaisse déjà son contenu. La guerre avec la Russie ne vous est pas plus agréable que celle d'Espagne.

—«Votre Majesté impériale me pardonnera d'avoir hasardé quelques observations sur cette crise importante», dit l'homme d'État, étonné de se voir prévenu, lorsqu'il croyait s'être renfermé dans le secret le plus absolu.

«Ce n'est pas une crise, répondit Napoléon, c'est simplement une guerre d'une nature toute politique. L'Espagne tombera quand j'aurai anéanti l'influence anglaise à Saint-Pétersbourg. J'ai huit cent mille hommes; et pour quelqu'un qui possède une pareille armée, l'Europe n'est qu'une vieille prostituée, qui doit obéir à ses volontés. Ne m'avez-vous pas dit vous-même qu'*impossible* n'était pas français? Je règle ma conduite plutôt sur l'opinion de mes armées que sur les sentimens de vos grands, qui sont devenus trop riches, et qui, tandis que vous affectez d'être inquiet pour moi, ne craignent que la confusion générale qui suivrait ma mort. Ne vous tourmentez pas; mais regardez la guerre de Russie comme une mesure sage que commandent les véritables intérêts de la France et la tranquillité générale. Suis-je blâmable, si le haut degré de puissance que j'ai déjà acquis

me force à prendre la dictature de l'univers?
Ma destinée n'est pas encore accomplie : ma
position actuelle n'est que l'ébauche d'un tableau qu'il faut que j'achève. Il ne doit y avoir
qu'un code européen universel, et qu'une cour
d'appel. Il faut que la même monnaie, les mêmes
poids et mesures, les mêmes lois, aient cours
dans toute l'Europe. Je ne ferai qu'une nation
de tous les États européens, et Paris sera la capitale du monde. A présent, vous ne me servez
plus bien, parce que vous croyez mes affaires
en danger; mais avant un an, vous me servirez
avec autant de zèle et d'ardeur qu'aux époques
de Marengo et d'Austerlitz. Vous verrez bien
d'autres choses que tout cela; c'est moi qui vous
le dis. Adieu, monsieur le duc; ne faites pas le
courtisan disgracié; ne vous mêlez pas davantage de faire une critique captieuse des affaires
publiques, et veuillez bien avoir quelque confiance en votre Empereur. »[1]

En disant ces mots, il tourna le dos à Fouché,
et le laissa réfléchir par quels moyens, lui qui

[1]. Fouché se souvint ensuite qu'un individu de son voisinage, maire d'une municipalité, et qu'il avait lui-même
employé dans des affaires de police, s'était introduit un
matin un peu précipitamment dans son cabinet, sous prétexte de plaider la cause d'un malheureux locataire,
et il en conclut que tandis qu'il cherchait les papiers

connaissait si bien toutes les machinations de la police, il avait pu devénir, sans s'en douter, l'objet de sa surveillance. Fouché s'applaudit peut-être en même temps que son occupation secrète, quoique peu agréable à Buonaparte, ne fût pourtant pas de nature à l'exposer à rien de plus sérieux que des reproches.

De même que Napoléon avait répondu aux représentations du subtil Fouché, et avait repoussé tous ses argumens, il présenta à ses différens conseillers la guerre à laquelle il était invariablement déterminé, sous le jour le plus propre à les ranger à son avis. Pour l'armée en général, le nom seul de guerre était en soi une recommandation suffisante. Avancement, emploi, pillage, honneurs et pensions, tout était compris dans ce mot magique. Les généraux y voyaient des bâtons de maréchaux de France, les maréchaux des sceptres et des couronnes. Il tenait aux hommes d'État le même langage qu'à Fouché; c'était une guerre de politique, une guerre indispensable, le dernier acte de la

relatifs à l'affaire ostensible de son client, monsieur le maire avait eu l'occasion de jeter un regard sur les papiers de son secrétaire, où la répétition des lettres de V. M. I. et R. (ce qui signifiait Votre Majesté Impériale et Royale), fit connaître qu'il rédigeait un mémoire à Napoléon, et un mot ou deux du contenu en expliquèrent le but.

pièce, mais absolument nécessaire au dénoû-
ment. A ses amis les plus intimes, il disait qu'il
sentait que sa fortune ne pouvait rester station-
naire, qu'elle avait pour base l'opinion publique, et que si elle ne continuait pas à avancer, il fallait nécessairement qu'elle rétrogradât.
Auprès de son oncle le cardinal Fesch, il se
servait d'un argument encore plus extraordinaire. Ce prélat, zélé catholique, avait com-
mencé à éprouver quelque componction de la
conduite de son neveu à l'égard du Pape, et ces
sentimens, mêlés aux alarmes que lui causaient
les risques de cette gigantesque entreprise, lui
faisaient concevoir les plus sinistres présages.
Avec une liberté qui ne lui était pas ordinaire,
il conjura l'Empereur de ne pas tenter la Providence; il le supplia de ne pas défier tout à la
fois le ciel et la terre, la colère de l'homme et
la fureur des élémens, et il lui exprima la crainte
qu'il ne finît par succomber sous le poids de
l'animadversion qui s'accumulait tous les jours
sur sa tête [1]. Buonaparte, pour toute réponse,
conduisit le cardinal à une fenêtre, l'ouvrit, et

[1] C'est une circonstance qui n'est pas indigne de remarque, que la mère de l'Empereur (*Madame Mère*,
comme on l'appelait) avait toujours exprimé le pressen-
timent que les destinées de sa famille, toutes brillantes
qu'elles étaient, changeraient avant sa mort; et, lorsque

lui dit en lui montrant le ciel : « Voyez-vous cette étoile ?

— « Non, Sire, répondit le cardinal surpris.

— «Eh bien! moi, je la vois», reprit Buonaparte ; et il se retira comme s'il avait complétement réfuté les argumens du cardinal.

Cette réponse peut avoir deux sens : ou Napoléon voulait faire entendre par là que sa pénétration était supérieure à celle du cardinal, ou bien il voulait faire allusion à cette confiance superstitieuse qu'il avait en son étoile, et qui, comme nous l'avons déjà dit, ne l'avait jamais abandonné. Mais comme Napoléon n'était pas dans l'usage, quelque foi qu'il pût accorder d'ailleurs à ces sortes d'augures, de négliger aucun des moyens qui pouvaient faire réussir ses entreprises, il nous reste à examiner quelles mesures politiques il avait prises pour assurer le succès de l'expédition contre la Russie.

ses enfans tournaient en ridicule sa frugalité, elle avait coutume de leur répondre qu'elle mettait de l'argent de côté pour quand ils seraient dans la détresse ; et en effet elle appliqua ses économies à cet usage.

CHAPITRE VII.

Alliés sur l'assistance desquels Buonaparte pouvait compter. — Motifs qui détachèrent de sa cause le prince royal de Suède. — Ce prince signe un traité avec la Russie. — Position délicate du roi de Prusse, dont l'empereur Alexandre refuse l'alliance pour ce motif. — Traité avec la France dicté à la Prusse. — Bonne intelligence entre l'Autriche et la France. — Pour la maintenir, Buonaparte est obligé de s'engager à ne point faire de révolution en Pologne.—Faute politique qu'il commet en négligeant de cultiver l'amitié de la Porte. — Force de l'armée de Buonaparte. — Levée du premier ban, du second ban, et de l'arrière-ban, pour défendre la France en l'absence de l'Empereur.—Ciudad-Rodrigo pris par lord Wellington. — Buonaparte fait des propositions de paix à lord Castlereagh. — La négociation est rompue. — *Ultimatum* de la Russie rejeté, et devenu pour Napoléon la cause directe des hostilités. — Il part de Paris le 9 mai 1812. — Il rassemble les souverains ses alliés, à Dresde, où il donne de grandes fêtes. — Une dernière tentative de Napoléon pour négocier avec Alexandre est infructueuse.

Les différentes puissances qui pouvaient, suivant leurs forces relatives, aider ou empêcher la dernière et la plus audacieuse des entreprises de Buonaparte, étaient : le Danemarck, la Saxe, la Suède et la Prusse, au nord de l'Europe ; au sud, l'Autriche et l'empire turc.

Le Danemarck et la Saxe étaient également

dévoués à la cause de la France. Mais la première de ces puissances, qui avait cédé sa marine à Napoléon, n'avait pas de troupes de terre à employer à son service. Le peu qu'elle avait sur pied était à peine suffisant pour la protéger en cas d'attaque de la part de la Suède ou de l'Angleterre.

La Saxe était encore la fidèle alliée de Napoléon, qui avait augmenté ses possessions, et changé en couronne royale la toque électorale de son chef. Il est vrai que si la Pologne devait être régénérée, ce qui paraissait être la conséquence naturelle d'une guerre avec la Russie, le roi de Saxe doit avoir senti qu'il perdrait son autorité ducale dans le grand-duché de Varsovie; mais elle lui procurait pour le moment peu d'avantages, et comme il était sûr d'une indemnité, la crainte de cette perte ne l'empêchait pas de suivre la bannière de Napoléon avec autant de zèle que jamais.

Les dispositions de la Suède étaient bien différentes. Ce royaume, depuis le règne de François Ier, avait été l'ancien et naturel allié de la France contre la Russie, que les avantages de sa position lui permettaient d'attaquer avec une grande facilité. La Suède était de plus en ce moment gouvernée par un Français. Mais le prince royal avait reçu plus d'insultes et d'af-

fronts que de faveurs de l'empereur Napoléon;
et la politique violente que ce dernier s'était
accoutumé à employer avec ceux de ses alliés
et de ses voisins qui ne se soumettaient pas sans
résistance à toutes ses prétentions, avait privé
la France des bonnes dispositions des Suédois,
et l'Empereur de l'amitié de son ancien compagnon d'armes. Nous avons parlé de l'espèce
d'argument, ou plutôt de déclamation, qu'il
avait employé pour contraindre les Suédois à
exclure totalement les produits des manufactures anglaises, malgré la réserve faite dans un
traité récent, par laquelle les Suédois avaient
conservé le droit d'importer les denrées coloniales et le sel, tout en consentant à exclure en
général les objets de manufacture anglaise.
C'était d'un ton aussi pressant et avec les mêmes
menaces qu'il avait forcé le prince royal à déclarer la guerre à l'Angleterre.

Mais quoique Napoléon eût réussi en ces
deux points, il ne put forcer l'Angleterre à
traiter la Suède en ennemie. Au contraire, l'Angleterre semblait ne rien changer à ses relations
d'amitié avec un État qu'elle considérait comme
n'ayant pris une attitude hostile à son égard,
que pour céder à une impulsion trop puissante
pour qu'elle pût y résister. Cette modération de
la part de la Grande-Bretagne n'empêcha pas

que la Suède ne souffrît tous les maux du système antisocial de Buonaparte. Son commerce fut réduit à un simple cabotage, et ses vaisseaux se glissant à la dérobée de port en port étaient exposés aux déprédations des pirates danois et français, qui saisirent et confisquèrent les cargaisons de plus de cinquante navires suédois, sous prétexte de défendre le système prohibitif. Le prince royal demanda réparation à la cour de Paris. Mais quoiqu'on lui donnât de vagues promesses, cependant les actes de piraterie n'en continuèrent pas moins, et aucune réparation ne fut faite pour ces déprédations continuelles. Le baron Alquier, l'ambassadeur français à Stockholm, employa, suivant l'expression de Bernadotte, le langage d'un proconsul romain, oubliant que ce n'était point à des esclaves qu'il parlait.

Quand on lui demanda, par exemple, d'expliquer catégoriquement ce que Napoléon attendait de la Suède, et ce qu'il se proposait de lui donner en retour, Alquier répondit « que l'Empereur attendait de la Suède qu'elle se conformât en tout point à son système ; après quoi il serait assez temps d'examiner ce que Sa Majesté pouvait être disposée à faire en faveur de ce royaume. »

Dans une autre occasion, l'ambassadeur fran-

çais eut l'audace de refuser toute communication ultérieure avec le prince héréditaire au
sujet de sa mission, et pour demander que
quelque autre personne fût chargée de conférer
avec lui. On ne peut douter que dans cette singulière conduite diplomatique le baron Alquier
ne suivît les instructions de son maître, qui
était décidé à traiter le prince royal de Suède,
tout émancipé qu'il était de son allégeance à la
France, par des lettres-patentes de la chan-
cellerie impériale, comme s'il eût encore été
son sujet, et au service de la France. Napoléon alla jusqu'à dire, en présence de ses courtisans, qu'il avait envie de faire achever à Bernadotte son cours de suédois dans le château
de Vincennes. On a même prétendu que l'Empereur pensa sérieusement à mettre cette menace
à exécution, et qu'un complot fut alors formé
pour s'emparer de la personne du prince royal,
en le mettant à bord d'un vaisseau et l'envoyant
prisonnier en France. Mais il échappa à ce danger, grâce à un officier nommé Salazar, ancien
aide-de-camp de Marmont, qui informa à
temps le prince de l'attentat qu'on méditait. [1]

Avec tant de causes d'animosité mutuelle
entre la France et la Suède, qui venaient toutes

[1] Voyez l'*Appendice*, n° 6.

de la violence impolitique avec laquelle Buonaparte s'efforçait d'entraîner plutôt que d'amener le prince royal aux mesures qu'il désirait,
on pouvait supposer sans peine que ce dernier
ne négligerait aucune occasion pour assurer son
indépendance, et qu'il persisterait dans la résolution de ne point se soumettre à une souveraineté si dégradante, et exercée avec si peu
d'égards et même d'humanité.

Tel était l'état des choses entre les deux pays,
lorsqu'à l'approche de la guerre de Russie le
secours de la Suède devint essentiel pour la
France. Mais quelle amorce Napoléon pour-
rait-il présenter pour ramener à lui l'ami dont
il avait perdu l'affection ? Il pouvait sans doute
offrir d'aider Bernadotte à recouvrer la province de Finlande, dont les Russes, de conni-
vence avec Napoléon, avaient fait la conquête.
Mais le prince royal sentit qu'entrer dans une
guerre dans le but de reconquérir la Finlande,
c'était occasionner des dépenses auxquelles le
pays ne pouvait suffire, et que l'acquisition de
cette province ne pouvait compenser, en supposant même qu'on fût certain de la reprendre.
De plus, cette conquête engagerait la Suède dans
des querelles perpétuelles avec la Russie ; tandis
que les deux nations que sépare le golfe de Both-
nie n'avaient pour le moment aucun motif de

discorde. Au contraire, en prenant le parti de la Russie dans la grande lutte qui allait éclater, la Suède pouvait espérer l'assistance de cet empire, ainsi que celle de l'Angleterre, pour achever sur le Danemarck, allié de la France, la conquête de son royaume de Norwège, qui, par sa situation géographique, est si bien à la convenance de la Suède, et qui lui donnerait tout le littoral de l'Océan, le long des côtes occidentales de la Scandinavie. On dit que le prince royal offrit à Napoléon d'entrer dans une ligue offensive et défensive avec la France, à condition que la Norwége et la Finlande seraient ajoutées à ses possessions; mais que l'Empereur rejeta ces propositions avec dédain. Cependant tous les détails de cette prétendue négociation ont été contestés et réfutés.

Dès que Buonaparte s'aperçut qu'il n'y avait plus d'espoir de se concilier le prince royal, ce qu'il ne semble guère avoir tenté sérieusement, il se mit en mesure, sans s'amuser à déclarer la guerre, de porter à la Suède le coup le plus violent, ou plutôt le seul qui fût en son pouvoir. En janvier 1812, le général Davoust envahit la Poméranie suédoise, la seule possession de la Suède située au sud de la Baltique; il s'empara du pays et de sa capitale, et se mit à menacer la Prusse d'une invasion militaire, comme si elle n'était pas déjà à la discrétion de la France.

Ne recevant aucune satisfaction de cette agression, la Suède, le 24 mars 1812, signa un traité avec la Russie, par lequel elle déclarait la guerre à la France, et proposait de faire diversion avec une armée combinée de vingt-cinq à trente mille Suédois et de quinze ou vingt mille Russes, sur quelque point de l'Allemagne. L'empereur de Russie fut engagé soit par des négociations, soit par cette coopération militaire, à réunir le royaume de Norwége à celui de Suède, et à tenir l'armée russe qui se trouvait en ce moment en Finlande, prête à exécuter ce projet. Ce fut ainsi que les forces de la Suède, augmentées encore par la grande réputation militaire de son chef actuel, furent jetées dans le parti opposé à la France, dont, sans l'injustice et l'aigreur des procédés de Napoléon à son égard, elle fût restée, suivant toutes les apparences, l'alliée fidèle et dévouée, comme elle l'avait toujours été depuis l'alliance de François Ier avec Gustave Wasa.

On ne peut découvrir aucun motif d'insulter ainsi la Suède, précisément au moment où sa coopération aurait été si utile, si ce n'est l'animosité de Napoléon contre un prince qu'il regardait, avant le 18 fructidor, comme un ancien rival, et actuellement comme un vassal rebelle et insolent. Une juste attention à ce que demandaient l'honneur et les intérêts de la France, l'aurait décidé à laisser de côté de pareilles considérations personnelles. Mais il paraît que ce n'était point dans le caractère de Buonaparte, qui, s'il se rappelait les bienfaits, avait ce souvenir profond des injures qui est particulier, dit-on, aux habitans de la Corse. Quand ce sentiment dominait dans son âme il n'était que trop disposé à sacrifier sa politique à sa vengeance.

La situation du roi de Prusse, lors de la rupture entre les empires de France et de Russie, était vraiment embarrassante. Sa position entre les puissances belligérantes rendait la neutralité presque impossible ; et s'il prenait les armes, il devait réfléchir long-temps avant de choisir un parti. Opprimés par les exactions et les garnisons des Français, excités de plus par la secrète influence du Tugend-Bund, les Prussiens étaient presque unanimes dans leur vif désir de tirer l'épée contre la France, et le Roi ne souhaitait pas moins de relever l'indépendance et de venger les revers de son royaume. Le souvenir d'une Reine aimable et chérie, qui était morte à la fleur de l'âge, le cœur brisé par les malheurs de son pays, et les mains pressées dans celles de son époux, l'appelait aussi à se venger de la

France, qui l'avait insultée pendant sa vie et calomniée après sa mort. [1]

Aussi est-il maintenant reconnu que la première pensée du roi de Prusse fut de se jeter dans les bras de la Russie, et d'offrir, dût-il lui en coûter le trône et la vie, de prendre part à la guerre, comme son fidèle allié. Mais l'empereur Alexandre sentit qu'en acceptant cette preuve de dévoûment il contracterait l'obligation de protéger la Prusse si l'on éprouvait des revers, tels que l'on devait presque en attendre dans la première partie de la campagne. Les plus fortes places de la Prusse étaient entre les mains des Français; l'armée du Roi ne montait pas à plus de quarante mille hommes, et il n'avait pas le temps de lever ou d'organiser les forces nationales. Pour opérer une jonction

---

[1] Dans *le Moniteur,* on fit allusion plus d'une fois à une liaison scandaleuse qu'on prétendait avoir existé entre cette princesse et l'empereur Alexandre, et Buonaparte l'a assuré personnellement et à M. Las-Cases et à d'autres, disant en même temps, comme une bonne plaisanterie, que lui-même avait tenu écarté le roi de Prusse, pour procurer aux amans un rendez-vous secret. Ces assertions sont si incompatibles avec le caractère qu'on attribue généralement à cette infortunée princesse, que nous n'hésitons pas à les attribuer à la calomnie, arme que Napoléon ne dédaigna pas d'employer pour satisfaire ses haines nationales ou privées.

avec ces quarante mille hommes, ou avec ceux d'entre eux qu'on pourrait rassembler, il faudrait qu'Alexandre précipitât la guerre et fît marcher une forte armée sur la Silésie, point de ralliement pour les Prussiens. Mais une telle armée, quand elle aurait atteint son but, aurait en face toutes les forces de la France, de la Saxe et de la confédération du Rhin; tandis que les troupes ennemies du grand-duché de Varsovie, réunies probablement à un corps d'Autrichiens, seraient sur ses flancs. Ce mouvement en avant, opéré trop tôt, aurait ressemblé à la conduite de l'Autriche dans les malheureuses campagnes de 1805 et de 1809, pendant lesquelles elle avait également jeté ses armées en Bavière, dans l'espoir de s'acquérir des alliés, mais sans d'autre résultat que de les exposer aux défaites décisives d'Ulm et d'Eckmühl. C'eût été imiter encore cette marche également funeste de l'armée prussienne en 1806, lorsque, se précipitant en avant pour forcer les Saxons à se joindre à lui, le duc de Brunswick causa par sa faute la malheureuse journée d'Iéna.

L'expérience et la réflexion avaient donc amené l'empereur de Russie et son cabinet à l'opinion qu'ils devaient éviter d'en venir aux mains avec les Français dans la première partie de la campagne, et qu'ainsi, au lieu d'aller à leur rencontre, ils devaient plutôt les laisser s'enfoncer dans les immenses forêts et dans les steppes incultes de la Russie, où ils ne pourraient trouver ni vivres ni ressources, et où chaque paysan deviendrait un ennemi armé. Le secours qu'on pourrait tirer d'une armée auxiliaire de Prussiens qui ne montait qu'à quarante mille hommes, dont peut-être on ne pourrait rassembler la moitié, ne semblait pas être un motif suffisant pour changer un plan de campagne qui était basé sur les plus mûres considérations. Aussi l'empereur Alexandre refusa-t-il d'accepter l'alliance du roi de Prusse, puisqu'elle n'aurait servi qu'à attirer sur la tête de ce prince des malheurs que la Russie n'avait pas le moindre espoir de prévenir, à moins de changer entièrement le plan de campagne qu'il avait résolu d'adopter. Prévoyant en même temps que ce refus de sa part devait forcer Frédéric, dont la position rendait la neutralité impossible, à se déclarer pour la France, l'empereur Alexandre lui laissa généreusement la liberté de prendre les mesures et de former les alliances que les circonstances rendaient inévitables, l'assurant néanmoins que si la Russie prenait l'ascendant, la Prusse retirerait le même avantage de la victoire, quelque parti qu'elle pût être obligée d'embrasser pendant la lutte.

Tandis que le roi de Prusse voyait sa coopération refusée par la Russie, comme devant lui être plus à charge qu'utile, il ne trouvait pas la France empressée le moins du monde à le recevoir comme frère d'armes. Il offrit son alliance à Buonaparte à plusieurs reprises, et en particulier dans les mois de mars, de mai et d'août 1811. Mais ne recevant aucune réponse satisfaisante, il commença à penser qu'on méditait sa ruine; et il avait quelque raison de le craindre, car Napoléon semble avoir nourri une aversion personnelle pour Frédéric, et l'on dit qu'il s'écria, en regardant une carte de la Prusse : « Se peut-il que j'aie été assez simple pour laisser cet homme en possession d'un si grand royaume ! » On a de plus de grands motifs pour supposer que Napoléon fut instruit des négociations secrètes entre la Prusse et la Russie, ou qu'il eut du moins lieu de conjecturer qu'il devait y en avoir eu. Il est certain qu'il hésita s'il permettrait ou non que la Prusse restât puissance indépendante.

Cependant, le 24 février 1812, un traité fut dicté à Frédéric; c'était sous la condition de le signer, qu'on voulait bien lui laisser encore le nom et le titre de Roi de Prusse. S'il refusait de s'y prêter, Davoust, qui avait occupé la Poméranie suédoise, allait marcher sur la Prusse, et la traiter en pays ennemi. En épargnant ainsi pour le moment un monarque dont il avait tout sujet de se défier, Napoléon semble avoir considéré qu'il valait mieux accepter le secours de Frédéric que de le laisser se jeter dans les bras de la Russie; mais il lui vendit chèrement la grâce qu'il paraissait lui faire. D'après les conditions du traité, la Prusse devait mettre à la disposition de la France vingt mille hommes environ, et soixante pièces d'artillerie, c'est-à-dire tout ce qui restait de disponible de la belle armée du grand Frédéric. Elle s'engageait aussi à pourvoir à l'approvisionnement de l'armée française pendant qu'elle traverserait son territoire; seulement les dépenses que cet approvisionnement occasionnerait devaient être déduites du montant des contributions imposées à la Prusse par Napoléon, et qui n'avaient pas encore été payées. Plusieurs autres mesures furent prises pour que les Français, en cas de besoin, pussent s'emparer aisément de celles des forteresses prussiennes qu'ils n'avaient pas encore en leur pouvoir, et pour que les habitans fussent autant que possible désarmés, car un soulèvement était regardé comme inévitable, si les armes françaises venaient à éprouver quelque revers. Ainsi, tandis que la Russie recevait des renforts de la Suède, l'ancienne alliée de la France, la France s'avançait contre la Russie, appuyée par les restes de l'armée de Frédéric, qui, au fond du cœur, souhaitait qu'Alexandre remportât la victoire.

La voix de Napoléon avait naturellement du poids dans les conseils de son beau-père l'empereur d'Autriche; mais le cabinet autri=chien était loin de regarder d'un œil favorable ses plans d'ambition et d'agrandissement. Le pénétrant Metternich avait découvert, et il en avait fait le rapport à son maître après son retour à Vienne dans le printemps de 1811, que le mariage qui venait d'être célébré n'aurait pas l'effet de déterminer Napoléon à remettre son épée dans le fourreau, ou de donner à l'Europe une tranquillité permanente. Maintenant, quoique l'Autriche, à l'approche des hostilités dans lesquelles elle allait être entraînée par son formidable allié, eût consenti à lui fournir une armée auxiliaire de trente mille hommes sous les ordres du prince Schwartzenberg, il semble probable qu'elle se rappela le système de dou-ceur et de modération adopté par la Russie, quand elle était alliée de Napoléon pendant la campagne de Wagram, et qu'elle donna des instructions secrètes à son général pour qu'il ne montrât dans cette campagne que l'activité nécessaire pour jouer décemment le rôle d'un auxiliaire.en.quelque sorte sommé de prendre les armes.

Sous un rapport très important, la nécessité de consulter les intérêts de l'Autriche empêcha Napoléon d'employer les moyens les plus prompts et les plus formidables qu'il avait pour nuire à la Russie. Nous avons plusieurs fois parlé du rétablissement de la Pologne en royaume indépendant, comme d'une mesure qui aurait arraché à la Russie quelques unes des plus belles provinces qui la lient à l'Europe, et qui aurait contribué, jusqu'à un certain point, à lui rendre le caractère d'une monarchie asiatique, n'ayant aucun rapport avec la politique du monde civilisé. Cependant, ce rétablissement du royaume de Pologne était impossible, tant que l'Autriche resterait en possession de la Gallicie polonaise, et cette puissance, dans son traité d'alliance avec la France contre la Russie, avait mis pour condition expresse que Napoléon ne ferait aucune tentative pour rendre l'indépendance à la Pologne, sans le consentement de l'Autriche, ou sans l'indemniser au moins de la perte de ses possessions polonaises. Il était stipulé que cette indemnité consisterait en la rétrocession que ferait la France des provinces Illyriennes, cédées par Sa Majesté Impériale d'Autriche lors du traité de Schœnbrunn.

En se soumettant à cette espèce d'embargo mis sur ses opérations en Pologne, Napoléon perdit tous les moyens de révolutionner cette contrée guerrière, dont, par conséquent, il tira peu d'avantages, à l'exception du duché de Varsovie. Il fallait toute la tenacité avec laquelle Buonaparte conservait chaque territoire qui était une fois tombé en son pouvoir, pour l'empêcher de simplifier tout d'un coup cet engagement compliqué, en abandonnant à l'Autriche ces provinces Illyriennes, qui étaient complétement inutiles à la France, mais auxquelles son allié attachait un grand prix ; et en stipulant pour lui en retour un droit que l'Autriche aurait alors volontiers accordé, celui de disposer au gré de son bon plaisir, tant de la Gallicie polonaise que des parties des provinces de Pologne qui seraient conquises sur la Russie ; ou, comme M. de Pradt le donne à entendre, si la cour d'Autriche n'eût pas été disposée à cet échange, il était certainement au pouvoir de Napoléon d'écarter toute objection en jetant Venise dans la balance. Mais nous avons de bonnes raisons pour croire que l'Illyrie aurait suffi pour obtenir le consentement de l'Autriche à cet arrangement.

On ne peut supposer que Buonaparte ait fermé les yeux sur l'importance de mettre, comme il s'exprimait, toute la Pologne à cheval; mais, soit qu'en réalité il ne se souciât pas d'établir un État indépendant à quelques conditions que ce fût; soit qu'il trouvât dur de renoncer aux provinces Illyriennes, cédées à la France en toute propriété, pour relever un royaume qui devait être indépendant, au moins de nom; soit enfin qu'il se figurât que, par des espérances et des promesses vagues, il obtiendrait des Polonais toute l'assistance qu'il désirait, il est certain que, par la stipulation en faveur de l'Autriche, il se jeta dans un embarras qui ne put que compliquer et remplir de difficultés tout ce qu'il essaya de faire par la suite, relativement aux affaires de la Pologne, et qu'il perdit la coopération zélée des Lithuaniens dans un moment où il en avait le plus grand besoin.

Il reste à dire un mot de la Turquie, la seule puissance dont Buonaparte aurait encore dû s'assurer par prudence, avant d'attaquer la Russie, dont elle est l'ennemie naturelle, comme elle passait aussi pour l'ancienne et naturelle alliée de la France. Si ce n'était que les talens de Napoléon étaient beaucoup plus propres à détruire un ennemi, qu'à se faire des

amis et à les conserver, il serait difficile d'expliquer comment il perdit son influence sur la
Porte à cette époque importante. Le gouvernement turc s'était montré hostile à la France,
par suite de la mémorable invasion de l'Égypte;
mais le sultan Sélim, admirateur de la valeur
guerrière et du génie de Napoléon, était devenu
l'ami de l'empereur des Français. Une con-
spiration le fit disparaître de la scène du monde,
et son successeur fut plus disposé à épouser les
intérêts de la Grande-Bretagne. Dans le traité
de Tilsit, le partage de la Turquie fut positivement convenu, quoique le terme en fût
ajourné '; de même que, lors des négociations
d'Erfurt, Napoléon consentit que les provinces
turques, jusqu'au Danube, devinssent la pro-

' Le fait est maintenant assez généralement admis tel
que nous le rapportons ici. Mais, dans le traité rendu public, il paraissait que la France négociait un armistice,
nommé l'armistice de Slobodsea, par lequel il était stipulé que les deux provinces contestées, la Moldavie et la
Valachie, devaient être rendues aux Turcs. Or cet armistice, comme cela avait été préalablement arrangé entre
Napoléon et Alexandre, se rompit sans que cette restitution eût été faite; et un congrès qui eut lieu à Jassy pour
terminer les différends entre la Porte et la cour de Saint-
Pétersbourg s'étant aussi terminé sans qu'on pût en venir
à un arrangement, la guerre entre les Turcs et les Russes
recommença sur le Danube.

priété de la Russie, s'il était en son pouvoir de les conquérir.

La cour de Saint-Pétersbourg fut assez mal avisée pour en faire la tentative, quoiqu'elle eût dû prévoir même alors, que la puissance croissante de la France devait l'empêcher de se livrer à cette époque à des projets de conquête. En effet, on peut citer cette guerre entreprise contre la Turquie, guerre si impolitique en cas de rupture avec la France, comme une preuve que l'empereur Alexandre croyait bien fermement qu'un pareil événement ne pouvait avoir lieu, et que, par conséquent, il était déterminé lui-même à agir avec bonne foi à l'égard de Napoléon.

Les Turcs se défendirent beaucoup mieux qu'on ne l'avait prévu; et quoique les événemens de la guerre leur eussent d'abord été défavorables, le grand-visir remporta enfin une victoire devant Routschouk, ou du moins fit essuyer au général russe un échec assez sérieux pour l'obliger à lever le siége de cette place. Mais la victoire ne jeta qu'un rayon passager sur les bannières turques. Attaqués par les Russes dans leur camp retranché, les Turcs furent défaits dans une bataille si sanglante, que leur armée vaincue fut presque anéantie. Ils continuèrent pourtant à soutenir la guerre, quoique oubliés et négligés par l'empereur de France, qui aurait eu le plus grand intérêt, attendu ses projets contre la Russie, à les soutenir dans leur lutte inégale contre cette puissance formidable. Cependant les hostilités languirent et des négociations furent entamées; car les Russes, quand une rupture avec la France devint un événement probable, désirèrent naturellement terminer avec la Turquie une guerre qui devait occuper une armée très nombreuse, dans un moment où ils avaient besoin de toutes leurs forces pour résister à Napoléon.

A cette époque, mais pas avant le 21 mars 1812, Buonaparte sembla se rappeler tout à coup qu'il serait d'une bonne politique de maintenir, ou plutôt de renouveler son alliance avec une nation dont il lui était alors très important de s'assurer la confiance. Son ambassadeur fut chargé de presser le Grand-Seigneur de marcher lui-même sur le Danube, à la tête de cent mille hommes. De son côté, l'empereur des Français promettait non seulement d'aider la Porte à se mettre en possession des deux provinces contestées, la Moldavie et la Valachie, mais de lui procurer aussi la restitution de la Crimée.

Ce message de guerre arriva trop tard, la

Porte venait d'adopter un système plus pacifique. Les promesses magnifiques de la France succédaient trop brusquement à des années d'oubli, pour qu'il fût possible de croire à leur sincérité. Les envoyés anglais, avec une adresse qu'ils n'ont pas toujours eu le bonheur de montrer, remportèrent, en diplomatie, une victoire complète sur ceux de la France, et réussirent à convaincre la Sublime Porte que, quoique la Russie fût son ennemie naturelle parmi les nations européennes, cependant elle pouvait conclure avec elle une paix de quelque durée, sous la garantie de l'Angleterre et de la Suède; au lieu que, si Napoléon détruisait le pouvoir de la Russie, ou la subjuguait, le partage de l'empire ottoman, qu'il avait médité déjà, serait une mesure qu'aucun État n'aurait assez d'influence pour empêcher, quand il aurait renversé la dernière barrière qui mît des bornes, sur la terre à son pouvoir absolu. On peut se faire une idée de la terreur et de la méfiance qu'inspirait généralement le seul nom de Napoléon, quand on voit un peuple barbare comme les Turcs, qui, en général, sont peu habiles en politique, comprendre qu'il était plus sage pour eux d'accorder la paix, à des conditions raisonnables à un ancien ennemi invétéré, que d'aider à le détruire dans l'intérêt d'une puissance encore plus formidable et plus ambitieuse. La paix de Bucharest fut donc négociée entre la Russie et la Turquie; et nous aurons ci-après occasion d'en parler.

Ce fut ainsi que la France, au moment de la lutte qui s'approchait, fut privée de ses deux anciennes alliées, la Suède et la Turquie. Elle conduisit la Prusse au combat comme une esclave enchaînée aux roues de son char; le Danemarck et la Saxe comme des alliés qui trouvèrent faveur près d'elle, tant qu'ils se montrèrent dociles; et l'Autriche comme un confédéré, traité sur un pied plus égal, mais qui avait eu soin de stipuler qu'en retour d'une assistance accordée froidement et à contre-cœur, l'empereur Napoléon se lierait les mains relativement à la Pologne, par des engagemens qui l'empêchaient de se servir de son influence sur ce pays, de la manière qui aurait été la plus utile pour ses projets. De ce résultat, il faut conclure ou que Napoléon, plein de confiance dans les préparatifs immenses de son invasion, dédaigna d'entrer en négociation pour obtenir l'assistance qu'il ne pouvait commander directement; ou que ses talens en politique étaient inférieurs à ceux qu'il avait déployés dans l'art militaire.

Il est vrai que si l'on ne devait prendre en considération que le nombre, et nous pouvons ajouter la qualité des troupes que la France mit en campagne en cette occasion importante, on pourrait excuser Napoléon d'avoir attaché peu d'importance aux secours qu'il aurait pu obtenir de la Suède ou de la Porte. Il avait levé d'avance la conscription de 1811, et il appela alors celle de 1812; de sorte qu'il devint évident que tant que Napoléon vivrait et ferait la guerre, la conscription de la première classe serait, non un réglement conditionnel dont l'exécution dépendrait des occasions, mais une taxe régulière et perpétuelle de quatre-vingt mille hommes, levée tous les ans sans distinction, sur la jeunesse de France. Au total de ces conscriptions de deux ans, il fallait ajouter les contingens des rois de la maison impériale, des princes vassaux, des républiques soumises, en un mot des deux tiers de l'Europe, qui étaient aux ordres de Buonaparte. Aucune armée semblable n'avait été mise en campagne depuis le règne de Xerxès, en supposant qu'on admette comme vérité historique les relations exagérées de l'invasion des Perses. L'esprit se trouble en lisant le détail des forces qui composaient cette armée.

Le total des forces de l'empire français, de

ses dépendances et de ses alliés, est établi par Boutourlin ainsi qu'il suit :

Total général de l'armée française. . 85o,ooo h.

Armée d'Italie sous le vice-roi Eugène 5o,ooo

— Du grand-duché de Varsovie et autres Polonais 6o,ooo

— De Bavière. 4o,ooo

— De Saxe 3o,ooo

— De Westphalie. 3o,ooo

— De Wurtemberg. 15,ooo

— De Bade 9,ooo

— Des princes de la confédération du Rhin. 23,ooo

Corps d'auxiliaires Prussiens. . . 2o,ooo

——————— Autrichiens. . 3o,ooo

Armée de Naples 3o,ooo
                            ——————————
                    Total. . . . 1,187,000

Mais, pour évaluer les troupes réellement en campagne, il faut déduire de ce total d'un million cent quatre-vingt-sept mille hommes, environ trois cent quatre-vingt-sept mille, à cause des régimens dont les cadres n'étaient pas complets, des soldats qui étaient dans les hôpitaux, et de ceux qui avaient des congés d'absence. Il n'en reste pas moins le total effrayant de huit cent mille hommes prêts à combattre, de sorte que Buonaparte était en état de faire marcher en Russie une armée de beaucoup supérieure à celle de l'empereur Alexandre, sans faire d'immenses efforts, et sans retirer d'Espagne aucune partie de ses forces.

Cependant, en calculant toutes les chances d'une partie semblable, et pour pouvoir résister aux tentatives que l'Angleterre pourrait faire contre la France pendant son absence, Napoléon jugea prudent de recourir à des moyens supplémentaires de défense nationale, qui devaient imposer à ses sujets des devoirs militaires au-delà des lois de la conscription même. Comme l'exécution de cette mesure ne fut générale qu'en une seule occasion, il n'est besoin que d'en dire quelques mots. Ce système consistait en une levée de gardes nationales divisées en trois classes : le premier ban, le second ban et l'arrière-ban ; car Buonaparte aimait à conserver les dénominations des anciennes institutions féodales. Le premier ban devait comprendre tous les hommes de vingt à vingt-six ans qui n'avaient pas été appelés à servir dans l'armée ; le second, tout ce qui était en état de porter les armes, depuis vingt-six jusqu'à quarante ; et l'arrière-ban, tous les hommes valides de quarante à soixante. Les levées de ces classes ne

devaient pas sortir des frontières de la France,
et elles devaient être appelées successivement
suivant l'urgence du danger. Elles étaient divisées en cohortes de onze cent vingt hommes
chacune; mais la partie essentielle de ce projet
était celle qui mettait à la disposition immédiate
du ministre de la guerre cent cohortes du premier ban, c'est-à-dire plus de cent mille hommes
de vingt à vingt-six ans; en un mot, c'était une
nouvelle forme de conscription qui laissait aux
recrues l'avantage d'un service limité.

Le célèbre naturaliste le comte de Lacépède,
qui, par ses travaux en histoire naturelle, aussi-
bien que par l'éloquence avec laquelle il était
toujours prêt à exprimer l'approbation du Sénat
sur tout ce que proposait l'Empereur, avait
acquis le titre de *roi des reptiles*, eut à s'acquitter, en cette occasion, de sa tâche ordinaire
pour justifier cette nouvelle mesure. Dans cette
proposition de faire encore une levée si considérable sur la jeunesse française, dans un moment où l'ambition sans bornes de Napoléon
était la seule nécessité du moment, il ne put
découvrir qu'une nouvelle preuve touchante
de l'affection paternelle de l'Empereur pour
ses sujets. Ces jeunes gens, dit-il, recevraient
leur congé des cohortes par sixième, et étant
d'un âge où l'ardeur de l'esprit se joint à la

force du corps, ils trouveraient dans l'exercice des armes un divertissement salutaire et une agréable récréation plutôt qu'un travail pénible et un devoir sévère. Ensuite, leurs parens pouvaient être assurés que la prohibition expresse de passer les frontières serait un frein irrésistible imposé au caractère bouillant et impétueux du soldat français, et empêcherait ces jeunes gens d'écouter leur courage inconsidéré et de courir au combat dans des contrées lointaines, ce qu'on aurait sans doute lieu de craindre sans cette précaution. Tout cela était fort bien, mais il ne se passa pas long-temps avant que le Sénat révoquât son décret *ne exeat regno*, à l'égard de ces cent cohortes; et soit qu'elles fussent entraînées par leur valeur impétueuse, ou forcées à marcher par ordre de leurs chefs, elles franchirent toutes la frontière, et allèrent livrer des batailles sanglantes dans une contrée lointaine, d'où un bien petit nombre de ceux qui les composaient furent assez heureux pour revenir.

Pendant que la question de la paix et de la guerre était encore dans la balance, on reçut d'Espagne la nouvelle que lord Wellington avait ouvert la campagne par une entreprise aussi heureusement conçue que vaillamment exécutée. Ciudad-Rodrigo, que les Français avaient fortifié avec soin, était une des clefs des frontières d'Espagne et de Portugal. Lord Wellington, comme nous l'avons vu, en avait formé le blocus l'année précédente, mais plutôt dans le dessein de forcer le général Marmont à concentrer ses forces pour secourir cette ville qu'avec l'espoir de s'en emparer. A la fin de décembre 1811, les Français apprirent, avec surprise et alarme, que l'armée anglaise, se mettant tout à coup en mouvement, avait ouvert des tranchées devant Ciudad-Rodrigo et battait la ville en brèche.

Marmont réunit encore toutes ses troupes pour empêcher la prise d'une place qui était de la plus grande importance pour les deux partis. Il avait toutes les raisons possibles d'espérer un succès, puisque Ciudad-Rodrigo, avant que ses fortifications eussent été augmentées par les Français, avait tenu plus d'un mois contre Masséna, quoiqu'il eût une armée de cent mille hommes. Mais en cette occasion, dix jours après l'ouverture du siége, la place fut emportée d'assaut presque sous les yeux de l'habile général qui s'avançait pour la secourir, et qui n'eut d'autre alternative que de rentrer dans ses cantonnemens pour y réfléchir sur les effets présumables du talent et de l'activité qui semblaient avoir inspiré tout à coup les armées anglaises.

Lord Wellington n'était pas un de ces généraux qui pensent qu'un avantage remporté ou une victoire gagnée suffisent pour une campagne. Les Français étaient à peine convaincus de la prise de Ciudad-Rodrigo, tant cet événement leur paraissait extraordinaire, que Badajoz fut investi. C'était une place beaucoup plus forte, qui avait soutenu en 1811 un siége de trente-six jours contre les Français, quoique les fortifications en fussent alors bien inférieures, et qu'elle fût commandée par un officier sans talent et dont la fidélité était douteuse. Elle fut attaquée avec une célérité presque incroyable. On y pratiqua une brèche, on livra l'assaut, et l'on s'en rendit maître douze jours après l'ouverture des tranchées. Deux maréchaux français avaient en vain essayé de prévenir cette catastrophe. Marmont avait fait sur Ciudad-Rodrigo une tentative qui échoua, et avait feint de vouloir entrer en Portugal. Mais dès qu'il apprit la prise de Badajoz, il commença sa retraite de Castel-Branco. Soult, qui s'était avancé rapidement pour secourir Badajoz, était occupé, dit-on, à informer un cercle de ses officiers que les ordres de l'Empereur, ordres qui devaient être exécutés en toute circonstance, portaient qu'on secourût Badajoz, quand un officier qui avait été envoyé en reconnaissance,

interrompit les cris de « vive l'Empereur ! »
en annonçant la nouvelle aussi décourageante
qu'incroyable, que les drapeaux anglais flot-
taient sur les murs de cette ville.

Ces deux exploits brillans furent d'une grande
importance, non seulement par l'influence qu'ils
eurent sur les événemens de cette campagne,
mais surtout parce qu'ils indiquaient que nos
opérations militaires avaient pris un caractère
entièrement nouveau, et que les soldats anglais,
conduits comme ils l'étaient alors, non seulement avaient l'avantage de leur force corpo-
relle et de leur courage naturel, que non seulement ils profitaient des ressources que leur
fournissait abondamment la nation opulente à
laquelle ils appartenaient, mais aussi, comme
on commençait à le reconnaître généralement,
qu'ils montraient une supériorité incontestable
dans l'art de la guerre. Cette campagne fut admirablement calculée, dans tous ses détails, avec
un degré d'exactitude qui éblouit et étourdit
l'ennemi; et quoiqu'il en dût coûter des pertes
considérables, elles n'étaient pas proportionnées
aux avantages beaucoup plus grands du succès.

Badajoz succomba le 9 avril, et, le 18 du
même mois, le gouvernement français fit à celui
de la Grande-Bretagne une ouverture tendant
à la paix. Il n'est pas invraisemblable que Buo-

naparte, en voyant ses meilleurs généraux être
si complétement surpassés devant Ciudad-Rodrigo et Badajoz, ait pu prévoir, par ce commencement d'infortunes, la longue chaîne de
défaites et de désastres que subirent les Français
dans cette campagne de 1812, dont les événemens n'auraient pu manquer d'assurer la liberté
de l'Espagne, si l'Espagne, ou, pour mieux
dire, si ses chefs avaient pu être unis entre eux
et soutenir chaudement leurs alliés.

Ce furent peut-être les succès de lord Wellington, ou un désir secret d'éviter une guerre qui
offrait autant de chances que celle de Russie, ou
enfin le désir de convaincre le peuple français
qu'il était toujours disposé à la paix, qui porta
Napoléon à donner ordre au duc de Bassano
d'écrire à lord Castlereagh pour proposer que
l'indépendance et l'intégrité de l'Espagne fussent
garanties *sous la dynastie actuellement régnante;*
que le Portugal restât sous le gouvernement des
princes de la maison de Bragance, la Sicile sous
celui de Ferdinand, et Naples sous celui de
Murat. Chaque nation eût conservé ainsi en sa
possession ce que l'autre n'avait pas été en état
de lui arracher par la force des armes. Lord
Castlereagh répondit sur-le-champ que si les
mots « la dynastie actuellement régnante » devaient s'entendre comme s'appliquant au roi

Joseph, il déclarait positivement que les engagemens de l'Angleterre envers Ferdinand VII,
et les Cortès qui gouvernaient alors l'Espagne,
rendaient cette reconnaissance impossible.

La correspondance n'alla pas plus loin. La
nature de cette ouverture servit à montrer la
tenacité du caractère de Buonaparte, qui, tout
en traitant de la paix, ne voulait céder que ce
dont la fortune des armes l'avait déjà privé,
et qui s'attendait que l'Angleterre lui abandon-
nerait ce royaume d'Espagne, dont le destin
dépendait de l'arbitrage sanglant du glaive. Elle
prouvait aussi le peu de sincérité des discours
qu'il tenait pour induire en erreur ceux avec
qui il traitait. En bien des occasions, dont nous
avons cité quelques unes, il avait établi, comme
un principe sacré, que les princes de son sang
appelés à régner sur des pays étrangers, n'en
devaient pas moins rester sujets de la France et
vassaux de l'Empereur, dont ils étaient tenus,
en toute circonstance, de préférer les intérêts
à ceux de leurs peuples. C'était d'après ces motifs qu'il avait forcé Louis à abdiquer la couronne de Hollande ; comment pouvait-il donc
s'imaginer qu'on ajouterait foi à ses paroles,
quand il proposait de rendre l'Espagne indépendante sous le sceptre de Joseph, dont l'autorité n'allait même pas jusqu'à s'exercer sur

les maréchaux français qui agissaient en son nom ?

Ces faibles tentatives pour arriver à une paix générale ayant complétement échoué, le sujet de considération fut alors de savoir s'il était encore possible d'empêcher la rupture qui menaçait d'éclater entre les deux grands empires. Les préparatifs de guerre se faisaient avec la plus grande activité de part et d'autre. La Russie se tenait sur la défensive, mais elle rassemblait des armées nombreuses sur le Niémen, comme si elle se fût attendue à être attaquée ; tandis que la France faisait passer rapidement des troupes dans la Prusse et dans le grand-duché de Varsovie, et prenait les positions les plus favorables pour entrer sur les frontières de la Russie. Cependant, au milieu de ces vastes préparatifs de guerre, tels que l'Europe n'en avait jamais vu de pareils, il semblait que, même à cette heure avancée, les deux souverains conservaient encore un reste de désir d'éviter cette lutte sanglante. Rien n'eût été plus facile si Napoléon eût formé le souhait sincère de faire la paix, au lieu d'éprouver seulement ce qu'on pourrait appeler un moment d'hésitation avant de commencer les hostilités. Dans le fait, les causes premières de la querelle étaient déjà arrangées, ou, ce

qui est la même chose, on avait établi des principes d'après lesquels il était facile de la terminer. Cependant les préparatifs pour envahir
la Russie devinrent de plus en plus évidens; le
but en fut clairement exprimé dans le traité
entre la France et la Prusse; et quoique les
causes de la guerre fussent en grande partie
abandonnées, la guerre n'en paraissait pas moins
certaine. La sollicitude d'Alexandre passa donc
de l'origine de la querelle aux conséquences
importantes qui en découlaient, et naturellement il dut se montrer plus désireux de voir
retirer les troupes françaises rassemblées sur les
frontières de la Pologne qu'inquiet des causes
qui les y avaient amenées.

En conséquence, le prince Kourakin, plé-
nipotentiaire de Russie, reçut ordre de communiquer au duc de Bassano l'*ultimatum* de
son maître. Les bases de l'arrangement proposé
par le Czar étaient l'évacuation de la Prusse et
de la Poméranie par les troupes françaises; la
diminution de la garnison de Dantzick, et le
réglement à l'amiable des sujets de contestation
entre Napoléon et Alexandre. A ces conditions, qui ne contenaient rien qui ne fût rigoureusement nécessaire pour garantir à la Russie
les intentions pacifiques de la France, le Czar
consentait à un système de licence semblable à

celui que Napoléon avait adopté pour la France ; à protéger le commerce français, et à employer son influence sur le duc d'Oldenbourg, afin de le déterminer à accepter quelque indemnité raisonnable pour le territoire qui avait été annexé à la France d'une manière si sommaire.

En examinant cette pièce, elle semble empreinte d'un caractère de modération et même de déférence aussi prononcé qu'on pouvait l'attendre du chef d'un grand empire. A moins qu'il ne fallût considérer la France comme déterminée à la guerre, exiger qu'elle rappelât les armées qui menaçaient les frontières de la Russie, n'était pas une demande contraire à la prudence et à la raison. Cependant Napoléon y trouva une cause directe d'hostilités.

Celui qui, dans une querelle particulière, dirait à un adversaire en colère et emporté : « Remettez votre épée dans le fourreau, ou du moins baissez-en la pointe, et je m'arrangerai avec vous pour faire disparaître, aux conditions que vous désirez vous-même, la cause première de notre querelle », ne pourrait sûrement pas être accusé d'avoir, par un affront, provoqué son antagoniste à quelque acte de violence. Cependant Buonaparte, qui était à peu près dans la même situation, regarda comme un outrage impardonnable la proposition préalable de retirer ses armées d'une position où elles ne pouvaient avoir d'autre but que de menacer la Russie. Cette demande, dit-il, était insolente : il n'était pas habitué à s'entendre parler sur ce ton, ni à régler le mouvement de ses armées d'après les ordres d'un souverain étranger. L'ambassadeur de Russie reçut ses passe-ports ; et le caprice déraisonnable de Napoléon, qui regarda une ouverture de paix comme une insulte grossière, parce qu'on lui demandait de quitter son attitude menaçante, amena la mort de plus d'un million d'hommes, et la chute irrévocable de l'empire le plus extraordinaire que le monde eût jamais vu. Le 9 mai 1812, Buonaparte quitta Paris; l'ambassadeur de Russie eut, deux jours après, ses passe-ports pour en partir. [1]

Dans ses précédentes expéditions, l'usage de Napoléon avait été de joindre son armée subitement et avec une suite peu nombreuse ; mais, en cette occasion, il déploya un appareil de splendeur et de dignité digne d'un monarque qui aurait pu, si jamais souverain de la terre en eut le droit, prendre le titre de Roi des Rois. Dresde fut fixé comme le rendez-vous général des Rois, des souverains, des princes, des ducs

---

[1] L'auteur vient de dire dans la phrase précédente que l'ambassadeur de Russie avait reçu ses passe-ports. (*Édit.*)

et des potentats subalternes de toute dénomina-
tion qui étaient sous la dépendance de Napoléon, ou qui attendaient de lui leur bon ou
leur mauvais destin. L'empereur d'Autriche
et son épouse se rendirent en cette occasion
près de leur gendre tout-puissant; et la ville
était remplie d'une foule de princes, les uns
issus des familles les plus anciennes, les autres
prétendant à un rang encore plus élevé, comme
appartenant à celle de Napoléon. Le roi de
Prusse s'y trouvait aussi, hôte aussi mal vu
que peu content lui-même, mais dont la présence était nécessaire pour grossir le cortége
et orner le triomphe du vainqueur. La tristesse
dans le cœur et sur le visage, il semblait, au
milieu des scènes de splendeur et de gaîté, porter le deuil plutôt que partager la joie des fêtes.
Mais le destin réservait des dédommagemens à
un prince qui, dans les temps d'une détresse
sans égale, avait montré tant de courage et de
patriotisme.

Parmi tous ces potentats, aucun d'eux n'ex-
citait l'intérêt général autant que celui pour
lequel et par ordre duquel cette assemblée était
réunie, cét être extraordinaire, qui aurait pu
gouverner l'univers, mais qui ne pouvait domp-
ter son âme impatiente du repos. Lorsqu'il se
montrait, Napoléon était le principal person-

nage du groupe ; quand il était absent, tous les yeux étaient tournés vers la porte pour l'attendre. Il était souvent occupé d'affaires dans son cabinet, tandis que les autres têtes couronnées, à qui, à la vérité, il ne laissait guère autre chose à faire, cherchaient de toutes parts les moyens de se divertir. Napoléon fit presque tous les frais des fêtes, des banquets et des réunions de ces Rois et de leur suite, après les représentations dramatiques, et ce fut avec un degré de splendeur qui fit paraître mesquin et misérable tout ce qu'essayèrent de faire quelques autres potentats.

La jeune Impératrice eut sa part de ces jours de grandeur. « Le règne de Marie-Louise, dit Napoléon quand il fut dans l'île d'Elbe, a été de bien courte durée, mais elle a pu grandement en jouir ; elle a eu le monde à ses pieds. » La magnificence de sa parure et de ses bijoux lui donnait une grande prééminence sur sa belle-mère l'impératrice d'Autriche. Il paraît qu'il existait entre ces deux princesses un peu de cette aigreur qui, dans la vie privée, divise souvent les parens à un semblable degré. Pour en dédommager en quelque sorte l'impératrice d'Autriche, Buonaparte nous apprend qu'elle venait souvent à la toilette de sa belle-fille, et que rarement elle s'en allait sans avoir reçu quelque marque de sa munificence. Nous pour-rions peut-être dire de cette circonstance, comme Napoléon le dit à propos d'un autre sujet, qu'un Empereur n'aurait pas dû la connaître, ou du moins qu'il n'aurait pas dû en parler. La vérité est que Buonaparte n'aimait pas l'impératrice d'Autriche, et quoiqu'il représente cette prin-cesse comme lui prodiguant ses attentions, l'é-loignement était mutuel. La fille du duc de Mo-dène n'avait pas oublié ce que les campagnes d'Italie avaient coûté à son père.

Il ne fallut pourtant que peu de temps pour que l'esprit actif de Napoléon se fatiguât d'une pompe qui pouvait satisfaire un instant sa vanité, mais qui bientôt ne présenta à son imagination que du vide et de la frivolité. Il fit venir l'abbé de Pradt, évêque de Malines, dont il désirait employer les talens en qualité d'ambassadeur à Varsovie ; et dans un style singulier de diplo-matie, il lui donna ses instructions ainsi qu'il suit : « Je suis sur le point de vous essayer. Vous pouvez bien croire que je ne vous ai pas fait venir ici pour y dire la messe (cérémonie que l'évêque avait célébrée le matin); il faut que vous vous formiez un grand établissement, et que vous ne perdiez pas de vue les femmes ; leur influence est essentielle en ce pays. Vous connaissez la Pologne ; vous avez lu Rulhières.

Quant à moi, je vais battre les Russes. La chandelle se brûle ; il faut que tout soit fini à la fin de septembre ; peut-être même y a-t-il déjà du temps perdu. Je m'ennuie ici à la mort ; voilà huit jours que je joue le rôle de galant auprès de l'impératrice d'Autriche. » Il exprima alors, par quelques allusions indirectes, la menace de forcer l'Autriche à renoncer à la Gallicie, et à accepter une indemnité en Illyrie, ou à s'en passer tout-à-fait. Quant à la Prusse, il avoua son intention de l'anéantir, quand la guerre serait terminée, et de la dépouiller de la Silésie. « Je vais à Moscou, ajouta-t-il ; une ou deux batailles en feront la façon. Je brûlerai Toula ; l'empereur Alexandre se mettra à genoux, et voilà la Russie désarmée. Tout est prêt, et l'on m'y attend. Moscou est le cœur de l'empire russe. D'ailleurs je ferai la guerre avec du sang polonais. Je laisserai en Pologne cinquante mille Français. Je ferai de Dantzick un second Gibraltar. J'accorderai aux Polonais un subside de cinquante millions par an : je puis faire cette dépense. Si la Russie n'y était comprise, le système continental ne serait qu'une bêtise. L'Espagne me coûte bien cher ; sans elle je serais le maître de l'Europe ; mais quand cela sera fait, mon fils n'aura qu'à s'y tenir, et il ne

faut pas être bien fin pour cela. Allez prendre
vos instructions chez Maret. »

Cette confiance complète dans le succès, in-
diquée par ces expressions décousues mais frap-
pantes, était généralement partagée par tous
ceux qui approchaient de la personne de Napoléon, soit Français, soit étrangers. Les jeunes militaires regardaient l'expédition contre la Russie
comme une partie de chasse qui devait durer
deux mois. L'armée se précipitait vers ce pays
fatal, pleine de l'espoir du pillage, des pensions
et de l'avancement. Tous les soldats qui n'en
faisaient point partie, se plaignaient de leur
mauvaise étoile, ou de la partialité de Napoléon, qui ne les avait point appelés à une entreprise si glorieuse.

Cependant Buonaparte fit une dernière tentative de négociation, ou pour mieux dire, il
chercha à découvrir quelles étaient les dispositions de l'empereur Alexandre. Ce monarque,
tandis que son ennemi était entouré de souverains, comme le soleil de planètes, restait seul
dans son orbite, et réunissait autour de lui ses
moyens de défense; mais quelque immenses
qu'ils fussent, ils semblaient à peine propor-
tionnés à la crise terrible dans laquelle il se trouvait. Le général Lauriston avait été dépêché à
Wilna pour avoir une communication défini-

tive avec Alexandre. Le comte de Narbonne, dont nous avons déjà parlé comme du courtisan le plus délié des Tuileries, fut chargé d'aller inviter le Czar à avoir une entrevue avec Napoléon à Dresde, dans l'espoir qu'en traitant personnellement, les deux souverains pourraient reprendre leurs habitudes d'intimité et aplanir entre eux les difficultés qu'ils n'avaient pu arranger par le moyen de leurs ambassadeurs. Mais Lauriston ne put obtenir d'audience de l'Empereur; et le rapport de Narbonne tendait décidément à la guerre. Il trouva que les Russes n'étaient ni abattus ni exaltés, mais qu'ils étaient arrivés à la conclusion générale que la guerre était devenue inévitable, et qu'en conséquence ils étaient déterminés à en supporter tous les maux plutôt que de les éviter par une paix déshonorante.

CHAPITRE VIII.

Plan de campagne de Napoléon contre la Russie ; — compris
et déjoué par Barclay de Tolly, généralissime de l'armée
russe. — Tableau de la grande-armée française ; — de la
grande-armée russe. — Désastre sur la Wilia. — Aperçu
et explication des difficultés qu'éprouvent les Français dans
cette campagne. — Ce qui manquait à leurs départemens
des vivres et des hôpitaux. — Grandes pertes qui en résul-
tent. — Cause de la détermination de Buonaparte de marcher en avant. — Ses marches forcées occasionnent des
délais.— Napoléon reste quelques jours à Wilna. — L'abbé
de Pradt ; — ses intrigues pour soulever les Polonais ; —
elles sont neutralisées par les engagemens de Napoléon
avec l'Autriche. — Une tentative pour exciter une insurrection en Lithuanie, échoue également.

Dans l'histoire ancienne, nous voyons souvent les habitans des climats du Nord, poussés
par le besoin et par le désir d'échanger leurs déserts glacés contre l'abondance d'un climat plus
fertile, sortir de leurs régions arides et se précipiter sur celles du Midi avec toutes les ter-
reurs d'une avalanche ; mais il était réservé à
notre génération d'être témoin d'une invasion
en sens inverse, et de voir d'immenses armées
de Français, d'Allemands et d'Italiens quitter
leurs contrées fertiles, riches et délicieuses,
pour porter en même temps la conquête et la

désolation au milieu des sombres forêts de pins, des marécages et des déserts stériles de la Scythie. Le philosophe Hume composa un essai pour examiner si l'avenir nous réservait une nouvelle inondation de conquérans barbares, une nouvelle « nuée vivante de guerre » sortie des ruches du Nord ; mais ni lui ni aucun autre n'avait prévu le danger contraire de voir des milliers de bataillons partir des plus belles régions de l'Europe, et marcher à l'ordre d'un seul homme pour dépouiller de son indépendance nationale le pays le plus sauvage de cette partie du monde. « La Russie, dit Buonaparte dans une de ses proclamations prophétiques [1], la Russie est entraînée par son destin ; il faut que sa destinée s'accomplisse. Marchons, passons le Niémen ; portons la guerre sur son territoire. La seconde guerre en Pologne sera aussi glorieuse que la première pour les armes françaises ; mais la paix que nous concluerons portera avec elle sa garantie, et mettra fin à cette influence hautaine que la Russie a exercée sur les affaires d'Europe pendant plus de cinquante ans. » Napoléon déclarait ouvertement ici ses vues définitives, qui tendaient à repousser la Russie sur ses domaines d'Asie, et de la priver de son influence dans la politique de l'Europe.

[1] *Delphic. (Édit.)*

L'empereur de Russie parla à ses troupes d'un ton tout différent, plus mâle, plus raisonnable, plus intelligible, sans aucun de ces élans d'éloquence prophétique, toujours de mauvais goût le jour où l'on parle, et qui, si c'est un moyen de faire impression sur le commun des hommes au jour du succès, deviennent la plus amère des satires si la fortune dément les prédictions. Alexandre fit valoir à ses sujets les différens efforts qu'il avait faits pour le maintien de la paix, efforts tous infructueux. « Il ne nous reste à présent, dit-il, après avoir invoqué l'Être tout-puissant qui est le témoin et le défenseur de la cause juste, qu'à opposer nos forces à celles de l'ennemi ; il est inutile de rappeler aux généraux, aux officiers, aux soldats, ce que nous attendons de leur courage et de leur loyauté ; le sang des anciens Esclavons circule dans leurs veines. Soldats, vous combattez pour votre religion, pour votre liberté et pour votre patrie ; votre Empereur est au milieu de vous, et Dieu est l'ennemi de l'agression. »

Les souverains qui s'adressaient ainsi à leurs troupes avec le style qui était particulier à chacun d'eux, avaient aussi leurs plans différens de campagne ; celui de Buonaparte était formé d'après le système qu'il suivait ordinairement dans toutes ses guerres. Son premier objet était

de rassembler une grande force sur le centre de
la ligne russe, de la rompre, et d'en couper autant de divisions qu'il aurait pu en atteindre et
en vaincre par son activité ; se mettre en possession des grandes villes, s'emparer, s'il était
possible, d'une des deux capitales, Pétersbourg
ou Moscou, et accorder, ce qu'il ne doutait
pas qu'on ne lui demandât alors humblement,
une paix dont les conditions dépouilleraient la
Russie de son influence en Europe, et établi-
raient dans son sein une nation polonaise composée de provinces arrachées à cet empire :
tels étaient les résultats qui auraient ensuite
couronné son entreprise.

Une longue expérience avait appris à ceux
qui étudiaient les opérations militaires, à connaître assez bien la tactique de Napoléon. Barclay de Tolly, qu'Alexandre avait nommé son
généralissime, Allemand de naissance et Écossais d'origine, avait tracé et présenté au Czar,
dont il possédait les bonnes grâces, un plan pour
tromper Buonaparte, en employant contre lui
son propre système. Il voulait que les Russes
n'opposassent d'abord sur les frontières de leur
pays qu'autant de résistance qu'il en faudrait
pour forcer l'ennemi à marcher lentement et
avec précaution ; de ne rien omettre pour gêner
ses communications, et déranger la base de

ses opérations militaires [1]; mais d'éviter avec soin tout ce qui approcherait d'une action générale. D'après ce principe, son plan était de reculer devant les ennemis, de refuser tout autre combat que des escarmouches, et même de n'en livrer que quand on aurait l'avantage, jusqu'à ce que les lignes de communication des Français, s'étendant sur une longueur incommensurable, devinssent susceptibles d'être coupées, même par les paysans insurgés. Pendant ce temps, et tandis que les Français commenceraient à manquer d'approvisionnemens, et ne pourraient plus recevoir de recrues ni de munitions, la Russie renforcerait et approvisionnerait son armée. Ainsi, le but de ce plan de campagne était de ne combattre les forces françaises que lorsque les mauvaises routes, le manque de provisions, les marches fatigantes, les maladies, et les pertes essuyées dans les escarmouches, auraient privé l'armée d'invasion de tous les avantages qu'elle possédait d'abord du côté du nombre, de l'ardeur et de la discipline.

[1] La base des opérations signifie, en stratégie, cet espace de pays que toute armée traversant un territoire ennemi doit maintenir libre et ouvert sur ses derrières; sans quoi le principal corps d'armée serait privé de ses communications, et probablement coupé. Par conséquent la base contient les magasins et les dépôts de l'armée.

Cette tactique de temporisation systématique convenait d'autant mieux à la Russie, que ses préparatifs pour une guerre défensive étant encore bien loin d'être achevés, il était important pour elle de gagner du temps pour recevoir d'Angleterre des armes et d'autres approvisionnemens, et pour pouvoir, en faisant la paix avec les Turcs, disposer de la grande armée qui était alors sur le Danube.

En même temps il était aisé de prévoir qu'une si longue retraite, jointe à la désolation que répandrait sur le territoire de la Russie la présence d'une armée d'invasion, pourrait épuiser la patience du soldat russe. Il fallait donc choisir d'avance et fortifier avec soin quelque position avantageuse où l'on pût faire une halte semblable à celle que lord Wellington avait faite à Torres-Vedras. Dans ce dessein, un vaste camp fortifié fut préparé à Drissa sur la Duna ou Dwina; ce qui, en supposant que Pétersbourg eût été le but de la marche des Français, aurait été bien calculé pour couvrir cette capitale. D'une autre part, si les Français s'avançaient sur Moscou, et par l'événement ce fut leur résolution définitive, les retranchemens de Drissa n'étaient plus d'aucune importance.

Il faut parler des immenses armées réunies sous Buonaparte, comme si elles formaient autant de parties constituantes d'une seule armée, quoique le théâtre de la guerre qu'elles occupaient offrît un front qui n'avait pas moins de cent vingt lieues de France d'étendue.

Macdonald commandait l'aile gauche de toute l'armée française, composée de plus de trente mille hommes ; il avait ordre de pénétrer dans la Courlande, de menacer le flanc droit des Russes, et, s'il le jugeait à propos, d'assiéger Riga, ou du moins de menacer ce port important. L'extrême droite de l'armée de Napoléon, placée vers Pinsk, en Volhinie, était presque entièrement composée des auxiliaires autrichiens, sous les ordres du prince Schwartzenberg ; ils avaient en face l'armée russe commandée par le général Tormazoff, qui avait été destiné à protéger la Volhinie. Ce fut une fausse mesure de Napoléon, et il la prit sans doute pour calmer la jalousie irritable de l'Autriche, son alliée, relativement à la délivrance et au rétablissement de la Pologne. Il faut se rappeler que les habitans de la Volhinie sont des Polonais soumis au joug de la Russie : si des troupes françaises ou celles du grand-duché de Varsovie se fussent montrées au milieu d'eux, il est probable que les Volhiniens auraient pris les armes pour conquérir leur liberté ; mais ils ne furent guère tentés de le faire, quand ils virent les

seuls Autrichiens, qui retenaient encore la
Gallicie sous le joug, et dont l'Empereur avait
tout autant à souffrir qu'Alexandre du rétablissement de l'indépendance polonaise.

Entre l'aile gauche, commandée par Macdonald, et la droite, sous Schwartzenberg, était
la grande-armée française, divisée en trois
masses. Buonaparte en personne marchait à la
tête de ses gardes, dont Bessières commandait
la cavalerie, et les maréchaux Lefebvre et Mortier l'infanterie; l'Empereur avait aussi sous ses
ordres immédiats le corps d'armée commandé
par Davoust, Oudinot et Ney, qui, avec les
divisions de cavalerie sous Grouchy, Montbrun et Nansouty, ne s'élevait pas, d'après tous
les calculs, à moins de deux cent cinquante
mille hommes. Ce corps d'armée était prêt à
marcher en avant pour écraser l'armée russe
qui lui était opposée, et qui portait le nom
d'armée de l'Ouest. Le roi Jérôme de Westphalie, avec les divisions de Junot, de Poniatowski et de Regnier, et la cavalerie de Latour-
Maubourg, formant une masse d'environ quatre-vingt mille hommes, était destiné de la
même manière à marcher contre la seconde
armée russe, ou armée de réserve. Enfin, une
armée centrale, sous les ordres d'Eugène, vice-
roi d'Italie, était chargée de pénétrer entre la

première et la seconde armée russe, de les tenir
de plus en plus séparées, pour rendre leur jonction impossible ; et d'agir contre l'une ou l'autre, ou contre toutes deux, suivant les occasions qui se présenteraient. Telle était la disposition des forces de l'armée d'invasion. Murat,
roi de Naples, bien connu par son ancien sur-
nom, le Beau Sabreur, commandait toute la
cavalerie de cette armée immense.

. D'une autre part, la grande-armée russe,
commandée par l'Empereur en personne, et
plus immédiatement par Barclay de Tolly,
porta son quartier - général jusqu'à Wilna,
non dans l'intention de défendre la Lithuanie
ou sa capitale, mais pour obliger les Français à
montrer leurs intentions. Elle montait à cent
vingt mille hommes ; du côté du nord, vers la
Courlande, cette grande-armée communiquait
avec une division de dix mille hommes sous le
comte Essen, et du côté du sud, elle était en
communication, mais sur une ligne un peu
trop prolongée, avec la seconde armée, sous
les ordres du vaillant prince Bagration, un des
meilleurs et des plus braves généraux russes.
Platoff, le célèbre hettmann ou capitaine-géné-
ral des cosaques, suivait cette seconde armée
avec douze mille de ses enfans du désert. Non
compris ces cosaques, l'armée de Bagration

pouvait monter à quatre-vingt mille hommes.
A l'extrême gauche, et surveillant les Autrichiens, de la part desquels on n'appréhendait
peut-être pas des mesures bien vigoureuses,
était Tormazoff, avec ce qu'on appelait l'armée
de Volhinie, montant à vingt mille hommes.
Deux armées de réserve se formaient à Novo-
gorod et à Smolensk ; chacune d'elles était composée d'environ vingt mille hommes.

Ainsi, au total, les Russes entrèrent en campagne avec deux cent soixante mille hommes,
opposés à quatre cent soixante-dix mille ; c'est-
à-dire avec une inégalité de nombre de près
de moitié à leur désavantage. Mais pendant le
cours de la guerre, la Russie leva des renforts
de milices et de volontaires, à un nombre beaucoup plus considérable que la balance qui existait contre elle au commencement.

Les trois masses énormes de la grande-armée
impériale marchèrent sur le Niémen ; le roi de
Westphalie, sur Grodno ; le vice-roi d'Italie,
sur Pilony, et l'Empereur lui-même, sur un
point nommé Nagaraiski, à trois lieues au-delà
de Kowno. Lorsque la tête des colonnes de
Napoléon arriva sur les bords du fleuve, qui
coulait silencieusement à l'ombre d'immenses
forêts du côté de la Russie, l'Empereur s'étant
avancé en personne pour en reconnaître les

rives, son cheval broncha, et lui fit perdre les arçons. « Mauvais présage », s'écria une voix; « un Romain retournerait sur ses pas. » Mais on ne put distinguer si c'était celle de l'Empereur ou de quelqu'un de sa suite. On ne vit paraître sur la rive opposée qu'un seul cosaque, qui s'adressa au premier parti français qui traversa le fleuve, et lui demanda ce qu'il venait faire en Russie. « Vous battre et prendre Wilna », lui répondit-on. L'éclaireur se retira, et l'on n'en aperçut pas un second.

Un orage épouvantable fut le premier signe de bon accueil que reçurent les Français dans ce pays sauvage; et, bientôt après, l'Empereur apprit que les Russes battaient en retraite de toutes parts, et montraient évidemment l'intention d'évacuer la Lithuanie sans livrer une seule bataille. Napoléon fit avancer ses colonnes avec encore plus de promptitude que de coutume, désirant frapper un de ces coups formidables par lesquels il était habitué à anéantir son ennemi dès le début d'une campagne. Il en résulta un événement de plus mauvais augure que sa chute de cheval, ou l'orage qui l'avait accueilli sur les bords du Niémen. La Wilia étant enflée par les pluies, et tous les ponts ayant été rompus, l'Empereur, impatienté par cet obstacle, ordonna à un corps de cavalerie polonaise de passer cette rivière à la nage. Ces braves gens n'hésitèrent pas à s'y précipiter; mais avant qu'ils en eussent atteint le milieu, le torrent irrésistible rompit leurs rangs; ils furent entraînés par les eaux, et périrent jusqu'au dernier sous les yeux de Napoléon, vers lequel quelques uns, au moment même d'être engloutis, se tournèrent en criant : « Vive l'Empereur ! » Les spectateurs étaient immobiles d'horreur. Mais ils auraient éprouvé ce sentiment avec encore bien plus de force, s'ils avaient pu prévoir que le destin de cette poignée de braves n'était qu'une anticipation de celui qui était réservé à des centaines de mille hommes, qui, pleins de santé et d'espérance, étaient sur le point de braver tous les obstacles de la nature et de l'art, non moins terribles et non moins insurmontables que le torrent qui venait d'engloutir leur malheureuse avant-garde.

Tandis que ses masses immenses traversaient la Lithuanie, Napoléon établit son quartier-général à Wilna, ancienne capitale de cette province, où il commença à éprouver quelques unes des difficultés qui devaient accompagner son entreprise gigantesque. Nous devons nous arrêter ici pour en faire le détail, car elles servent à démontrer la grande méprise de ceux qui, comme

Napoléon lui-même, ont supposé que le plan de l'expédition de Russie était heureux et bien conçu, et qu'il aurait certainement réussi, s'il n'eût été déconcerté d'une manière inattendue par l'incendie de Moscou et par les rigueurs de la saison; circonstances qui forcèrent les armées françaises à battre en retraite en Pologne.

Nous avons dit ailleurs que, suivant la tactique ordinaire de Napoléon, les troupes françaises se mettaient en campagne avec un approvisionnement pour quelques jours, en pain et en biscuit; et lorsque cette ressource était épuisée, ce qui, grâces aux dilapidations et à la consommation, arrivait ordinairement plus tôt qu'on ne l'avait calculé, leurs moyens de subsistance provenaient des vivres que pouvaient leur procurer dans le pays où elles se trouvaient, la maraude et le pillage, dont on avait fait un système régulier. Mais l'expérience avait rendu Napoléon trop prudent pour qu'il comptât, au milieu des déserts de la Russie, sur un système d'approvisionnement qui avait suffi pour maintenir son armée dans les riches campagnes de l'Autriche. Il savait fort bien qu'il se jetait avec cinq cent mille hommes dans des déserts inhospitaliers, où Charles XII n'avait pu trouver de quoi faire vivre vingt mille Suédois. Il n'ignorait pas, d'ailleurs, combien

il serait impolitique de mécontenter les Lithuaniens par le pillage et les exactions. Se les concilier entrait essentiellement dans son plan, car
la Lithuanie, à l'égard de la Russie, était une
province conquise, à laquelle Napoléon se
flattait d'inspirer le même désir d'indépendance
qui animait la Pologne, et de trouver ainsi des
amis et des alliés parmi les sujets mêmes de
son ennemi. Tous les efforts, toute l'activité
et toute l'étendue de son pouvoir colossal,
avaient donc eu pour but de préparer d'immenses magasins de provisions, et de s'assurer des
moyens de les faire marcher avec l'armée. Son
génie aussi vaste qu'ardent s'était occupé de cet
important objet plusieurs mois avant l'expédition, et c'était avec la plus grande sollicitude
qu'il en faisait sentir la nécessité à ses généraux.
« Pour des masses telles que celles que nous
allons faire mouvoir, nul pays ne peut fournir
assez de grains, si l'on ne prend pas des précautions », dit-il dans une partie de sa correspondance; et il ajoute ailleurs : « Tous les chariots de provisions doivent être chargés de farine, de riz, de pain, de légumes et d'eau-de-vie,
indépendamment de ce qui est nécessaire pour
le service des hôpitaux. Le résultat de mes
mouvemens réunira quatre cent mille hommes
sur un seul point. Il n'y aura rien à attendre du

pays, et il faudra que nous tirions tout de nos propres ressources. »

Ces vues, dont la justesse était incontestable, furent suivies de préparatifs qui, en eux-mêmes, étaient gigantesques. Les chariots et les fourgons, dont le nombre était presque incalculable, furent divisés en bataillons et en escadrons. Chaque bataillon de chariots légers pouvait transporter six mille quintaux de farine, et chaque escadron de voitures pesantes, près de quatre mille huit cents, indépendamment du nombre immense de fourgons destinés au service du génie et des hôpitaux, et chargés de transporter les pontons et le matériel pour les siéges.

Cet aperçu doit convaincre le lecteur que Napoléon avait prévu dès l'origine les difficultés de l'approvisionnement de son armée, et qu'il avait employé toutes les ressources de son esprit pour réussir à les surmonter par des préparatifs faits à temps. Mais toutes ses précautions se trouvèrent insuffisantes. On reconnut que c'était une vaine tentative que de vouloir introduire la discipline militaire parmi des conducteurs de voitures; et lorsque des routes détestables furent encombrées de chevaux morts et de chariots brisés, quand les soldats et les chefs d'attelage commencèrent à piller les con-

vois qu'ils étaient chargés d'escorter et de protéger, la confusion devint irréparable. Bien
loin d'atteindre la Lithuanie, où leur arrivée
était si nécessaire, peu de ces voitures pesantes
touchèrent les rives de la Vistule, et presque
aucune n'avança jusqu'au Niémen. Pendant les
semaines et les mois qui suivirent le passage de
l'armée, on vit arriver quelques voitures légères et quelques troupeaux de bétail, mais
comparativement en petit nombre, et dans l'état
le plus misérable. Les soldats furent donc obligés, dès le commencement de la campagne, de
recourir à leur mode ordinaire d'approvisionnement, en mettant le pays à contribution.
Tant qu'ils restèrent en Pologne, l'immense fertilité du sol put suffire à leur subsistance ; mais
il s'en fallut de beaucoup qu'ils trouvassent les
mêmes ressources dans la Lithuanie, d'où les
Russes avaient préalablement cherché à enlever
tout ce qui aurait pu servir aux Français.

Ainsi, dès la première marche au-delà du
Niémen et de la Wilia, en traversant un pays
qu'on regardait comme allié, et avant d'avoir
aperçu l'ennemi, l'immense armée de Napoléon
faisait elle-même de grandes pertes, et occa-
sionnait un dommage infini au pays sur lequel
elle vivait à franches rations, en dépit de toutes
les mesures qu'avait prises Buonaparte, et de

tous ses efforts pour en assurer l'approvisionnement.

Cette manière incertaine de pourvoir à la
subsistance des troupes, était commune à toute
l'armée, quoique les circonstances en fussent
particulièrement désastreuses pour certains
corps. M. de Ségur [1] nous informe que les

---

[1] Ici et ailleurs nous citons, comme un ouvrage méri-
tant toute croyance, la relation de cette mémorable expédition par le comte Philippe de Ségur. L'auteur, à ce que
nous avons toujours entendu dire, est un homme d'honneur, et son ouvrage prouve que c'est un homme de talent.
Plusieurs officiers de haute réputation, qui avaient eux-
mêmes servi dans cette campagne, nous ont déclaré que,
quoiqu'il puisse, sans contredit, avoir commis quelques
erreurs de détail, et qu'en certains endroits l'auteur puisse
avoir cédé à la tentation de broder une description, ou de
produire de l'effet par un dialogue, cependant sa narration,
au total, est franche, impartiale et libérale. La critique
hostile du général Gourgaud accuse le comte de Ségur de
n'avoir pas eu l'occasion de connaître les faits qu'il rapporte, parce que sa charge ne l'appelait pas dans la ligne
de bataille, où il aurait pu voir de ses propres yeux les
événemens militaires. Nous pensons, si on nous permet
de le dire, que, comme historien, le comte de Ségur se
trouvait dans une position plus favorable pour s'instruire
des faits que s'il avait fait partie de l'armée active ; nous
parlons d'après une haute autorité en disant que, sous un
rapport, une bataille ressemble à un bal. Chacun se rappelle le lendemain avec quels partenaires il a dansé et

armées sous Eugène et Davoust mettaient de
la régularité dans le système de lever des contributions et d'en faire la répartition entre leurs
soldats, de sorte que leur système de maraude
pesait moins sur le pays, et leur était plus avan-
tageux à eux-mêmes. Mais, d'une autre part,
les Westphaliens et autres auxiliaires allemands, sous les ordres du roi Jérôme, ayant
pris des Français des leçons de pillage, et
n'ayant pas, suivant Ségur, les manières élé-
gantes de ceux qui leur avaient servi de maî-
tres, pratiquèrent la science qu'ils avaient
apprise avec une rapacité grossière qui fit rou-

ce qui s'est passé entre eux ; mais nul autre qu'un spectateur ne peut tracer le tableau général de toute l'assemblée.
Or, le comte de Ségur était ce spectateur, dans les occasions qu'il avait de recueillir des renseignemens sur tous
les événemens de la campagne. Ses fonctions étaient de
distribuer des billets de logement au quartier-général ; il
était donc rare qu'un officier y arrivât ou en partît sans
avoir quelque communication avec le comte de Ségur ; et
méditant déjà alors son ouvrage, il ne serait pas l'homme
de talent qu'il paraît être s'il n'avait obtenu de ceux qui
entraient au quartier-général ou qui le quittaient toutes les
informations qu'ils pouvaient donner. Comme il n'avait
pas à remplir des devoirs militaires pressans, rien ne
l'empêchait de consigner par écrit et de mettre en ordre
les renseignemens qu'il recevait. Et quand le général Gourgaud fait valoir l'impossibilité que l'historien ait assisté à
quelques uns des plus secrets conseils, il oublie que beau-

gir les Français de leurs élèves imitateurs. Ainsi, les Lithuaniens, effrayés, dégoûtés et aliénés par les injustices qu'ils souffraient, furent loin d'écouter les promesses de Napoléon, et de vouloir faire cause commune avec lui contre la Russie, qui les avait gouvernés avec bonté, et en montrant beaucoup de respect pour leurs habitudes et leurs usages.

Mais ce ne fut pas là le seul mal. La perte directe que souffrit l'armée française fut très considérable. Dans le cours des premières journées au-delà du Niémen et de la Wilia, non moins de dix mille chevaux et un grand nombre de soldats restèrent morts sur la route. Parmi les jeunes conscrits surtout, beaucoup

coup de secrets semblables passent du cabinet dans les cercles mieux informés qui l'entourent, même avant que le sceau du secret soit levé ; mais surtout, comme dans le cas dont il s'agit, quand un changement total de circonstances fait que ce secret cesse d'être nécessaire. Il ne nous reste à ajouter que, quoique l'idolâtrie du comte de Ségur pour l'Empereur ne soit pas suffisante pour satisfaire son critique, il doit, aux yeux de tout autre, passer pour un admirateur de Napoléon, et que ceux qui ont connu l'armée française ne trouveront pas de motif pour le soupçonner d'être un faux frère. *

* Nous pouvons ajouter à cette note de sir Walter Scott, que la belle histoire de M. de Ségur n'a pas eu moins de succès en Angleterre qu'en France. (*Édit.*)

moururent de faim et de fatigue. On en vit quelques uns recourir au suicide plutôt que de se livrer au cruel système de pillage, qui pouvait seul les faire subsister. D'autres prirent le même parti désespéré, poussés par le remords d'avoir participé à de telles cruautés. Des milliers de traîneurs ne vivaient que de brigandage. Le duc de Trévise, qui suivait la marche de la Grande-Armée, rendit compte à Napoléon que, depuis le Niémen jusqu'à la Wilia, il n'avait vu que des habitations ruinées et abandonnées, des chariots renversés, ouverts et pillés, des cadavres d'hommes et de chevaux ; en un mot, tout le spectacle horrible qui se présente aux yeux sur la route d'une armée vaincue.

Ceux qui désiraient flatter Buonaparte, attribuèrent cette perte à l'orage qui avait éclaté au moment de son entrée en Lithuanie ; mais une pluie d'été, quelle qu'en soit la violence, ne fait pas périr les chevaux d'une armée par centaines et par milliers. Ce qui les détruit et ce qui met ceux qui survivent presque hors de service pour la campagne, et hors d'état de supporter les rigueurs de l'hiver, c'est un travail pénible, des marches forcées, le manque de grains ou de fourrages secs, et la nécessité de les nourrir de la moisson encore verte des champs. C'était alors la saison où un général qui veut maintenir son armée en état de service, doit éviter les entreprises qui exigent de sa cavalerie un travail pénible et des marches forcées. De même les orages et les pluies d'été ne sont pas plus funestes aux soldats d'infanterie qu'aux autres hommes qui y sont exposés; mais des marches forcées sur de mauvaises routes, dans un pays qui n'offre aucun abri, et sans provisions, doivent détruire l'infanterie, puisque chaque soldat qui, soit par fatigue, soit parce qu'il a été forcé de s'écarter trop loin pour chercher sa nourriture, est laissé en arrière, reste exposé sans abri aux effets du climat; et s'il ne peut suivre son corps et le rejoindre, il n'a d'autre ressource que de s'étendre par terre et de mourir.

Les mesures prises pour le département des hôpitaux furent aussi précaires que celles de l'approvisionnement de l'armée. Les hôpitaux de Wilna ne pouvaient contenir que six mille malades, proportion trop faible pour une armée de quatre cent mille hommes, quand même elle aurait établi ses quartiers dans une contrée saine et paisible où l'on peut compter, d'après un calcul très modéré, qu'il y aura un malade sur cinquante hommes, mais complétement insuffisante pour le nombre de ceux qui avaient besoin de secours, tant à cause des maladies occasionnées par une mauvaise nourriture et l'insalubrité de l'air, que par suite des événemens de la guerre. Quoiqu'on n'eût pas livré de bataille, et qu'à peine il y eût eu une escarmouche, vingt-cinq mille malades encombraient les hôpitaux de Wilna, et les villages étaient remplis de soldats qui mouraient fauté de recevoir les secours de l'art. On doit excepter de cette censure générale le roi de Westphalie : son armée était bien pourvue d'hôpitaux, et elle perdit moins de monde que les autres. Ce service imparfait des hôpitaux était un défaut radical dans le plan de cette expédition, et l'influence fatale s'en fit sentir depuis le commencement jusqu'à la fin.

Tantôt Napoléon murmurait contre ces pertes et ces calamités, tantôt il cherchait à y remédier par des menaces contre les maraudeurs, et quelquefois il cherchait à s'endurcir contre l'idée de la détresse de son armée, en l'envisageant comme un mal qu'il fallait endurer jusqu'à ce que la victoire y mît fin. Mais les menaces contre les maraudeurs ne pouvaient raisonnablement être mises à exécution contre des hommes qui n'avaient que la maraude pour tout moyen de subsistance, et il était impossible de remporter une victoire sur un ennemi qui ne voulait pas risquer une bataille.

Naturellement, le lecteur peut ici demander pourquoi Buonaparte, quand il vit que les approvisionnemens qu'il avait regardés comme essentiels pour maintenir son armée n'avaient pas atteint la Vistule, marcha en avant, au lieu de suspendre son entreprise, jusqu'à ce qu'il eût réuni tous les moyens qu'il avait jugés nécessaires pour en assurer le succès. Il aurait perdu du temps, mais il aurait épargné des hommes et des chevaux, et évité de répandre la désolation dans un pays qu'il désirait se concilier. La vérité est que Napoléon avait laissé égarer son jugement sain et son sang-froid en n'écoutant que son vif désir de terminer la guerre par une seule bataille, suivie d'une victoire brillante. L'espoir de surprendre l'empereur Alexandre à Wilna, de défaire sa grande-armée, ou du moins de couper quelques uns des corps qui la composaient, avait trop d'analogie avec plusieurs de ses anciens exploits, pour ne pas avoir quelque chose de séduisant pour lui. D'après ce dessein, et dans cette attente, il fallait faire des marches forcées depuis la Vistule jusqu'à la Dwina et au Dniéper. Les voitures, les chariots, les bestiaux, furent laissés derrière ; les difficultés de l'entreprise furent oubliées ; on ne songea plus qu'à

l'espérance de trouver l'ennemi hors de garde,
et de l'exterminer d'un seul coup. Nous avons
relevé les conséquences fatales de ces marches
forcées; mais ce qui peut paraître plus étrange,
c'est que Napoléon, qui n'avait eu recours à
cette précipitation téméraire que pour surprendre son ennemi, y perdit plus de temps
qu'il n'en gagna, quoiqu'il eût fait de tels sacrifices pour se procurer cet avantage. C'est ce
qu'expliquera la suite de ce récit.

L'armée, dont les quartiers avaient été établis sur la Vistule, en partit vers le 1er juin, et
s'avança, sur différentes colonnes et à marches
forcées, vers les bords du Niémen, où elle arriva sur différens points, mais principalement
près de Kowno, le 23 du même mois, et elle
commença le 24 le passage de ce fleuve. De la
Vistule au Niémen, on compte environ deux
cent cinquante verstes, qui font deux cent
trente-cinq à deux cent quarante milles d'Angleterre. De Kowno, sur les bords du Niémen,
jusqu'à Witepsk sur la Dwina, la distance est
à peu près la même. Tout cet espace peut être
traversé, par une armée marchant avec ses bagages, dans le cours de quarante journées, à
raison de douze milles par jour. Cependant,
malgré les marches forcées, il fallut, pour fran-
chir cette distance, quatre jours de plus que

n'en aurait employé une armée marchant au pas ordinaire et sans se fatiguer, et conduisant avec ses colonnes tous ses approvisionnemens. La cause de ce retard s'explique, et par la grande masse de troupes auxquelles il fallait fournir des vivres d'après les principes d'un système de maraude, et par la situation du pays qui était malheureusement destiné à les fournir; peut-être aussi par les circonstances politiques qui retinrent Napoléon pendant vingt jours bien précieux à Wilna. La première raison est trop évidente pour avoir besoin de preuves; car une armée de vingt mille hommes ne fait comparativement qu'effleurer les ressources d'un pays, et peut le traverser à la hâte. Mais ces immenses colonnes, dont les besoins étaient sans bornes, ne pouvaient ni marcher rapidement ni se procurer très promptement ce qui leur était indispensable. D'ailleurs, dans un pays comme la Lithuanie, la marche ne pouvait être régulière, et il était souvent nécessaire de la suspendre, ce qui faisait perdre en certains endroits le temps que de grands efforts avaient gagné en d'autres. Il était nécessaire de traverser avec la plus grande hâte les déserts et les forêts où nul sentier n'était tracé, car ils n'offraient rien aux maraudeurs, de qui dépendait la subsistance de l'armée. Pour parer à cet in-

convénient, il fallait faire halte pour un jour
et même davantage, dans les cantons les plus
riches, et dans le voisinage des grandes villes,
afin d'avoir le loisir et l'occasion de se procurer
des vivres aux frais du pays. Ainsi le temps
gagné par des marches forcées se perdait en délais inévitables ; et cette précipitation, quoique
suivie de conséquences si tragiques pour le soldat, n'assurait pas l'avantage qui était le but du
général.

En arrivant à Wilna, Napoléon eut la mortification d'apprendre que, quoique l'empereur
Alexandre n'eût quitté cette ville que deux
jours après qu'il avait lui-même passé le
Niémen, cependant les Russes avaient fait leur
retraite avec la plus grande régularité, et avaient
préalablement détruit un nombre de magasins
et une quantité considérable d'approvisionnemens, dont l'ennemi aurait pu profiter.
Tandis que les généraux de Napoléon avaient
ordre de marcher rapidement sur leurs traces,
l'Empereur resta lui-même à Wilna, pour diriger quelques mesures politiques qui semblaient de la plus haute importance pour les
événemens de la campagne.

L'abbé de Pradt avait exécuté avec habileté
la tâche qui lui avait été confiée d'animer les
Polonais du grand-duché de Varsovie, en leur

faisant concevoir l'espoir du rétablissement général de la liberté polonaise. Ce brave mais
malheureux pays, destiné, pourrait-on croire,
à verser son sang pour toutes les causes,
excepté la sienne, avait, dans la partie qui
appartenait autrefois à la Prusse et qui formait
alors le grand-duché de Varsovie, gagné bien
peu de chose à son indépendance nominale. Le
duché, dont la population n'était que d'environ
cinq millions d'habitans, entretenait pourtant,
pour le service de la France plutôt que pour le
sien, une force armée de quatre-vingt-cinq
mille hommes. Dix-huit régimens furent incorporés dans l'armée de l'Empereur, et payés par
la France; mais la formation et l'entretien des
autres excédaient de beaucoup les revenus du
duché, qui ne montaient qu'à quarante millions
de francs, tandis que les dépenses s'élevaient à
plus du double de cette somme. Le système
continental de Buonaparte avait aussi fait supporter au grand-duché sa part de détresse. Les
revenus de la Pologne dépendent de la vente
des grains que produit son sol fertile, et ces
grains, pendant les années précédentes, avaient
pourri dans les magasins. La misère des indigens
était extrême; l'opulence des classes riches s'é-
tait évanouie, et celles-ci ne pouvaient soulager les autres : 1811 avait été une année de di-

sette en ce pays comme ailleurs ; et, au lieu que
pendant les années précédentes, les Polonais
avaient des grains qu'ils ne pouvaient trouver
à vendre, ils n'avaient, dans le moment actuel, ni grains ni moyens d'en acheter. A tous
ces désavantages, il faut ajouter le pillage et la
misère dont le duché avait été le théâtre pendant la marche des forces nombreuses de Buonaparte, de la Vistule au Niémen.

Cependant le patriotisme des Polonais était
si ardent, que le nom seul d'indépendance
suffit pour l'enflammer, malgré tant de circonstances qui tendaient à l'amortir. Quand
donc on eut convoqué une diète du duché de
Varsovie, où les nobles s'assemblèrent suivant
les anciennes formes, tous désiraient se conformer aux souhaits de Napoléon ; mais une malheureuse insinuation de l'Empereur, relativement à la longueur du discours par lequel la
diète devait s'ouvrir, porta le digne comte
Mathechewitz, dont le devoir était d'en préparer la péroraison, à l'étendre à cinquante
pages d'écriture très serrée.

Toute l'assemblée s'étant récriée contre la
prolixité de cette mortelle harangue, l'ambassadeur de France, l'abbé de Pradt, fut invité
à y substituer quelque chose plus conforme à
la circonstance. En conséquence, il composa

un discours plus bref, plus dans le goût de son pays, et, nous n'en doutons pas, plus chaud et plus éloquent que celui du comte Mathechewitz. La diète l'accueillit avec des applaudissemens d'enthousiasme. Cependant, quand il fut envoyé à Napoléon, qui était alors à Wilna, l'Empereur le désapprouva, comme étant trop évidemment écrit dans le style de composition française; et il dit, en termes fort clairs, que le langage d'un ancien Polonais, exprimant ses sentimens nationaux avec les figures orientales de sa langue nationale, aurait mieux convenu.

Cette expression de mécontentement dessilla les yeux de l'abbé de Pradt, comme il nous l'apprend lui-même. Il prévit que l'infatuation et le manque de goût que montrait l'Empereur en désapprouvant sa harangue, annonçaient un homme conduit à sa perte par le destin : il fit dater de cette époque la chute du pouvoir de Napoléon, et il fut tellement animé de l'esprit de prophétie, qu'il ne put s'empêcher de faire ses prédictions, même devant les jeunes gens attachés à son ambassade.

Mais un présage plus fatal que celui que l'auteur seul pouvait tirer de la désapprobation de son discours, se trouva dans sa réponse à l'adresse de la diète du grand-duché.

La diète de Varsovie, allant, comme elle le supposait, au-devant des désirs de Napoléon, avait déclaré le royaume tout entier libre et indépendant dans toutes ses parties, comme si nul traité de partage n'eût jamais existé ; et nulle personne douée d'un jugement sain ne révoquera en doute le droit qu'elle avait d'agir ainsi. Elle forma une confédération générale, déclara le royaume de Pologne rétabli, somma tous les Polonais de quitter le service de Russie, et enfin envoya des députations au grand-duc roi de Saxe, et à Napoléon, pour leur annoncer son désir d'accélérer la régénération politique de la Pologne, et son espoir d'être reconnue par toute la nation polonaise, comme le centre d'une union générale. Les expressions adressées à Buonaparte respiraient un ton d'idolâtrie. La Pologne demandait « la protection du héros qui dictait son histoire au siècle, et en qui résidait la force de la Providence », langage ordinairement réservé pour la Divinité. « Que le Grand Napoléon, ajoutait-elle, prononce seulement son décret pour que la Pologne existe, et elle existera sur-le-champ. Les habitans de la Pologne s'uniront à l'instant pour se dévouer au service de celui pour qui l'espace n'est qu'un point, et les siècles ne sont qu'un moment. » En toute autre occasion, cette éloquence exagérée aurait pu jeter quelque doute sur la sincérité de ceux qui l'employaient ; mais les Polonais, comme les Gascons, auxquels on les a comparés, aiment les superlatifs, et se plaisent à prendre un ton d'exaltation et d'enthousiasme, qu'au surplus on les a vus, dans tous les siècles, soutenir par leur conduite sur le champ de bataille.

La réponse de Buonaparte à cette adresse ampoulée fut pleine de froideur, de doute et d'indécision. Ce fut probablement alors qu'il sentit tout le poids des engagemens qu'il avait pris antérieurement avec l'Autriche, et qui l'empêchaient de se rendre sur-le-champ aux désirs de la députation des Polonais. « Il aimait la nation polonaise, répondit-il ; et s'il eût été à la place de la diète de Varsovie, il aurait agi comme elle l'avait fait. Mais il avait bien des intérêts à concilier, bien des devoirs à remplir. S'il avait régné quand la Pologne fut injustement victime de ces partages qui lui avaient ravi son indépendance, il aurait pris les armes pour elle ; et, dans l'état actuel des choses, après avoir conquis Varsovie et les territoires environnans, il y avait sur-le-champ rétabli la liberté. Il applaudissait à ce que les Polonais avaient fait ; il autorisait leurs efforts futurs ; il ferait tout ce qui serait en son pouvoir pour seconder leur résolution. Si leurs efforts étaient unanimes, ils pouvaient forcer leurs oppresseurs à reconnaître leurs droits ; mais la réalisation de ces espérances devait être l'œuvre de la population du pays. » Ces vagues et froides assurances de l'intérêt général qu'il prenait à la cause des Polonais, furent suivies de la déclaration expresse « qu'il avait garanti à l'empereur d'Autriche l'intégrité de ses domaines, et qu'il ne pouvait accorder sa sanction à aucune manœuvre, ni au moindre mouvement qui tendrait à le troubler dans la possession paisible de ce qui lui restait des provinces polonaises. » Quant à celles qui avaient été annexées à la Russie, il se contenta d'assurer « que, pourvu qu'elles fussent animées du même esprit que montrait le grand-duché, la Providence couronnerait du succès leur bonne cause. »

Cette réponse, si différente de celle à laquelle les Polonais s'étaient attendus, remplit la députation de doute et de découragement. Au lieu de favoriser la réunion totale de la Pologne, Napoléon venait de déclarer qu'à l'égard de la Gallicie, il ne pouvait ni ne voulait intervenir pour détacher cette province de l'Autriche ; et, quant aux provinces polonaises annexées à la Russie, il exhortait les Polonais à être unanines, auquel cas, au lieu de les assurer de son assistance puissante, il se contentait de les recommander aux soins de cette Providence sur le trône de laquelle les expressions exaltées de leur adresse semblaient le placer lui-même. Les Polonais commencèrent donc à douter des intentions de Napoléon relativement au rétablissement de leur indépendance, d'autant plus qu'ils remarquèrent qu'il n'employait aucune troupe française ou polonaise soit en Volhinie, soit en tout autre canton où leur présence aurait pu encourager les habitans, et qu'il n'y envoyait que des Autrichiens, qui, à cause de l'exemple, n'étaient pas plus disposés à exciter les provinces russes de Pologne à se déclarer pour la cause de l'indépendance, qu'ils ne l'auraient été à prêcher la même doctrine dans celles qui appartenaient à l'Autriche.

Par la suite, Napoléon regretta bien des fois, et avec amertume, le sacrifice qu'il avait fait en cette occasion aux désirs de l'Autriche; et ce regret était d'autant mieux fondé, qu'il semblait avoir commis une erreur gratuite. Il est vrai qu'en pressant l'Autriche de rendre la liberté à la Gallicie polonaise, c'était courir le risque de la jeter entre les bras de la Russie; mais il était probable que ce danger aurait pu être évité par la cession des provinces Illyriennes à titre d'indemnité. Et si cet échange n'avait pu devenir agréable à l'Autriche, en jetant dans la balance Trieste et même Venise, Napoléon aurait dû reconnaître que l'impossibilité de rétablir l'indépendance de la Pologne devait être pour lui un motif de ne pas entreprendre sa fatale guerre contre la Russie.

Le dominateur de la France échoua aussi dans une tentative pour exciter une insurrection dans la Lithuanie, quoiqu'il eût nommé un gouvernement provisoire dans cette province, et qu'il eût déclaré ce pays délivré du joug des Russes. Mais les Lithuaniens, peuple dont le caractère est moins ardent que celui des Polonais, n'étaient pas en général très mécontens du gouvernement de la Russie; et au contraire, la conduite des armées françaises sur leur territoire les aliénait de Napoléon. Ils remarquèrent aussi la réponse évasive qu'il avait faite aux Polonais, et ils en conclurent que si l'empereur des Français trouvait occasion de faire la paix avec Alexandre, il n'hésiterait pas à la faire aux dépens de ceux qu'il encourageait alors à l'insurrection. Ainsi l'effet moral que Napoléon s'attendait à produire sur la frontière de la Russie fut entièrement prévenu et paralysé, au point que, d'une garde d'honneur que les Lithuaniens avaient proposé de placer près de la personne de l'Empereur, on ne vit, jamais que trois individus paraître à la parade. Enfin le pays en général ne fit aucune démarche publique ou individuelle qui annonçât qu'il prît un intérêt national aux opérations de cette guerre, et il sembla s'en rapporter entièrement aux événemens.

CHAPITRE IX.

Opérations de l'armée sous le prince Bagration.—Manœuvres de Napoléon contre lui. — Jérôme, roi de Westphalie, est disgracié sous prétexte d'inactivité. — Bagration est défait par Davoust; mais il réussit à gagner l'intérieur de la Russie, et à rétablir ses communications avec la Grande-Armée, — qui se retire à Drissa. — Barclay et Bagration se rencontrent à Smolensk, le 20 juillet. — Les généraux français désirent que Napoléon termine la campagne à Witepsk pour cette saison. — Il persiste à marcher en avant. — Manœuvres des deux armées à l'égard de Smolensk. — Barclay de Tolly évacue cette place après y avoir mis le feu. — Affaiblissement de l'armée française et accroissement de la force de celle de Russie. — Paix entre la Russie et l'Angleterre, la Suède et la Turquie. — Napoléon se détermine à marcher sur Moscou.

NAPOLÉON continua, pendant dix-huit jours, du 28 juin au 16 juillet, à occuper son quartier-général de Wilna. Il n'était pas dans l'habitude de faire de si longues haltes; mais Wilna était son dernier point de communication avec l'Europe, et il avait probablement bien des arrangemens à prendre avant de s'enfoncer dans les forêts et les déserts de la Russie, d'où toute communication à l'extérieur ne pouvait être que partielle et précaire. Il nomma Maret, duc de Bassano, gouverneur de la Lithuanie, et chargea ce ministre de toute la correspondance avec Paris et les armées, le rendant ainsi le centre de toutes les communications administratives, politiques et même militaires entre l'Empereur et ses domaines.

On ne doit pourtant pas supposer que ces dix-huit jours se soient passés sans quelques manœuvres militaires de haute importance. Le lecteur doit se rappeler que la grande-armée russe était divisée en deux portions inégales : celle qui était commandée, sous l'Empereur, par Barclay de Tolly, avait occupé Wilna et les environs jusqu'au moment de l'entrée des Français en Lithuanie. Alors, par une retraite concertée d'avance et bien exécutée, elle s'était retirée vers le camp fortifié de Drissa. L'armée moins considérable, qui marchait sous le prince Bagration, était beaucoup avancée du côté du sud-ouest, et continuait à occuper une partie de la Pologne. Le quartier-général du prince était à Wolkowisk ; Platoff, avec sept mille cosaques, campait à Grodno ; et, de même que Bagration, il était en communication avec l'armée principale, par le moyen de son aile gauche, qui, sous Dorokhoff, s'étendait jusqu'à Lida. L'armée de Bagration avait été ainsi avancée vers le sud-ouest, afin que, lorsque Napoléon aurait passé le Niémen, elle se trouvât placée sur ses derrières, tandis qu'il marcherait sur Wilna. Il devint impossible d'exécuter ce plan, tant l'armée d'invasion était plus nombreuse qu'on ne l'avait prévu. Au contraire, les Français étaient en état de protéger le flanc de leur marche sur Wilna, par une armée de trente mille hommes, sous le roi de Westphalie, placée entre eux et cette seconde armée. Bien loin d'être dans la possibilité d'inquiéter l'ennemi, Bagration était tellement avancé, qu'il courait grand risque d'être coupé, et entièrement séparé du principal corps d'armée. En conséquence le prince russe reçut, de Barclay de Tolly, l'ordre de tirer son armée de cette position dangereuse; et, le 13 juillet, Alexandre lui fit donner celui de marcher vers le camp de Drissa.

Lorsque Napoléon arriva à Wilna, le danger de Bagration devint imminent; car le camp retranché de Drissa était le rendez-vous de tous les corps russes, et Buonaparte étant plus près de Drissa que Bagration, de cent cinquante verstes, c'est-à-dire de sept jours de marche, jamais ni lui-même, ni aucun autre général, n'avait eu une si belle occasion de mettre à exécution la manœuvre favorite de l'Empereur, de couper la ligne de l'ennemi, qui était incontestablement trop étendue.

Ce ne fut que le 3o juillet que Napoléon fut certain de l'avantage qu'il possédait, et il se hâta d'en profiter. Il avait dépêché la plus grande partie de sa cavalerie, sous Murat, à la poursuite de la grande-armée russe qui battait en retraite; le second corps sous Oudinot, et le troisième sous Ney, avec trois divisions du premier corps furent envoyés sur la Dwina pour le même service; ce qui composait une force trop considérable pour que l'armée de Barclay de Tolly pût s'y opposer. Sur la droite de l'armée, le roi de Westphalie reçut ordre de pousser le prince Bagration, et de le rejeter sur l'armée de Davoust, qui devait s'avancer de flanc et d'arrière. On concluait que Bagration, séparé de la Grande-Armée, et attaqué en même temps par Jérôme et par Davoust, devrait nécessairement se rendre, ou serait écrasé.

Ayant ainsi détaché des forces très supérieures contre les deux seules armées russes qui lui fussent opposées, Buonaparte lui-même, avec ses gardes, l'armée d'Italie, celle de Bavière, et trois divisions du corps d'armée de Davoust, était libre de marcher en avant sur Witepsk, en occupant l'intervalle entre le corps de Murat, qui suivait les traces d'Alexandre et de Barclay de Tolly, et celui de Davoust, qui poursuivait Bagration. En avançant ainsi sur un terrain où nulle force ennemie ne s'opposait à lui, Napoléon aurait pu pénétrer entre les deux armées russes à chacune desquelles une armée supérieure était opposée; s'ouvrir un chemin entre elles, occuper Witepsk, menacer en même temps Saint-Pétersbourg et Moscou, ou, s'il se décidait à marcher contre cette dernière capitale, s'avancer jusqu'à Smolensk. Ségur nous assure que Buonaparte avait formé ce plan de campagne à Wilna le 10 juillet, mais il était alors trop tard pour le mettre à exécution. Cependant une autre semaine fut encore perdue à Wilna. Chacun semble avoir remarqué une lenteur extraordinaire dans les mouvemens de Napoléon en cette occasion importante, et Ségur l'attribue à un dépérissement physique prématuré, dont pourtant on ne voit aucune trace dans les campagnes de 1813 et 1814. Mais le désordre terrible d'une armée, les malades et les traîneurs qui remplissaient la Lithuanie, et l'immensité de cette armée, exigeaient un temps considérable pour la reformer et la réorganiser; et ce malheur, inhérent à l'entreprise, suffit seul pour expliquer la halte de Wilna.

Cependant Bagration, dans une situation précaire, se défendit avec autant d'habileté que de bravoure. La route directe de Drissa lui étant interdite, son projet fut de faire sa retraite en arrière du côté de l'est, au lieu de marcher vers le nord par son flanc droit, et de s'ouvrir ainsi un chemin vers la Dwina, soit par Ostrowno et Minsk, soit par la ville de Borizoff. Quand il aurait gagné les bords de la Dwina, Bagration se flattait de pouvoir opérer sa jonction avec la Grande-Armée, dont il était alors séparé d'une manière si effrayante. La force actuelle de son armée était cependant augmentée, non seulement par l'hettmann Platoff et ses cosaques, qui étant avancés au sud-ouest jusqu'à Grodno, faisaient dans le fait partie des troupes sous les ordres de Bagration, et l'aidèrent matériellement dans sa retraite; mais encore par la division du général Dorokhoff, qui, formant l'extrême gauche de la grande-armée russe; en avait été séparée pendant la retraite sur Drissa, par la marche des Français, et se trouvait par conséquent aussi en communication avec Bagration. Le prince pouvait alors avoir sous ses ordres de quarante à cinquante mille hommes.

Le terrain que Bagration avait à traverser était le plateau élevé de la Lithuanie, où prennent leur source les fleuves qui suivent diverses directions pour aller se jeter dans la mer Noire ou dans la Baltique. Le sol en est extraordinairement marécageux, et traversé par de longues chaussées, ce dont les Russes profitèrent pour se défendre contre les attaques de l'avant-garde de Jérôme. Mais tandis que Bagration luttait contre les ennemis qu'il avait de front, Davoust, ayant occupé tous les postes sur le flanc droit des Russes, et réussi à l'empêcher de prendre le chemin le plus court pour se rendre à Drissa, commença à lui couper la route plus détournée qu'il avait suivie du côté de l'est, en occupant la ville de Minsk, et les défilés par lesquels Bagration devait sortir de la Lithuanie, pour gagner Witepsk et la Dwina.

L'occupation de Minsk gêna considérablement la retraite de Bagration, au point que les Français pensèrent que si le prince russe n'avait pas été rejeté sur Davoust, et si son armée n'avait pas été anéantie, il ne fallait l'attribuer qu'au manque d'habileté et de hardiesse de Jérôme, roi de Westphalie, qui n'avait pas, disait-on, pressé les Russes avec assez de vigueur. Quoi qu'il en soit, coupable ou non de lenteur dans ses mouvemens, Jérôme, suivant la manière dont, comme chef de sa dynastie, Napoléon traitait les princes indépendans qu'il appelaït à la souveraineté, fut renvoyé disgracié dans ses domaines de Westphalie, sans être même accompagné par un de ses gardes, auxquels Napoléon avait assez de besogne à donner.

Plusieurs escarmouches, dont l'événement fut douteux, eurent lieu entre le corps de Bagration et les troupes qui lui étaient opposées. Platoff et ses cosaques remportèrent plus d'un succès distingué sur la cavalerie des Polonais, qui, malgré leur courage impétueux, ne connaissaient pas encore bien la guerre de partisans, qu'on disait être le métier naturel des Scythes modernes. Pendant ce temps Bagration, continuant ses efforts pour tirer d'embarras son armée, fit une autre marche détournée vers le sud, et évitant les troupes qui le poursuivaient, il effectua le passage de la Bérésina à Bobruisk. Le Dniéper, autrefois le Borysthène, était un autre obstacle à surmonter ; et pour regagner le terrain qu'il avait perdu, Bagration remonta ce fleuve jusqu'à Mohiloff. Là il se trouva encore prévenu par Davoust, qui fut également surpris, quoique moins désagréablement, en se voyant en face de Bagration prêt à s'ouvrir un chemin les armes à la main. Le combat fut d'abord à l'avantage des Russes, mais ils furent enfin repoussés et perdirent la bataille, quoique sans en souffrir beaucoup, mais très contrariés de cet échec. Voyant ainsi manquer son entreprise, Bagration, avec une activité infatigable, changea encore une fois sa ligne de retraite, descendit le Dniéper jusqu'à Nevoi-Bikoff; le passa en cet endroit, gagna l'intérieur de la Russie, et eut le moyen de se mettre en communication avec la grande-armée russe, dont il avait été si près d'être coupé.

C'était certainement un événement nouveau dans l'histoire des guerres de Napoléon, que de voir les opérations de deux grandes armées françaises déconcertées par les manœuvres d'un général étranger. Et cependant, c'était ce qui venait d'arriver : car, en admettant que les Russes avaient primitivement commis la grande faute d'étendre leur ligne à une trop grande distance de Drissa, le point d'union projeté; et quoique, par suite de cette faute, l'armée de Bagration eût couru grand risque d'être coupée, cependant les manœuvres par lesquelles il rendit inutiles les efforts de l'ennemi, en tirant sa propre armée d'un mauvais pas, prouvèrent la supériorité des talens militaires de ce général, et l'excellente discipline de ses soldats.

Revenons à la grande-armée commandée par l'empereur Alexandre, ou pour mieux dire par Barclay de Tolly, qui, quoique pressée par Murat à la tête de la plus grande partie de la cavalerie française, par Oudinot, et par Ney, tous impatiens de combattre, fit avec succès une retraite régulière jusqu'au camp retranché de

Drissa, point sur lequel il avait été décidé que l'armée russe se concentrerait. Les troupes françaises, d'une autre part, s'approchèrent de la rive gauche de la Dwina; cette rivière forma la ligne de séparation des armées ennemies, et il ne s'y passa que des actions partielles entre des corps détachés, avec des succès variés. Mais le général russe Wittgenstein, qui commençait à se distinguer par sa conduite et son esprit entreprenant, observant que l'avant-garde de la cavalerie de Sébastiani avait occupé avec peu de précaution la ville de Drissa, traversa la rivière à l'instant où l'ennemi ne s'y attendait pas, pendant la nuit du 2 juillet, attaqua les quartiers de Sébastiani, et remporta un succès complet dans l'escarmouche qui s'ensuivit. Des entreprises semblables indiquent un caractère ferme et énergique; Napoléon commença à ouvrir les yeux sur les difficultés qui commençaient pour lui, et sur la nécessité d'avoir recours aux ressources de son génie dans cette campagne.

Cependant Barclay de Tolly se décida à changer de plan, quand il apprit le danger auquel le prince Bagration était exposé. Le camp de Drissa devint un point de jonction trop éloigné, et il y avait tout à craindre que le corps entier de l'armée française, qui se mettait alors en mouvement ne forçât le passage de la Dwina à Witepsk, beaucoup plus haut que Drissa, et tournant ainsi le flanc gauche de Barclay de Tolly, ne le séparât entièrement du corps d'armée de Bagration. Dans cette crainte, Barclay de Tolly évacua le camp, et commença à remonter la rive droite de la Dwina, par Polotsk, du côté de Witepsk. Ce mouvement décrivait une ligne qui convergeait avec celle de la retraite de Bagration, et il servit essentiellement à favoriser la jonction désirée des deux armées russes. Wittgenstein fut laissé près de Drissa pour observer l'ennemi, et couvrir la route de Saint-Pétersbourg. L'armée arriva d'abord à Polotsk, et l'empereur Alexandre la quitta pour se rendre à la hâte à Moscou, afin de recommander les mesures énergiques et les sacrifices pénibles que la circonstance exigeait. Barclay de Tolly continua sa marche sur Witepsk, espérant se mettre en communication avec Bagration, à qui il avait envoyé ordre de descendre le Dniéper, jusqu'à Orcsa (ou Orcha), qui est à environ cinquante-six verstes de Witepsk.

A cette époque, Napoléon dirigeait sur le même point de Witepsk toutes les forces qu'il avait en réserve, autant inquiet d'empêcher la jonction des deux armées russes, que Barclay de Tolly l'était d'exécuter ce mouvement important. Si Napoléon se fût mis en marche plus tôt, on ne peut douter que, partant de Wilna, il n'eût atteint la position contestée avant que Barclay eût pu y arriver en remontant la Dwina depuis Drissa. En quittant Wilna le 4, il aurait aisément atteint Witepsk le 20, et là il se serait trouvé avec une armée d'élite de cent vingt mille hommes, sans un ennemi en face de lui, placé entre deux armées dont chacune était poursuivie par des forces supérieures, et ayant leurs flancs et leurs communications à sa merci. Au lieu de cette position avantageuse, Buonaparte trouva en front la grande-armée russe dans une situation où il n'était pas facile de la forcer au combat, quoique des escarmouches vives et sanglantes eussent lieu entre la cavalerie des deux armées.

De son côté, Barclay n'était rien moins qu'à son aise. Il était sans nouvelles de Bagration, qu'il attendait par la route d'Orcsa; et, plutôt que de l'abandonner à son destin par une retraite, il forma, le 14 juillet, la résolution presque désespérée de risquer une action générale contre des forces très supérieures, commandées par Napoléon; mais comme il venait de faire ses dispositions pour la bataille, un aide-de-camp du prince lui apporta des nou-

velles qui le firent changer de résolution à
sa grande joie. L'échec que Bagration avait
éprouvé à Mohiloff l'avait obligé, comme nous
l'avons déjà dit, à changer sa ligne de retraite,
qui se dirigeait alors sur Smolensk. Renonçant
aussitôt à son projet de bataille, Barclay de
Tolly battit lui-même en retraite vers le même
point, arriva le 20 à Smolensk, et y fut joint
par Bagration deux jours après. Le résultat de
ces manœuvres avait été un désappointement
complet pour l'empereur des Français. Les
deux armées russes s'étaient réunies sans avoir
éprouvé aucune perte matérielle, et s'étaient
placées en ligne de communication. Aucune
bataille n'avait été livrée; et quoique Napoléon se fût emparé du camp fortifié de Drissa,
et ensuite de la ville de Witepsk, ce n'étaient
que des positions que l'ennemi n'avait plus intérêt à conserver.

Les maréchaux et les généraux qui entouraient Napoléon commencèrent à désirer qu'il
terminât à Witepsk la campagne de cette année; et ils espérèrent que, mettant ses troupes
en quartiers d'hiver sur les bords de la Dwina,
il y attendrait des approvisionnemens et l'effet
de l'influence que pourrait avoir son invasion
sur l'esprit des Russes, jusqu'au printemps suivant. Mais Buonaparte traita cet avis avec

mépris, et demanda à ceux qui s'y montraient favorables, s'ils pensaient qu'il ne fût venu si loin que pour conquérir quelques misérables huttes. Si donc il songea jamais sérieusement à s'établir en quartiers d'hiver à Witepsk, ce que Ségur affirme et ce que Gourgaud nie positivement, ce ne put être qu'une idée passagère. Dans le fait, son orgueil devait se révolter à la seule pensée de s'entourer de redoutes et de retranchemens au milieu de l'été, et d'avouer son état de faiblesse à toute l'Europe, en s'arrêtant tout à coup au milieu d'une campagne dans laquelle il avait perdu un tiers de la portion active de sa Grande-Armée, sans avoir livré une bataille générale, encore moins sans avoir remporté une victoire décisive.

Cependant les Russes, voyant leurs deux ailes réunies, et au nombre de cent vingt mille hommes, n'étaient pas disposés à rester dans l'inaction. L'armée française, à Witepsk, était beaucoup plus dispersée que la leur, et ils conçurent le projet de surprendre Napoléon par un mouvement subit avant qu'il eût pu concentrer ses troupes. Dans cette vue, le général Barclay de Tolly fit marcher une partie considérable de la grande-armée sur Rudneia, position qui était environ à mi-chemin entre Witepsk et Smolensk, et qui formait à peu près le centre des lignes françaises. La marche commença le 26 juillet ; mais le lendemain, Barclay de Tolly reçut de ses avant-postes des avis qui le portèrent à croire que Napoléon fortifiait son flanc gauche dans le dessein de tourner l'aile droite des Russes, et d'attaquer la ville de Smolensk sur leurs derrières. Pour prévenir cet accident, Barclay de Tolly suspendit sa marche de front, et, par un mouvement de flanc, commença à étendre son aile droite, afin de couvrir Smolensk. Cette erreur, car c'en était une, fut cause que son avant-garde, qui n'avait pas été informée de ce changement de plan, se trouva en quelque danger à Inkowo, place située à environ deux verstes de Rudneia : cependant Platoff eut l'avantage dans l'escarmouche de cavalerie qui s'ensuivit. Le général russe, par suite de l'étendue donnée à son flanc, découvrit qu'il n'y avait pas de forces françaises sur sa gauche, et il reprit son premier plan de presser les Français à Rudneia. Mais tandis que Barclay de Tolly perdait ainsi quatre jours en marches et contre-marches inutiles, il apprit enfin que la plus prompte retraite sur Smolensk serait indispensable pour qu'il évitât le danger qu'il avait véritablement appréhendé, quoiqu'il se fût mépris sur le côté d'où ce danger devait se présenter.

Tandis que Barclay de Tolly concevait l'espérance de surprendre Napoléon, celui-ci avait formé un projet d'une nature singulièrement audacieuse, pour effectuer la surprise dont il avait été lui-même menacé. Sans laisser suspendre l'exécution de son plan par l'escarmouche qui avait eu lieu sur son front, il résolut de changer entièrement sa ligne d'opérations de Witepsk sur la Dwina, de concentrer son armée sur le Dniéper, en faisant d'Orcsa le point central de ses opérations ; et tournant ainsi la gauche des Russes au lieu de la droite, comme Barclay l'avait cru, il espérait gagner leurs derrières, s'emparer de Smolensk, et agir sur leurs lignes de communication avec Moscou. Dans ce dessein Napoléon retira ses forces de Witepsk et de la ligne de la Dwina, avec autant d'habileté que de promptitude, et en jetant quatre ponts sur le Dniéper, il le fit traverser par Ney, le vice-roi d'Italie, et Davoust ; le roi de Naples les accompagna à la tête de deux grands corps de cavalerie; Poniatowski et Junot s'avancèrent par différentes routes pour soutenir ce mouvement. Ney et Murat, qui commandaient l'avant-garde, firent tout plier devant eux jusqu'à leur arrivée, le 14 août, près de Krasnoi, où une action remarquable eut lieu. Cette manœuvre, qui transporta la ligne d'opérations de

Buonaparte de la Dwina au Dniéper, a été fort
admirée par les tacticiens français et russes,
mais elle n'a pas échappé à la critique militaire. [1]

Le général de Newerowskoi avait été posté
à Krasnoi, avec plus de six mille hommes, faisant partie de la garnison de Smolensk, d'où on
l'avait fait partir pour faire une forte reconnaissance ; mais, attaqué par un corps d'infanterie
plus fort que le sien, et en outre par dix-huit
mille hommes de cavalerie, le général russe se
mit en retraite sur la route de Smolensk. L'espace qui l'en séparait était un terrain plat, découvert et favorable à une attaque de cavalerie.
Murat, qui conduisait la poursuite, et qui, à l'air
et au costume qu'il affectait d'un chevalier de
roman, joignait l'intrépidité bouillante nécessaire
pour en bien jouer le rôle, envoya quelques
escadrons légers pour l'inquiéter en front, tandis
qu'avec sa cavalerie pesante il harcelait les
flancs de son ennemi et tonnait sur son arrière-
garde. Pour ajouter aux difficultés des Russes,
leurs colonnes étaient composées de recrues qui
n'avaient pas encore vu le feu, et qu'on aurait
pu s'attendre à voir reculer devant une charge
furieuse de cavalerie. Ils se conduisirent pour-

[1] Voyez l'*Appendice* de ce volume.

tant avec bravoure, et profitèrent d'une double rangée d'arbres qui borde la route de chaque côté jusqu'à Smolensk pour rendre efficace leur propre mousqueterie, et pour se défendre contre les charges répétées de la cavalerie française. Newerowskoi, protégeant sa retraite par un feu bien soutenu, et combattant comme un lion, arriva à Smolensk, après avoir perdu quatre cents hommes, principalement dans les charges de cavalerie, et cinq pièces de canon, mais recevant de ses ennemis, comme de ses amis, les suffrages d'estime dus à un mouvement conduit avec autant de talent que de bravoure.

Le 14 août, le jour même de cette escarmouche, Napoléon arriva à Rasassina, sur le Dniéper, et il continua, le 15, sa marche vers Smolensk, en arrière de Ney et de Murat. Pendant ce temps, le prince Bagration jeta le général Raefskoi dans Smolensk, avec une forte division, pour renforcer Newerowskoi, et s'avança lui-même vers le Dniéper, sur la rive gauche duquel il marcha avec toute la rapidité possible pour s'approcher de la ville menacée. Barclay de Tolly reconnut alors, comme nous l'avons déjà dit, que, tandis qu'il s'occupait de fausses manœuvres sur sa droite, sa gauche avait été tournée, et que Smolensk était dans le plus grand danger. Ainsi les deux généraux russes arrivaient à la hâte de différens points pour secourir cette ville, tandis que Napoléon faisait tous ses efforts pour l'emporter avant leur arrivée.

Smolensk, ville importante dans l'empire, et honorée, comme Moscou, du nom de sacrée ou sainte, et du titre de clef de la Russie, contient environ douze mille six cents habitans. Elle est située sur les hauteurs de la rive gauche du Dniéper, et elle était alors entourée de fortifications de l'ancien genre gothique. Un vieux mur, ruiné en quelques endroits, était défendu par une trentaine de tours qui semblaient en flanquer les créneaux, et il y avait un ouvrage mal exécuté, appelé le Bastion Royal, qui servait comme d'une espèce de citadelle. Cependant les murs ayant dix-huit pieds d'épaisseur sur vingt-cinq de hauteur, et étant bordés par un fossé assez profond, la ville, quoique impossible à défendre contre une attaque régulière, était en état de résister à un coup de main. Le plus grand inconvénient venait des faubourgs de la place, qui, attenant aux remparts, mettaient les assaillans à l'abri du feu des assiégés quand ils en approchaient. Raefskoi, à la tête d'environ seize mille hommes, se disposa à défendre Smolensk, et il fut renforcé, le 16 août, par une division de grenadiers sous le prince Charles de Mecklembourg, que Bagration détacha à cet effet.

Ney arriva le premier sous les murs de la ville, et commença à l'instant même l'attaque de la citadelle. Il échoua complétement, fut blessé lui-même, et les deux tiers des assaillans furent coupés. Une seconde tentative ne réussit pas mieux, et enfin il fut obligé de borner ses efforts à une canonnade, que la place lui rendit avec autant de vivacité. Plus tard, dans la même journée, on vit s'avancer les troupes de Napoléon du côté de l'est, sur une rive du Dniéper, tandis que, presque au même instant, des nuages de poussière enveloppaient de longues colonnes qu'on voyait se mouvoir sur l'autre rive, et arriver de différens points avec une rapidité peu commune. C'était la grande-armée russe sous Barclay de Tolly, et les troupes de Bagration, qui marchaient à la hâte et avec inquiétude pour secourir Smolensk.

« Enfin, dit Napoléon en les voyant s'avancer de l'autre côté, enfin je les tiens! » Il ne doutait pas que le dessein des Russes ne fût de traverser la ville, de se déployer en avant des portes, et de lui offrir sous les murailles cette bataille générale qu'il désirait tant, et de laquelle tant de choses dépendaient. Il prit toutes les mesures nécessaires pour disposer sa ligne.

Mais le prudent Barclay de Tolly était bien décidé à ne pas mettre en danger le salut d'une armée si indispensable à la défense de l'empire, même pour protéger la ville sacrée. Il envoya à Ellnia son collègue plus impatient, le prince Bagration, qui aurait volontiers livré bataille, furieux, comme il l'était, de voir les villes de Russie saccagées, et son territoire dévasté, sans avoir la satisfaction que procurent la résistance ou la vengeance. Cependant Barclay entra dans Smolensk, mais uniquement pour couvrir la fuite des habitans et évacuer les magasins.

Les derniers regards de Buonaparte se portèrent sur les champs encore vides qui séparaient son armée de Smolensk. Rien n'annonçait que l'ennemi se disposât à en sortir. Murat prédit que les Russes n'auraient pas envie de combattre; Davoust fut d'un avis différent; et Napoléon, continuant à croire ce qu'il désirait, s'attendit à voir au point du jour les Russes rangés en bataille entre son armée et les murs de Smolensk. Le jour parut, et le terrain sur lequel il comptait voir l'ennemi était désert comme auparavant. Mais, d'une autre part, la grande route, sur l'autre rive du Dniéper, était couverte de troupes et d'artillerie, ce qui prouvait que la grande-armée russe était en pleine retraite. Courroucé d'être trompé dans son attente, Napoléon prit sur-le-champ des mesures pour l'assaut de la ville, voulant s'en emparer le plus tôt possible, afin de profiter du pont qui s'y trouvait pour traverser le Dniéper, et poursuivre les Russes dans leur fuite. Il y a des momens où des hommes d'une capacité ordinaire peuvent donner le meilleur avis. Murat fit remarquer à Buonaparte que les Russes s'étant retirés, Smolensk, abandonné à son destin, succomberait nécessairement sans qu'il fût besoin de s'exposer à la perte que pouvait occasionner un assaut; il alla même jusqu'à faire sentir assez clairement qu'il serait imprudent de pénétrer plus avant dans la Russie à cette époque de l'année. La réponse de Napoléon doit avoir été presque une insulte, car Murat s'étant écrié qu'une marche sur Moscou serait la destruction de l'armée, fit partir son cheval au galop, courut en désespéré vers les bords de la rivière, dans un endroit où l'artillerie russe établie sur l'autre rive, canonnait une batterie française, et s'y plaça sous un feu terrible, comme s'il eût cherché la mort. Ce ne fut pas sans peine qu'on parvint à l'éloigner de ce point dangereux.

Cependant l'attaque de Smolensk commença; mais cette place se défendit avec la même vigueur que la veille. L'artillerie de campagne ne pouvait suffire contre ses remparts, et les Français perdirent quatre ou cinq mille hommes en revenant à plusieurs reprises à l'assaut. Mais le succès de cette défense ne changea pas la résolution prise par Barclay de Tolly d'évacuer cette place. On aurait pu sans doute la défendre quelques jours de plus ; mais le général russe craignit qu'une résistance prolongée sur ce point avancé ne donnât le temps à Napoléon de s'assurer de la route de Moscou, de repousser les Russes sur les provinces stériles et épuisées du nord-est, et de se placer entre eux et l'ancienne capitale de la Russie. En conséquence, vers le milieu de la nuit, tandis que les Français jetaient quelques bombes dans la place, ils y virent des feux qui commençaient à s'allumer avec plus de rapidité et d'étendue que leur bombardement ne pouvait l'occasionner. C'était l'ouvrage des troupes russes, qui ayant achevé leur tâche d'évacuer ou de détruire les magasins, et de couvrir la fuite des habitans, leur avaient donné l'exemple terrible de brûler leur propre ville plutôt que de souffrir que les maisons et les murailles fussent de quelque utilité à leurs ennemis.

Quand les Français entrèrent dans Smolensk, ce qu'ils firent le lendemain matin, 18 août, une grande partie de la ville, dont la plupart des maisons étaient construites en bois, était encore en proie aux flammes, et ils ne trouvèrent partout que du sang et des cendres. Les soldats français furent saisis d'horreur en voyant l'animosité invétérée des Russes, et la résistance désespérée qui leur était opposée; tous commencèrent à désirer la fin d'une guerre où l'ennemi qui se retirait ne leur laissait qu'une perspective de longues marches, à travers des déserts inhospitaliers, des marécages et des forêts de pins; sans provisions, sans abris, sans hôpitaux pour les malades, sans avoir de quoi panser les blessés, sans un hangar sous lequel le soldat épuisé pût se reposer et le blessé mourir.

Buonaparte hésita lui-même; et l'on assure qu'il parla alors de terminer la campagne à Smolensk, qui serait, dit-il, une excellente tête de cantonnemens. « Là, ajouta-t-il, les troupes pourraient se reposer et attendre des renforts. On avait fait assez de choses pour une campagne. La Pologne était conquise, ce qui semblait un résultat suffisant pour une année. L'année suivante, ils auraient la paix, où ils iraient la chercher à Moscou. » Mais dans l'intérieur de ses conseils, il tenait un langage tout différent, et cherchait à couvrir des dehors de la prudence le caractère orgueilleux et opiniâtre qui ne lui permettait pas de s'arrêter

tout à coup dans une entreprise où il trouvait
la fortune encore si avare pour lui de la gloire.
Il insista auprès de ses généraux sur l'état d'é-
puisement du pays, dans lequel ses soldats vivaient au jour le jour; sur les difficultés qu'on
éprouverait, et les risques qu'il faudrait courir
pour faire venir des approvisionnemens de
Dantzick et de la Pologne, par les mauvaises
routes de Russie et pendant l'hiver. Il fit valoir
l'état de désorganisation de l'armée, qui pouvait
avancer, quoiqu'elle fût incapable de s'arrêter.
« Le mouvement, dit-il, pouvait en maintenir
l'ensemble; une halte ou une retraite en opére-
rait la dissolution. C'était une armée d'attaque,
et non de défense; une armée d'opération, et
non de position. Il en résultait qu'il fallait marcher sur Moscou, s'en emparer, et là dicter la
paix. »

Le langage que Ségur a placé dans la bouche
de l'Empereur n'exagère nullement la situation fâcheuse de l'armée française. Quand Napoléon était entré dans le pays, seulement six
semaines auparavant, le corps qui formait son
armée d'opération montait à deux cent quatre-
vingt-dix-sept mille hommes, et le 5 août, quand
il se préparait à partir de Witepsk, il n'en avait
plus que cent quatre-vingt-cinq mille; c'est-à-dire
moins des deux tiers du nombre primitif, et il

avait souffert d'autres grandes pertes dans les mouvemens et les rencontres qui avaient eu lieu sur le Dniéper. Les blessés de l'armée étaient dans l'état le plus déplorable; et c'était en vain que les chirurgiens employaient leur propre linge à les panser. Ils étaient aussi obligés de se servir de parchemin, et de l'espèce de duvet que produit le bouleau. On ne doit donc pas être surpris si peu de blessés guérirent.

On peut conclure que cette entreprise téméraire portait avec elle, dès l'origine, des germes de destruction qui (même sans l'incendie de Moscou et le climat de la Russie, quoique cette dernière considération eût dû, dans tous les cas, entrer dans les calculs) rendaient cette expédition semblable à celle de Cambyse en Égypte, à celle de Crassus, ou plus tard, à celle de Julien contre les Parthes, et à tant d'autres de même nature, où d'immenses préparatifs ne servirent qu'à rendre l'échec plus signalé.

Tandis que l'armée française souffrait ainsi une diminution graduelle, ou plutôt rapide, celle des Russes recevait nécessairement des renforts. L'empereur Alexandre, après avoir quitté l'armée pour se rendre à Moscou, avait convoqué les diverses assemblées des nobles et des commerçans de cette capitale, leur avait annoncé son intention bien prise de ne jamais faire la paix, tant qu'il resterait un Français en Russie, et avait reçu des deux ordres de l'État les assurances, données avec enthousiasme, qu'ils dévoueraient à sa cause leur vie et leur fortune. Une somme considérable fut votée par les commerçans à titre de contribution générale, et ils ouvrirent en outre une souscription volontaire, qui fut aussi productive. La noblesse offrit une levée de dix hommes sur cent dans tous ses domaines; quelques uns de ces riches boyards se chargèrent d'armer et d'équiper leurs recrues à leurs frais; et il y en eut même qui levèrent à leurs dépens des compagnies et des bataillons. Le mot paix ne fut pas prononcé, et si l'on y songea ce ne fut que pour se dire qu'on ne pouvait la conclure sans un déshonneur ineffaçable pour la Russie, avec un ennemi qui avait envahi son territoire.

D'autres circonstances, qui se passèrent à l'extérieur, ajoutèrent considérablement à l'effet de ces efforts patriotiques.

La paix avec l'Angleterre, et le rétablissement du commerce, furent la suite immédiate de la guerre avec la France. La Russie reçut tout l'appui que put lui donner la diplomatie britannique, pour se réconcilier avec la Suède, et faire la paix avec la Turquie. Le premier traité ayant été conclu par la médiation de l'Angleterre, et le prince royal étant assuré de la possession de la Norwége, l'armée russe sous le général Steigenteil ou Steingel, qui était nécessairement retenue en Finlande, tant qu'on pouvait douter des dispositions amicales de Bernadotte, devint disponible, et put être appelée au service plus pressant de défendre l'empire.

Une paix encore plus importante fut faite le 16 mai avec les Turcs, à Bucharest. La Porte céda à la Russie la Bessarabie et la partie de la Moldavie située sur la gauche du Pruth, et la Russie renonça à toute prétention sur le reste des deux provinces de Moldavie et de Valachie. Mais le grand avantage que trouva la Russie à ce traité, fut de rendre la liberté d'agir à une armée de quarante-cinq mille vétérans, et d'en faire une force disponible sur les derrières des troupes françaises.

Si l'homme d'État habile, chargé alors du département des affaires étrangères dans la Grande-Bretagne [1], n'avait jamais rendu à son pays et au monde d'autre service que celui de l'influence qu'il exerça avec succès dans ces deux négociations importantes, il n'en aurait pas moins dû passer à la postérité, comme le ministre qui

---

[1] Lord Castlereagh.

avait su trouver, dans le moment le plus critique, le moyen de fortifier la Russie, et de combattre ces ennemis formidables qui l'avaient
envahie; et ce fut, en effet, ce qui contribua
surtout à faire pencher la balance en sa faveur.

Ce fut à Witepsk que Napoléon apprit que
les Turcs avaient fait la paix. Cette nouvelle
ne fit que le porter à accélérer ses mesures
contre Smolensk, et la même raison le détermina à continuer sa marche sur Moscou. Jusqu'alors ses ailes avaient eu l'avantage sur l'ennemi. Macdonald, en bloquant Riga, tenait
toute la Courlande à sa disposition, et alar-
mait Saint-Pétersbourg. Plus au sud, Saint-
Cyr avait eu plusieurs affaires avec Wittgenstein, et après un combat sérieux à Polotsk, il
avait réduit cet officier à se tenir sur la défensive.

Des nouvelles également favorables étaient
arrivées de Valrynia, extrême droite de la terrible ligne d'invasion. Le général russe Tormasoff avait paru dans le grand-duché à l'instant où l'on s'y attendait le moins; il avait
chassé devant lui Reynier, qui couvrait cette
partie de la Pologne, anéanti une brigade
saxonne et alarmé Varsovie. Mais Reynier se
joignit au général autrichien Schwartzenberg,
marcha contre Tormasoff, l'attaqua près d'un en-

droit nommé Gorodeczna, le défit avec perte, et le força à battre en retraite. Il était pourtant évident que l'avantage des deux victoires remportées à Polotsk et à Gorodeczna, serait entièrement perdu, si le général Steingel, avec l'armée de Finlande, joignait Wittgenstein, tandis que Tormasoff marcherait en arrière pour s'unir à l'armée de Moldavie, commandée par l'amiral Tchitchakoff.

Se mettre en cantonnemens à Smolensk, pour attendre, dans un pays dévasté, les conséquences de ces jonctions, qui paraissaient pouvoir détruire ses deux ailes, c'eût été de la part de Napoléon une résolution désespérée; c'eût été paraître dépendre du destin, auquel il avait été habitué à commander. Marcher en avant était une mesure hardie; mais l'armée française, dans son état de désorganisation, ressemblait assez à un homme ivre, qui possède encore le pouvoir de courir, quoiqu'il soit incapable de se soutenir s'il reste en repos. Si Napoléon pouvait frapper un coup décisif sur la grande-armée russe; s'il pouvait se mettre en possession de Moscou, la ville sacrée, il comptait jeter la consternation dans le cœur d'Alexandre, et dicter au Czar, comme il l'avait fait à bien d'autres princes, des conditions de paix dans son propre palais. Buonaparte résolut

donc de marcher sur Moscou. Et dans les circonstances où il se trouvait, il n'avait peut-être
rien de mieux à faire, à moins d'abandonner
toute son entreprise et de retourner en Pologne, ce qui aurait été avouer une défaite; hu-
miliation à laquelle il est difficile de croire qu'il
eût pu se résoudre, tant qu'il était encore à la
tête d'une armée.

CHAPITRE X.

Napoléon envoie Murat et d'autres généraux à la poursuite des Russes. — Affaire sanglante, mais indécise, à Valoutina. — Le système défensif de Barclay de Tolly est abandonné, et Koutousoff appelé au commandement en chef de l'armée russe. — Napoléon part de Smolensk. — Bataille de Borodino, livrée le 5 septembre. — La victoire se déclare pour les Français, mais sans aucun résultat important pour eux. — Le prince Bagration est au nombre des morts. — Koutousoff se retire sur Mojaïsk, et de là sur Moscou. — Napoléon continue à avancer le 12. — Le comte Rostopchin, gouverneur de Moscou : — son caractère. — Les Russes abandonnent Moscou, qui est évacué par les habitans, après qu'on en a retiré les archives, le trésor public, et vidé les magasins. — Le 14 septembre, la grande-armée russe traverse Moscou. — Dernière cour publique de justice qu'y tient Rostopchin, avant de suivre la marche de l'armée.

Sans communiquer son dessein de partir lui-même de Smolensk, et d'achever sans aucun délai sa grande entreprise, Napoléon ne manqua pas de détacher Murat, Ney, Junot et Davoust à la poursuite des Russes qui battaient en retraite. Mais, ou son parti n'était pas encore bien pris, ou il ne voulait pas faire connaître sa détermination; car il représenta cette mesure comme étant simplement le résultat du désir qu'il avait de presser la retraite des Russes, quoique, dans le fait, elle fût le préliminaire de son propre départ.

Barclay de Tolly ayant accompli le devoir rigoureux de brûler Smolensk, s'était retiré pendant deux ou trois milles par la route de Saint - Pétersbourg, qu'il avait choisie afin d'éviter une canonnade de la rive gauche du Dniéper. Ayant marché quelque temps dans cette direction, il tourna ensuite vers le sud pour regagner la route de Moscou, qu'il aurait prise d'abord, si elle n'avait pu lui faire éprouver quelque perte, en l'exposant au feu de l'artillerie ennemie qui bordait la rivière. Les Français furent quelque temps sans savoir de quel côté ils devaient poursuivre les Russes. Enfin ayant trouvé leurs traces, ils atteignirent l'arrière-garde, encombrée de canons et de bagages, à un endroit nommé Valoutina. Une affaire désespérée y eut lieu, les Russes envoyant des renforts à leur arrière-garde, à mesure que les Français faisaient avancer de nouveaux corps pour l'attaquer. On combattit avec opiniâtreté de part et d'autre, et le général français Gudin, militaire distingué, y fut blessé mortellement. Les Français blâmèrent Junot, qui, ayant reçu ordre de passer le Dniéper, ne fit pas preuve de promptitude en s'avançant pour charger l'ennemi. Dans le fait, on vit dans cette affaire de Valoutina ou de Lombino, que les maréchaux et les officiers supérieurs qui avaient été accoutumés à commander un corps d'armée séparé, n'aimaient pas à recevoir des ordres ou des avis, ni même à profiter d'une idée que leur donnait un collègue du même rang. Partout où il se trouvait en campagne deux ou trois de ces dignitaires, il fallait que Buonaparte fût à portée pour transmettre les ordres nécessaires; car nulle autre voix que celle de l'Empereur ne pouvait obtenir une pleine obéissance.

Cependant, l'action sanglante de Valoutina eut un résultat peu satisfaisant. Les Russes, dont l'arrière-garde avait été attaquée, se retirèrent sans perte d'artillerie ni de bagage, et sans laisser de prisonniers. Le nombre des morts avait été égal de part et d'autre; mais le temps approchait où les Russes allaient avoir la supériorité du nombre, et alors une perte égale était un avantage réel pour le parti dont les ressources étaient moins éloignées.

Jusqu'alors on avait scrupuleusement suivi le plan de Barclay de Tolly. On avait évité avec soin toute affaire générale, sans négliger aucun moyen pour affaiblir l'ennemi par des actions partielles, l'attirer de marécage en marécage et d'incendie en incendie; enfin le faire passer d'un territoire sauvage et dévasté

sur un terrain non moins désert. On avait, en
grande partie, atteint le but qu'on se proposait,
de miner la force de l'armée d'invasion, et d'a-
battre le courage moral des soldats; ils marchaient comme des gens endormis, à qui il
semble qu'on oppose une résistance qui les
oppresse et les étouffe, mais qui ne sauraient
rencontrer aucun corps qui puisse devenir
l'objet d'une lutte et d'un triomphe. Si Barclay
de Tolly avait commis quelques fautes en donnant trop d'étendue à sa ligne au commencement de la campagne, et ensuite par ses faux
mouvemens sur Rudneia, il les avait bien répa-
rées par ses manœuvres devant Smolensk, et
par les avantages qu'il avait remportés sur
l'ennemi en plusieurs autres occasions. Mais
on approchait de Moscou la Grande, la ville
sainte, et les conseils militaires de la Russie
allaient changer de caractère.

L'esprit des Russes, et surtout celui des nouvelles levées, était de plus en plus exaspéré par
une retraite qui semblait ne pas avoir de fin,
et par un système de défense qui ne paraissait
consister qu'à faire souffrir au pays, par le passage des cosaques et des Tartares, dont les dévas-
tations étaient peut-être le plus grand mal qu'on
eût à craindre des Français. L'ardeur naturelle
de ces nouvelles levées, leur confiance, leur

désir de combattre pour la cause en faveur de laquelle elles portaient les armes, les firent révolter contre une retraite si prolongée; elles demandèrent hautement une halte et une bataille sous un général russe, plus intéressé, comme on supposait qu'il devrait l'être, à la défense du pays, qu'un étranger, un Allemand. L'Empereur, presque seul, persista à adhérer à l'opinion de Barclay de Tolly. Mais il ne pouvait fermer l'oreille aux voix réunies de son peuple et de son conseil militaire. Les causes politiques qui exigeaient une grande bataille pour défendre Moscou étaient puissantes et nombreuses, et elles l'emportèrent sur les raisons militaires, qui recommandaient certainement de ne pas courir une chance si effrayante.

L'empereur Alexandre sacrifia donc son opinion personnelle à la nécessité. Le général Koutousoff, officier d'une haute réputation parmi les Russes, fut appelé du corps qui avait été employé sur le Danube contre les Turcs, pour prendre le commandement en chef de la grande-armée; et l'on doit dire, au grand honneur de Barclay de Tolly, que, quoique déchu ainsi de son rang, il continua à servir avec autant de zèle que de fidélité dans un poste subalterne.

Les Français ne furent pas long-temps sans apprendre que le plan de guerre de leur ennemi allait changer, et que le nouveau général russe allait leur livrer cette bataille qu'ils désiraient depuis si long-temps. Buonaparte, qui s'était arrêté six jours à Smolensk, en partit le 24 août, et s'empressa de joindre l'avant-garde de son armée à Gjatz. On y trouva un Français qui avait demeuré long-temps en Russie, et l'on apprit de lui que Koutousoff avait été investi du commandement en chef de l'armée ennemie, et qu'il y avait été appelé dans le dessein exprès de livrer bataille aux Français. Cette nouvelle fut confirmée par les manières d'un officier russe qui vint, sous quelque prétexte, avec un dra-peau parlementaire, mais probablement pour reconnaître l'état de l'armée française. Ce mili-taire avait un air de menace, et quand un gé-néral français lui demanda ce qu'on trouverait entre Wiazma et Moscou, il répondit fière-ment : « Pultawa. » Il n'y avait donc aucun doute qu'une bataille ne fût très prochaine.

Mais les troupes de Buonaparte étaient encore dans une telle confusion, qu'il fut obligé de s'ar-rêter deux jours à Gjatz pour réunir son armée et lui donner du repos. Il arriva au lieu qui de-vait être le champ de bataille, une plaine élevée nommée *Borodino*, où les Russes avaient tracé leurs lignes et établi leurs batteries.

L'armée française se présenta devant eux le

5 septembre, ayant employé dix-sept jours à faire deux cent quatre-vingts verstes. Sa première opération fut une attaque qui réussit, contre une redoute sur le front des Russes, mais qui, faute grave à la guerre, en était trop éloignée pour pouvoir être efficacement soutenue : les Français l'emportèrent et s'y maintinrent. Les armées restèrent en présence toute la journée suivante, faisant leurs préparatifs pour la bataille prochaine. Les Russes avaient encore fortifié, par des travaux formidables, une position naturellement forte. Leur flanc droit était appuyé sur un bois couvert par quelques retranchemens détachés. Un ruisseau qui occupait dans son cours un profond ravin, couvrait le front de l'aile droite et le centre de la position jusqu'à la rivière de Borodino. De ce village, la gauche s'étendait jusqu'à un autre village nommé Semoneskoie, qui est plus découvert, mais dont le front est pourtant protégé par des ravins et des buissons. Ce point, comme étant le plus accessible, avait été soigneusement défendu par des redoutes et des batteries ; et au centre de la position, sur une petite hauteur, s'élevait une sorte de double batterie, comme une citadelle, pour protéger toute la ligne.

C'était dans cette forte position que se trouvait l'armée russe, alors égale en nombre à celle

des Français, chacune des deux armées pouvant
être d'environ cent vingt mille hommes. Elle était
commandée par un vieux général, circonspect,
opiniâtre dans ses projets, et rusé, comme Napoléon le reconnut ensuite à ses dépens, mais
qui du reste n'était peut-être pas distingué par
de très grands talens militaires. L'armée sous
ses ordres ne se composait que d'une seule nation, ne parlait qu'une seule langue ; elle savait
que la bataille qui allait être livrée, avait été
accordée à ses désirs hautement exprimés, et
elle était déterminée à ne pas démentir, pendant
l'action, le courage avec lequel elle l'avait de-
mandée.

L'armée française, au contraire, était composée de nations diverses, mais c'étaient des
soldats d'élite, à peu près acclimatés, et qui
avaient survécu à tous les dangers d'une marche
désastreuse. C'étaient les vétérans des vainqueurs de l'Europe. Ils étaient commandés par
Napoléon en personne, et, sous ses ordres immédiats, par ces généraux dont la gloire militaire n'était éclipsée que par la sienne. Indépendamment du sentiment intime de leur supériorité dans l'action, sentiment que l'ennemi
semblait partager, d'après le soin avec lequel
il s'était couvert de retranchemens, les Français
avaient devant eux la perspective d'une des-

truction complète s'ils étaient vaincus dans un pays où il était si difficile d'avancer, même en obtenant des succès, et d'où il serait certainement impossible de faire une retraite en cas d'une défaite. Le discours que Buonaparte adressa à ses troupes offrait moins de ce clinquant de rhétorique qu'il employait dans ces occasions. « Soldats, dit-il, voici la bataille que vous avez désirée.. Elle est nécessaire, car les fruits en seront l'abondance, de bons quartiers d'hiver et un heureux retour en France. Conduisez-vous de manière que la postérité puisse dire de chacun de vous : Il était à cette grande bataille qui fut livrée sous les murs de Moscou. »

Dans le camp russe, il se passait une scène d'un genre différent, bien faite pour éveiller des sentimens que la France depuis long-temps ne cherchait plus à faire naître. Les prêtres grecs, revêtus de leurs riches ornemens sacerdotaux, se montrèrent aux troupes, en exposant à leur vénération les images de leurs saints les plus respectés. Ils parlèrent à leurs concitoyens des offenses que leurs ennemis avaient commises contre le ciel et contre la terre, et les exhortèrent à mériter une place dans le paradis par leur conduite dans la bataille qui allait avoir lieu. Les Russes leur répondirent par de grandes acclamations.

Deux circonstances d'un grand intérêt pour Napoléon, étaient survenues la veille de la bataille. Un officier français lui avait apporté le portrait de son fils, le Roi de Rome, et Napoléon le fit placer à l'extérieur de sa tente pour satisfaire la curiosité, non seulement des officiers, mais même des soldats, qui accouraient en foule pour voir le fils de leur Empereur. L'autre fut l'arrivée d'un officier venant d'Espagne, porteur de dépêches qui annonçaient la perte de la bataille de Salamanque. Il supporta cette nouvelle fâcheuse avec courage et fermeté ; et bannissant bientôt l'idée de son bonheur domestique et celle de ses revers en Espagne, il ne songea plus qu'à former les plans nécessaires pour l'action qui s'approchait.

Davoust en proposa un pour tourner la gauche de la ligne retranchée de l'ennemi, en suivant l'ancienne route de Smolensk à Moscou, et en plaçant trente-cinq mille hommes sur le flanc et l'arrière de cette partie de la position des Russes. Ce mouvement devait s'effectuer partie par une marche nocturne, et partie le lendemain matin, tandis que le reste de l'armée occuperait l'attention de l'ennemi en front. Le terrain sur lequel cette route aurait conduit Davoust et ses troupes forme le point le plus élevé des environs, comme le prouvent les ruisseaux qui y prennent leur source. Sur cette position, qui commandait tout le voisinage, le corps attaquant aurait pu se mettre en bataille en arrière de la ligne russe. Une telle opération sur ce point aurait coupé aux Russes leur retraite sur Mojaïsk et Moscou; Davoust aurait pu tomber sur leur ligne, faire tout plier devant lui, s'avancer de redoute en redoute, et disperser toutes leurs réserves, au point de ne pas même leur laisser l'apparence d'une armée. Napoléon regarda peut-être ce plan comme trop hasardeux, en ce qu'il l'obligeait à affaiblir considérablement sa ligne de front, qui aurait pu être attaquée et rompue avant que le corps d'armée de Davoust eût atteint la position désirée.

L'Empereur décida donc que Poniatowski, avec cinq mille hommes seulement, ferait un mouvement sur la gauche des Russes, dans la direction proposée par Davoust, et qu'alors une attaque générale commencerait sur leur droite et leur centre. Prévoyant une résistance opiniâtre, il avait fait amener sur sa ligne autant de canons qu'il était possible; et l'on assure qu'il y avait de chaque côté près de mille pièces d'artillerie. Ney commença la bataille vers sept heures du matin par l'attaque de la redoute à bastions, placée sur le centre de l'armée russe. Pendant ce temps le prince Eugène faisait de semblables efforts pour déloger l'ennemi du village de Semoneskoie et des retranchemens qui l'environnaient. Jamais bataille ne fut disputée plus vivement et ne coûta plus de monde. L'impétuosité de l'attaque des Français emporta enfin les redoutes ; mais les Russes se rallièrent sous la ligne même du feu de l'ennemi, et retournèrent au combat pour reprendre leurs retranchemens. Des régimens de paysans qui n'avaient jamais vu le feu jusqu'à ce jour, et qui n'avaient encore d'autre uniforme que leurs casaques grises, se formèrent avec la fermeté de vétérans, firent le signe de la croix, et ayant poussé leur cri national : « *Gospodee pomiloui nas !* » que Dieu ait pitié de nous ! se jetèrent dans le plus fort de la mêlée, où ceux qui restaient debout serraient leurs rangs sur les corps de leurs camarades qui tombaient ; et, soutenus par l'enthousiasme de leur cause, ou par le sentiment religieux de la prédestination, semblaient indifférens entre la vie et la mort.

Le destin de la journée parut plus d'une fois si douteux, que Napoléon fut pressé en plus d'une occasion de faire marcher la jeune garde, qu'il tenait en réserve, comme le dernier moyen de décider l'action. Quelques uns de ceux qui l'entouraient l'ont blâmé de ne pas avoir pris ce parti, et l'ont attribué à un état d'indisposition, attendu qu'il avait passé une mauvaise nuit, et qu'il parut toute la journée en proie à une langueur qui ne lui était pas ordinaire. Mais le secret de son refus paraît contenu dans la réponse qu'il fit à Berthier, qui le pressait à ce sujet : « Et s'il y a demain une autre bataille, où est mon armée ? » Le fait est que ces dix mille hommes de troupes de sa garde étaient sa dernière ressource. Ils avaient été ménagés dans la marche autant qu'il était possible, et ils avaient, par conséquent, mieux conservé leur discipline que les autres corps. S'ils avaient souffert une perte considérable, ce qui était à craindre d'après la résistance opiniâtre et les efforts réitérés des Russes, Buonaparte, que la victoire même devait laisser dans une situation dangereuse, aurait perdu en ce cas le seul corps sur lequel il pouvait entièrement compter dans l'état de désorganisation générale de son armée. Compromettre une dernière réserve est une mesure à laquelle des généraux prudens n'ont recours qu'avec répugnance ; et si Napoléon avait été aussi circonspect à cet égard à Waterloo qu'il l'avait été à Borodino, sa retraite, après cette bataille sanglante, aurait peut-être été moins désastreuse qu'elle ne le fut.

Les Russes, à qui leurs efforts désespérés pour

se remettre en possession de leur ligne de redoutes avaient occasionné une si grande perte, reçurent enfin des ordres pour la retraite; mais, quoique la victoire fût incontestablement restée aux Français, on pourrait dire que leurs ennemis renoncèrent au combat plutôt qu'ils ne subirent une défaite. Dans le fait, ce furent les Français qui, après l'action, se retirèrent sur le terrain qu'ils avaient d'abord occupé, laissant les Russes en possession d'un champ de bataille ensanglanté, où ils eurent le loisir d'enterrer leurs morts et de relever leurs blessés. Leur cavalerie donna même l'alarme au camp français pendant la nuit qui suivit la victoire.

Des deux côtés on fit une perte immense dans cette bataille sanglante. La mort du vaillant prince Bagration, dont nous avons eu occasion de rapporter la retraite admirable de Pologne, fut un objet de regret universel parmi les Russes. Le général Touczkoff mourut aussi de ses blessures, et plusieurs autres généraux russes furent blessés. Leur perte monta au total effrayant de quinze mille hommes tués et plus de trente mille blessés. On suppose que les Français perdirent dix mille hommes et eurent vingt mille blessés. Un bien petit nombre guérirent de leurs blessures, car le grand couvent de Kolotskoi, qui leur servait d'hôpital, était mal

pourvu de ce qui leur aurait été nécessaire, et
les officiers de santé ne purent obtenir un détachement pour parcourir les villages voisins afin
de s'y procurer de la charpie et les autres objets
qui étaient pour eux de première nécessité ; car
il semble que, dans cette malheureuse armée, ce
n'était que la maraude qui pouvait fournir même
aux besoins d'un hôpital. Huit généraux français furent tués, parmi lesquels Montbrun, et
Caulaincourt, frère du grand-écuyer, étaient
des hommes jouissant d'une réputation distin-
guée. Environ trente autres généraux furent
blessés. Aucun des deux partis ne put se vanter
de ses trophées militaires, car les Russes firent
un millier de prisonniers, et les Français en
prirent tout au plus le double de ce nombre.
Koutousoff emmena dix pièces de canon appartenant aux Français, et en laissa treize des
siennes entre leurs mains. A l'exception du
nombre des morts, les conséquences de cette
bataille furent si peu importantes, que, de même
que dans les joûtes chevaleresques, elle semblait n'avoir été livrée que pour savoir lequel
des deux partis avait la supériorité de forces
et de courage.

D'après les relations russes, Koutousoff avait
envie de livrer une seconde bataille le lendemain ; mais les rapports qu'il reçut des différens

corps lui ayant fait connaître la grande perte qu'ils avaient éprouvée, il jugea l'armée trop affaiblie pour courir un tel risque. Il se mit donc en retraite le lendemain sur Moscou, sans laisser derrière lui le moindre indice de la perte qu'il avait faite la veille. Le 9 septembre, les Français arrivèrent à Mojaïsk ; et, ayant aperçu l'arrière-garde des Russes, ils firent leurs dispositions pour l'attaquer. Mais, le 11, ils reconnurent que l'armée russe avait disparu une seconde fois, et sa retraite avait été si bien conduite, si habilement masquée et cachée, que Napoléon ne put savoir si elle avait pris la route de Moscou ou celle de Kalouga. Dans cette incertitude, il fut obligé de rester à Mojaïsk jusqu'au 12, et il apprit alors positivement que la retraite des Russes se dirigeait vers leur capitale.

On ne peut s'empêcher d'observer ici combien de fois, dans le cours de cette campagne, l'armée russe, quoique si nombreuse, quoique composée de nouvelles levées, disparut devant les Français, et les laissa dans le doute sur sa marche. Indépendamment de l'occasion dont il s'agit, la même circonstance avait eu lieu à Witepsk, et elle se représenta encore devant les murs de Moscou. Sans doute les Russes étaient dans leur propre pays, et ils avaient des nuées de cosaques par le moyen desquels ils pouvaient couvrir la retraite de leur corps principal ; mais, malgré tous ces avantages, on est forcé d'admirer l'esprit naturel d'obéissance et l'instinct de discipline qui faisaient exécuter ces mouvemens avec une régularité telle, qu'il ne restait pas un seul traîneur pour en trahir le secret.

Le 12 septembre, Buonaparte se remit en marche, l'armée n'ayant d'autre guide que la direction de la grande route, les soldats sans autre nourriture que de la chair de cheval et du grain broyé. La veille, Murat et Mortier, qui conduisaient l'avant-garde, trouvèrent les Russes fortement postés près de Krymskoie, et la valeur inconsidérée du roi de Naples y occasionna une action dans laquelle les Français perdirent deux mille hommes. Cependant Buonaparte suivait les traces des Russes, parce qu'il ne pouvait supposer qu'ils voulussent abandonner leur capitale sans faire un second effort. Il désirait d'autant plus une rencontre, qu'il avait été rejoint par deux divisions de l'armée d'Italie, sous les généraux Laborde et Pino, qui arrivaient de Smolensk, ce qui portait de nouveau le nombre de ses troupes, cruellement diminué par la bataille de Borodino, à plus de cent mille hommes.

Les généraux russes avaient été réunis en conseil de guerre pour délibérer sur la question importante de savoir s'ils exposeraient la seule armée qu'ils eussent dans le centre de la Russie, aux conséquences d'une défaite qui n'était que trop probable, ou s'ils abandonneraient, sans la défendre, comme une proie pour le spoliateur, la sainte Moscou, la Jérusalem de Russie, la ville aimée de Dieu et chère aux hommes, au nom et à l'existence de laquelle se rattachaient tant de sentimens historiques, patriotiques, nationaux et individuels. La raison parlait un langage, l'orgueil et l'affection en tenaient un autre.

Hasarder une seconde bataille, c'était à peu près en faire dépendre le destin de la grande-armée russe, projet trop dangereux, même quand il s'agissait de protéger la capitale : la considération qui semble avoir prévalu, c'est que Napoléon, étant alors dans le cœur de la Russie avec une armée dont les rangs s'éclaircissaient tous les jours, et la mauvaise saison arrivant, chaque heure pendant laquelle on pouvait éviter une action décisive était une perte pour la France et un avantage pour la Russie. Cela était d'autant plus vrai, que Wittgenstein, sur la frontière du nord, étant renforcé par Steingel avec l'armée de Finlande,

et celle de Moldavie s'étant réunie à Tormasoff, du côté du sud, la Lithuanie et la Pologne,
qui formaient la base des opérations de Napoléon, étaient en danger d'être occupées par les
Russes sur les deux flancs, événement qui
devait compromettre ses approvisionnemens,
ses magasins, ses réserves et ses communications de toute espèce, en mettant dans le plus
grand péril sa personne et son armée. D'ailleurs,
les généraux russes réfléchirent qu'en évacuant
Moscou, ce que les habitans de cette ville pouvaient faire plus aisément que ceux de toute
autre du monde civilisé, ils en diminueraient
le prix pour le vainqueur, et ne le laisseraient
triompher que dans des murs déserts. Il fut
donc décidé que la conservation de l'armée était
plus essentielle à la Russie que la défense de
Moscou, et l'on résolut d'abandonner à son
destin l'ancienne capitale des Czars.

Le comte Rostopchin, gouverneur de Moscou, était un homme de mérite, doué de talens
et même d'esprit, comme on nous l'a assuré ;
il y joignait une certaine bizarrerie d'humeur.
Depuis le commencement de la guerre, il avait
maintenu l'esprit des citoyens par des rapports
favorables et des déclarations loyales, faites
pour inspirer un sentiment de sécurité. Néanmoins, après le destin de Smolensk, et surtout

après que Buonaparte se fut remis en marche vers l'est, un grand nombre des plus riches habitans de Moscou en firent sortir ou cachèrent leurs effets les plus précieux, et quittèrent eux-mêmes cette ville. Cependant Rostopchin continuait à donner les mêmes assurances, et prenait divers moyens pour convaincre le peuple qu'il n'y avait aucun danger. Entre autres choses, il chargea un grand nombre de femmes de lui construire un immense ballon, par le moyen duquel, comme le peuple le croyait, il devait faire tomber une pluie de feu sur les Français. Sous ce prétexte, dit-on, il fit une grande provision de pièces d'artifice et de combustibles, destinés pour un projet tout différent.

Cependant, à mesure que le temps avançait, les habitans devinrent de plus en plus alarmés; et, se faisant une idée épouvantable des Français et des horreurs qui accompagneraient leur entrée dans la ville, non seulement la noblesse de tous les rangs, et les membres des professions savantes, mais les négocians, les marchands, et même les individus des classes inférieures quittèrent Moscou par milliers, tandis que le gouverneur, tout en soutenant son ton d'assurance, faisait tout ce qu'il pouvait pour encourager cette émigration et pour y mettre de l'ordre. On fit partir de Moscou les archives et le trésor public ; on vida tous les magasins, et surtout ceux qui contenaient des provisions, autant que le temps le permit ; et toutes les routes, surtout celles qui conduisaient vers le sud, furent couvertes de files de voitures, et de longues colonnes d'hommes, de femmes et d'enfans à pied, chantant les hymnes de leur église, et jetant souvent un regard en arrière sur la cité magnifique qui devait bientôt n'être plus qu'un monceau de ruines.

La grande-armée russe arriva sur la position de Fili, près de Moscou, non pas, comme on le reconnut alors, pour défendre la ville Sacrée, mais pour en traverser les rues dévouées à la destruction, recueillir, chemin faisant, la garnison et les hommes en état de porter les armes, et abandonner ensuite la capitale à son destin. Le 14 septembre, les troupes traversèrent les rues de la métropole, les yeux baissés, sans drapeaux déployés, sans roulement de tambours, et sortirent par la porte de Kolomna. Leurs longues colonnes furent suivies dans leur retraite par la plus grande partie de la population qui restait encore à Moscou. Cependant Rostopchin, avant de partir, tint une cour publique de justice. Deux hommes furent amenés, l'un, Russe, enthousiaste qui s'était nourri en Allemagne de quelques unes des anciennes doctrines républicaines françaises, et qui avait été 'assez exalté pour les exprimer à Moscou. L'autre était un Français que la proximité de ses compatriotes avait enhardi au point de tenir quelques propos politiques indiscrets. Le père du délinquant russe était présent ; on s'attendait à le voir intervenir ; il le fit, en effet, mais ce fut pour demander la mort de son fils.

« Je vous accorde, lui dit le gouverneur, quelques instans pour lui faire vos adieux et lui donner votre bénédiction.

— Je bénirais un rebelle, s'écria le Brutus scythe ! malédiction à celui qui a trahi sa patrie ! »

Le coupable fut mis à mort à l'instant même.

« Étranger, dit Rostopchin au Français, tu as été imprudent ; mais il est tout naturel que tu désires l'arrivée de tes concitoyens. Tu es libre ; vas les trouver, et dis-leur qu'il y avait un traître en Russie, et que tu as vu son châtiment. »

Le gouverneur ordonna alors qu'on ouvrît les prisons, et qu'on mît en liberté les criminels

qui s'y trouvaient; puis abandonnant la ville dé-
solée à ces bandits et à la lie de la populace, il
monta à cheval, se mit à la tête de ses gens, et
suivit la marche de l'armée.

CHAPITRE XI.

Le 14 septembre, Napoléon arrive à Moscou, qu'il trouve abandonné par les habitans. — Vers minuit, on découvre que la ville est en feu. — Napoléon établit son quartier général dans le Kremlin. — L'incendie est éteint le jour suivant, mais il recommence la nuit d'après. — On croit que le feu est mis à la ville à dessein, et plusieurs Russes sont arrêtés et fusillés. — La troisième nuit on découvre que le Kremlin est en feu. — Buonaparte en sort, et se loge à Petrowski. — L'incendie dure jusqu'au 19 et détruit les quatre cinquièmes de la ville. — Buonaparte retourne le 20 dans le Kremlin. — Discussion sur la vraie cause de ce grand incendie. — Désorganisation et indiscipline de l'armée française. — Difficultés sur la route à suivre en quittant Moscou. — Lauriston chargé d'une lettre pour l'empereur Alexandre. — Marche de l'armée russe en sortant de Moscou. — Entrevue de Lauriston avec Koutousoff le 5 octobre : — son résultat. — Armistice conclu par Murat. — Préparatifs de retraite. — L'empereur Alexandre refuse de traiter.

Le 14 septembre 1812, pendant que l'arrière-garde des Russes évacuait Moscou, Napoléon arriva sur la hauteur appelée le *Mont-du-Salut*, parce que c'est là que les gens du pays s'agenouillent et font le signe de la croix, à la première vue de la cité sainte.

Moscou semblait aussi magnifique et aussi imposant que jamais, avec les clochers de ses trois cents églises, et ses dômes de cuivre brillant au soleil, ses palais d'architecture orientale, entremêlés d'arbres et entourés de jardins, et son Kremlin, masse énorme de tours, de forme triangulaire, tenant le milieu entre un palais et un château fort, qui s'élevait comme une citadelle au-dessus de tout cet assemblage de bosquets et d'édifices. Mais pas une cheminée n'envoyait sa fumée dans les airs; pas un homme né se montrait sur les murailles ni aux portes. Napoléon contempla un instant ce spectacle, s'attendant à voir arriver une députation de boyards à longue barbe, pour se jeter à ses pieds et mettre leur fortune à sa disposition. Sa première exclamation fut : « La voilà enfin cette ville célèbre! » et sa seconde, il en était bien temps! » Son armée, s'inquiétant moins du passé et de l'avenir, avait les yeux fixés sur le but de tous ses souhaits; et le cri Moscou! Moscou! passait de rang en rang.

Personne n'interrompit les réflexions de l'Empereur jusqu'à l'arrivée d'un messager de Murat. Il avait poussé en avant jusque parmi les cosaques qui couvraient l'arrière-garde des Russes, et qui accordèrent volontiers un pourparler au champion chevaleresque qu'ils reconnurent sur-le-champ, l'ayant vu si souvent briller aux premiers rangs de la cavalerie française. Le message qu'il envoyait à Buonaparte annonçait que Miloradowitch menaçait de brûler la ville, si l'on ne laissait à son arrière-garde le temps de la traverser. C'était un ton de bravade ; cependant Napoléon accorda l'armistice, pour sauver une ville où il ne se trouvait plus d'habitans pour l'en remercier.

Après avoir attendu deux heures, quelques habitans français, qui s'étaient cachés pendant l'évacuation, lui apprirent l'étrange nouvelle que Moscou n'était plus qu'une ville déserte. Qu'une population de deux cent cinquante mille âmes eût abandonné sa ville natale, c'était ce qui semblait incroyable, et Buonaparte n'en ordonna pas moins qu'on lui amenât les boyards et les fonctionnaires publics. Il ne put être convaincu de ce qui venait d'arriver que lorsqu'on fit paraître devant lui quelques individus, rebut de l'humanité, écume de la populace, seuls êtres vivans qu'on eût pu trouver dans la ville. Enfin quand il ne put plus douter que Moscou n'eût été complétement abandonné, il s'écria en souriant amèrement : « Les Russes apprendront bientôt à mieux connaître le prix de leur capitale. »

Le signal d'avancer fut alors donné aux troupes, et les colonnes, frappées de surprise de la solitude et du silence qu'elles trouvaient partout, entrèrent au milieu de cet assemblage de huttes et de palais, où il semblait que la misère et l'indigence habitaient porte à porte avec la richesse et la profusion de l'Orient. Enfin le silence fut rompu par une décharge d'artillerie que quelques misérables fanatiques tirèrent du haut des murs du Kremlin sur les premières troupes françaises qui approchèrent du palais des Czars. La plupart de ces énergumènes étaient ivres; mais l'obstination déterminée avec laquelle ils sacrifièrent leur vie, était un autre trait de ce patriotisme sauvage dont les Français avaient vu et devaient encore voir tant d'exemples.

Quand il fut entré dans Moscou, Buonaparte, comme s'il eût voulu éviter la vue des rues désertes, s'arrêta au commencement du faubourg. Ses troupes furent logées dans la ville abandonnée. Pendant les premières heures de l'occupation, un bruit sourd, à l'origine duquel on ne put remonter, mais tel que ceux qui se répandent quelquefois à l'approche de quelque événement terrible, annonça que la ville se trouverait en danger d'être consumée par le feu la nuit suivante. Ce bruit semblait naître de ces circonstances évidentes qui rendaient probable un tel événement, mais personne n'y fit attention jusqu'à minuit, heure à laquelle les soldats furent réveillés dans leurs quartiers par les cris annonçant que la ville était en feu. Cet incendie mémorable commença par les boutiques et ateliers des selliers, dans le Bazar ou marché général, quartier le plus riche de la ville. On l'attribua à un accident, et les progrès des flammes furent arrêtés par les soldats français. Napoléon, qui avait été éveillé par le tumulte, courut sur les lieux; et quand l'alarme fut apaisée, au lieu de retourner dans le logement qu'il avait pris dans le faubourg, il se rendit au Kremlin, palais héréditaire du seul souverain qu'il eût jamais traité en égal, et sur lequel le succès de ses armes lui donnait alors une supériorité en apparence si immense. Cependant il ne se laissa pas éblouir par l'avantage qu'il avait obtenu, mais il profita de la lumière du Bazar embrasé pour écrire de sa propre main à l'empereur Alexandre, et lui faire des propositions de paix. Cette lettre fut envoyée par un officier russe distingué qu'une indisposition avait empêché de suivre l'armée; mais Napoléon ne reçut jamais de réponse.

Le lendemain, les flammes avaient disparu, et les officiers français s'occupèrent agréablement à choisir parmi les palais déserts de Moscou ceux qui plurent davantage à la fantaisie

de chacun d'eux pour y établir leur logement.
Pendant la nuit le feu se ralluma dans les quartiers du nord et de l'ouest de la ville. Comme la plupart des maisons étaient construites en bois, l'incendie se propagea avec la rapidité la plus alarmante. On l'attribua d'abord aux étincelles et aux tisons enflammés que le vent emportait; mais enfin on remarqua que toutes les fois que le vent changeait, et il changea trois fois pendant cette nuit terrible, on voyait s'élever de nouvelles flammes, qui partaient toujours du côté d'où le vent pouvait les porter sur le Kremlin. Le danger d'une explosion augmenta encore l'horreur de cette scène. Il y avait dans le Kremlin un magasin à poudre, quoique les Français l'ignorassent encore; et un parc d'artillerie, avec toutes ses munitions, avait été placé sous la fenêtre de l'Empereur. Le matin vint offrir une scène épouvantable. Pendant toute la nuit, la ville avait été éclairée par une lumière lugubre et comme surnaturelle; le matin elle était couverte d'une atmosphère épaisse et suffocante, et remplie d'une fumée presque palpable. Les flammes défiaient les efforts des Français; et l'on dit qu'on avait rendu inaccessible l'abord des fontaines de la ville, coupé les conduits d'eau, et détruit ou emmené les pompes à incendie.

Vinrent ensuite les rapports de grenades trou-
vées allumées dans des maisons désertes ; d'hommes et de femmes qu'on avait vus occupés,
comme des démons, à entretrenir l'activité des
flammes, et qu'on disait pourvus de matières
combustibles pour mieux assurer le succès de
leur œuvre infernale. Plusieurs misérables
qu'on accusa de ce crime, furent arrêtés et fusillés sur-le-champ, probablement sans enquête
bien sérieuse. Tandis qu'il était presque impossible de débarrasser le toit du Kremlin des char-
bons ardens que le vent y faisait pleuvoir, Napoléon suivait des yeux, par sa fenêtre, les progrès
de l'incendie qui dévorait sa belle conquête ; et
il lui échappa cette exclamation : « Ce sont véritablement des Scythes. »

Les vents équinoxiaux s'élevèrent de plus en
plus pendant la troisième nuit, et propagèrent
encore davantage les flammes, que nul pouvoir
humain ne pouvait plus subjuguer. A minuit,
le feu prit au Kremlin même ; un soldat de la police russe, accusé d'être l'incendiaire, fut livré
à la vengeance de la garde impériale. Alors
Buonaparte se laissa persuader par les prières
de tout ce qui l'entourait, de quitter le Kremlin : c'était le gage visible de sa conquête, auquel il semblait tenir avec l'opiniâtreté d'un lion
qui a fixé ses griffes sur un fragment de sa proie.

Il rencontra des difficultés et des dangers en se retirant du palais ; et avant de pouvoir gagner la porte de la ville, il eut à traverser avec sa suite des rues au-dessus desquelles les flammes formaient une arche, et où l'on respirait un air étouffant. Enfin il arriva en pleine campagne, et il alla se loger dans un palais du Czar, nommé Petrowsky, à environ une lieue de la ville. En se retournant pour regarder les flammes, qui, attisées par le vent d'automne, s'élevaient en tourbillons des toits du Kremlin comme un océan infernal autour d'un noir Pandémonium, il ne put retenir cette expression de mauvais augure : « Ceci nous présage de grands malheurs. »

Le feu continua à triompher, sans que rien s'y opposât, et consuma en peu de jours ce qu'il avait fallu des siècles pour élever. « Les palais et les temples, dit un historien russe, les monumens de l'art et les merveilles du luxe, les restes des siècles écoulés, comme ce qui avait été créé la veille, les tombeaux de nos ancêtres et le berceau de la génération actuelle, tout fut également détruit ; et il ne resta de Moscou que le souvenir de cette ville et la ferme résolution d'en venger la chute. ¹ »

---

¹ Karamzin, historien russe distingué, dont les ou-

Le feu dura avec la même violence jusqu'au 19, et alors il commença à diminuer faute d'alimens : on dit que les quatre cinquièmes de cette grande ville furent réduits en cendre.

Le 20, Buonaparte retourna au Kremlin ; et, comme pour braver la scène terrible dont il venait d'être le témoin, il prit des mesures qui semblaient indiquer qu'il voulait résider quelque temps à Moscou ; il fit même arranger un théâtre, où des acteurs venus de Paris donnèrent des représentations, peut-être pour montrer que le plus terrible des élémens n'avait pas le pouvoir d'abattre son esprit et de rien changer à sa manière de vivre habituelle. Avec la même indifférence ou affectation, l'Empereur, au milieu des ruines de Moscou, rédigea une série de réglemens détaillés concernant le Théâtre Français. Il ne savait pas se mettre au-dessus de cette affectation de choisir des lieux éloignés et des capitales étrangères pour y dater des ordonnances sur des objets domestiques et sans importance. Dicter du Kremlin des réglemens pour un théâtre de Paris, donnait à Napoléon un air d'ubiquité. On avait déjà prédit qu'il sacrifierait son armée au plaisir de dater un décret de Moscou.

vrages furent expressément exemptés d'être soumis à la censure par feu l'empereur Alexandre.

L'incendie de Moscou fut si complet dans sa dévastation, si important dans ses conséquences, si critique dans le moment où il commença, que presque tous ceux qui l'ont vu de leurs propres yeux, l'ont attribué à un effort sublime, mais presque horrible, de constance patriotique de la part des Russes, de leur gouvernement, et particulièrement du gouverneur Rostopchin. Le désaveu positif du comte Rostopchin lui-même n'a rien changé à la conviction générale que le feu a été mis à la ville par ses ordres; tous les officiers français, encore aujourd'hui, continuent à attribuer l'incendie à des individus employés par lui.

D'une autre part, il existe plusieurs excellens juges des probabilités d'un tel événement, qui ont donné de bonnes raisons pour faire croire que Moscou n'a fait que subir le destin d'une ville abandonnée, qui est presque toujours incendiée aussi-bien que pillée. Nous avons rapporté ailleurs les raisonnemens employés pour et contre; et nous nous bornerons ici à faire observer que, si les argumens placés dans la balance la faisaient pencher du côté du hasard, l'histoire perdrait et un des plus grands et des plus terribles incidens qu'elle ait jamais eu à consigner dans ses fastes. Envisagé comme un acte volontaire de la part des Russes, l'incendie de

leur capitale est un fait d'un caractère gigantesque, que nous considérons avec respect et terreur, nos facultés étant tellement troublées par
l'immensité de l'objet, envisagé sous ses différens rapports, que nous savons à peine si nous
devons le nommer crime ou vertu, trait de patriotisme ou acte de vengeance.

Que l'incendie de Moscou fût ou ne fût pas
l'œuvre préméditée des Russes, les effets qu'il
devait produire sur la campagne semblaient
devoir être de la nature la plus importante. Le
but de Buonaparte, en bravant tous les risques pour marcher sur la capitale de l'empire,
avait été de s'emparer d'un gage pour le rachat
duquel il ne doutait pas qu'Alexandre ne s'em-
pressât d'accepter les conditions de paix qu'il
voudrait lui dicter; mais le prix de sa victoire,
quoique brillant au premier aspect, n'était plus
que cendres et poussière, comme le fruit fabu-
leux qu'on dit croître sur les bords de la mer
Morte. Il était à la vérité en possession de Moscou, mais Moscou avait péri entre ses mains; et,
bien loin de pouvoir inspirer à Alexandre des
craintes pour la sûreté de cette ville, il était raisonnable de croire que sa destruction totale avait
fait naître dans le cœur du monarque russe le
ressentiment le plus violent, puisque Napoléon

n'en avait pas même reçu la civilité d'une réponse à sa lettre pacifique. Ainsi la ville qu'il avait tant désiré de posséder, comme un moyen de faire la paix, était devenue, par suite de cette catastrophe, la cause de l'inimitié la plus irréconciliable.

Une autre considération qui n'était pas sans importance, c'était que Napoléon perdait par ce terrible incendie une grande partie des approvisionnemens qu'il espérait que la prise de cette capitale lui aurait fournis pour soutenir son armée. S'il avait existé à Moscou la population ordinaire d'une métropole, il aurait trouvé en pleine activité tous les moyens pour en approvisionner les marchés. Ces moyens n'étaient pas d'un genre facile, car les provisions n'arrivaient pas dans cette capitale, comme c'est l'ordinaire, des cantons fertiles situés dans les environs, mais de contrées éloignées d'où on les apportait par eau pendant l'été, et sur des traîneaux roulant sur la glace ou la neige gelée pendant l'hiver. Si Moscou eût conservé ses habitans, il aurait bien fallu continuer à y envoyer des vivres pour ne pas réduire à la famine une population nombreuse de plus de deux cent mille âmes, aussi-bien que l'armée ennemie. Mais Moscou abandonné, Moscou incendié, n'étant plus qu'une montagne de cendres, n'avait plus besoin d'être approvisionné; et l'on ne pouvait supposer que les provinces qui y envoyaient ordinairement des vivres, continueraient à faire ces envois à un amas de ruines où il ne se trouvait personne à nourrir, si ce n'est les soldats d'une armée d'invasion. Cette fâcheuse conviction se présenta d'abord à l'esprit de l'empereur Napoléon et de ses principaux officiers.

Cependant les ruines de Moscou, et le reste des édifices qui subsistaient encore, fournirent aux soldats un butin abondant pendant leur court intervalle de repos; et, suivant leur usage, ils jouirent du présent sans songer à l'avenir. L'armée était dispersée dans toute la ville, pillant tout ce qu'elle pouvait trouver; découvrant tantôt des masses d'or et d'argent fondu, tantôt de riches marchandises et des objets précieux qu'on prenait sans en connaître la valeur, tantôt des objets de luxe qui faisaient un étrange contraste avec le manque général des denrées les plus indispensables. Il n'était pas rare de voir des misérables en guenilles et sans souliers assis au milieu de balles de riches marchandises, ou couverts de schals du plus grand prix, de fourrures précieuses et de vêtemens brodés d'or et de perles. Ailleurs on voyait des soldats s'emparer de thé, de café, de sucre et d'autres objets semblables de luxe, tandis qu'ils pouvaient à peine se procurer un morceau de viande de cheval pour manger, et de l'eau bourbeuse pour boire. Le sucre surtout était en si grande quantité, qu'ils en mettaient dans le bouillon qu'ils faisaient avec de la chair de cheval. Ce contraste des excès les plus bizarres de la prodigalité, avec le manque des objets les plus nécessaires, porté au plus haut degré, était dégoûtant à voir, et présentait un spectacle de mauvais augure. Ceux-là s'estimaient les plus heureux de tous, qui pouvaient se procurer des liqueurs fortes, et échapper, par quelques heures d'ivresse, à la scène de confusion qui les entourait.

Napoléon et ses officiers ne parvinrent pas sans difficulté à rétablir une sorte d'organisation dans l'armée. Le pillage, qui ne pouvait se discontinuer, fut enfin conduit avec plus de régularité; et l'on envoyait des détachemens piller tour à tour les ruines de Moscou, comme pour s'acquitter d'un devoir. On fit sortir de la ville le reste des troupes, ou on les retint dans les édifices non brûlés qui leur servaient de casernes. On n'oublia rien pour protéger les paysans qui apportaient au camp des provisions pour les vendre; mais il n'en vint jamais qu'un petit nombre, et enfin plus un seul ne se montra. Il était donc évident que les plus grands efforts ne pouvaient faire de Moscou une place où il fût possible de séjourner long-temps, et la difficulté du choix d'une route pour en sortir devint alors une considération embarrassante.

Il y avait trois partis à prendre en évacuant Moscou, et tous trois furent un objet de réflexions sérieuses pour Napoléon. D'abord, il pouvait marcher sur Saint-Pétersbourg, et traiter la nouvelle capitale de la Russie comme il avait traité l'ancienne. Ce projet était celui qui convenait le mieux au génie entreprenant de Buonaparte, toujours disposé à adopter le plan qui offrait tout à perdre ou tout à gagner. Il parla même de cette mesure comme d'une chose résolue ; mais Berthier et Bessières parvinrent à le convaincre que la saison avancée, l'état des routes, le manque de provisions, et la situation de l'armée, rendaient cette tentative tout-à-fait désespérée. Le second parti proposé était de s'avancer vers le sud par la fertile province de Kalouga, et de là de se rendre du côté de l'est à Smolensk, qui était le premier dépôt de l'armée. En suivant cette route, il fallait s'attendre à une attaque générale de Koutousoff, qui, comme nous le verrons tout à l'heure, avait pris position au sud de Moscou. C'eût été, sous bien des rapports, un motif pour Napoléon de marcher sur Kalouga ; mais une seconde bataille de Borodino, disputée avec le même acharnement, et dont l'issue était aussi douteuse, aurait été un mauvais commencement de retraite ; ses flancs auraient été certainement inquiétés, quand même l'armée de Moldavie ne l'aurait pas arrêté en front. Le troisième plan était de reprendre la route par laquelle il était venu, et sur laquelle, par le moyen de quelques places fortifiées à la hâte, il conservait encore une communication précaire avec Smolensk, Witepsk, et ainsi de suite, jusqu'à Wilna. Mais cette ligne traversait un territoire ruiné et dévasté par le premier passage de l'armée, et où tous les villages et hameaux, brûlés par les Français ou par les Russes, avaient été abandonnés. Suivre cette direction, c'était vouloir faire face à la famine.

L'hésitation de Napoléon sur ce point important fut augmentée par l'obstination avec laquelle il s'attachait encore à son propre plan, de terminer la guerre par une paix triomphante conclue avec Alexandre sur les ruines de sa capitale. Son esprit, qui tenait toujours opiniâtrément aux idées qu'il avait une fois conçues, repassa les diverses occasions où sa voix, en pareilles circonstances, avait dicté la paix en en prescrivant les conditions. L'idée qu'il s'était formée du caractère d'Alexandre pendant les entrevues qu'il avait eues avec lui à Tilsit et à Erfurt, faisait qu'il regardait le Czar comme flexible, et disposé à se soumettre à l'influence de son génie dominant. Mais il jugeait mal le caractère de ce souverain et celui de la nation qu'il gouvernait. Le monarque, quoiqu'il n'eût encore éprouvé que des défaites et des désastres, était décidé à ne pas se soumettre, tant que ses immenses ressources lui fourniraient des moyens de résistance. Le peuple, suivant toutes les probabilités, n'aurait pas permis à son souverain d'agir autrement ; car l'indignation populaire était alors portée au plus haut degré, et depuis le palais du Czar jusqu'à la hutte de l'esclave, on ne respirait que résistance et vengeance.

Ce fut donc en vain que Napoléon espéra qu'Alexandre ouvrirait quelque communication avec lui en répondant à la lettre qu'il lui avait envoyée par un officier russe, la nuit même de son entrée à Moscou. Enfin il s'impatienta, et se détermina à faire de nouvelles avances. Cependant il ne voulut pas avouer, même à ses conseillers confidentiels, qu'il désirât la paix pour lui-même, et il affecta de n'être inquiet que pour Alexandre; « C'est mon ami », leur dit-il; « un prince plein d'excellentes qualités; et s'il cédait à son inclination en proposant la paix, ces barbares, dans leur rage, le détrôneraient, le mettraient à mort, et le remplaceraient par quelque prince moins traitable. Nous enverrons Caulaincourt pour ouvrir les voies à une négociation, afin de prévenir l'odieux qui pourrait s'attacher à Alexandre, s'il était le premier à proposer un traité. » L'Empereur tint à cette résolution, si ce n'est qu'il se laissa persuader, non sans quelque difficulté, de charger de cette mission le général comte Lauriston, son aide-de-camp, de crainte que le rang supérieur de Caulaincourt, grand-écuyer, ne pût indiquer que son maître désirait traiter, moins par intérêt pour Alexandre, que pour sa propre sûreté et celle de son armée. Lauriston, qui connaissait le caractère russe, exprima quelques doutes sur la politique de la mission qui lui était confiée, et qui pouvait faire pressentir à l'ennemi les embarras dans lesquels se trouvait l'armée. Il recommanda que, sans perdre un seul jour, on commençât la retraite par la route du midi, en se dirigeant vers Kalouga. Mais Buonaparte ne changea pas de détermination, et fit partir Lauriston chargé d'une lettre pour l'empereur Alexandre, en lui disant pour dernière instruction : « Il faut que j'aie la paix ; et pour l'obtenir, je sacrifierai tout, excepté mon honneur. »

Avant de donner le résultat de la mission de Lauriston, il est à propos de suivre les mouvemens de la grande-armée russe, depuis son départ de sinistre présage en traversant Moscou. Elle sortit de cette ville par la porte de Kolomna, et marcha deux jours dans cette direction. Ayant ainsi fait croire à l'ennemi que son intention était de se ménager une retraite au sud-est, en laissant les provinces de l'est et celles du nord sans défense, Koutousoff exécuta un des mouvemens les plus adroits de toute la campagne. La tâche d'observer la route de Saint-Pétersbourg fut confiée à Winzingerode, avec une petite armée. Koutousoff lui-même, tournant ensuite vers le sud, décrivit un cercle dont Moscou était le centre, de manière à porter sa grande-armée sur la route de Kalouga. Elle marchait plongée dans un morne accablement, car, quelque grande que fût la distance, le vent faisait pleuvoir sur les rangs des soldats les cendres de leur capitale embrasée ; et dans l'obscurité, les flammes furieuses paraissaient un immense océan de feu. Ce mouvement était plein de hardiesse ; car, quoiqu'il eût lieu à une distance respectueuse des Français, ce fut pendant trois jours une marche de flanc, et par conséquent d'une nature très délicate. Cependant, les Russes manœuvrèrent avec tant de précision, qu'ils effectuèrent ce mouvement en toute sûreté; et tandis que les troupes françaises qui avaient été envoyées à leur poursuite, s'amusaient à suivre deux régimens de cavalerie qui avaient été laissés sur la route de Kolomna, on apprit avec surprise que la grande-armée russe avait pris position du côté sud-sud-est de Moscou, d'où elle pouvait opérer sur la ligne de communication de Napoléon avec Smolensk et la Pologne, la couper quand elle le voudrait, la harceler, et en même temps couvrir la ville de Kalouga, où l'on avait établi de grands magasins, et celle de Toula, renommée pour la fabrique des armes et la fonte des pièces d'artillerie.

Le bouillant roi de Naples, avec l'avant-garde de l'armée de son beau-frère, marcha enfin contre l'ennemi sur la route de Kalouga; mais il n'y eut guère que des escarmouches, par lesquelles les Russes protégèrent leur arrière-garde, jusqu'à ce qu'ils se fussent définitivement établis dans la forte position de Taroutino. Ils y étaient admirablement placés pour couvrir la ville importante de Kalouga. Trois routes conduisent de Moscou à cette ville, et Taroutino étant situé sur celle du milieu, une armée qui s'y trouve campée peut, sans beaucoup de difficulté, au moyen d'un mouvement sur la droite ou sur la gauche, occuper celle des deux autres que bon lui semble. La rivière de Nava couvrait le front de la position des Russes. Leur camp était amplement approvisionné par les cantons riches et fertiles qui étaient en arrière ; et l'esprit public se développant de plus en plus dans le pays, les recrues et les régimens de nouvelles levées arrivaient en foule. Les soldats vétérans ne pouvaient suffire pour les former aux armes, quoique le Russe, d'après sa docilité et son obéissance habituelle, s'accoutume à la discipline militaire avec une promptitude extraordinaire. L'Ukraine et le Don envoyèrent vingt régimens de cosaques, composés en grande partie d'hommes qui, ayant achevé le terme de leur engagement, n'étaient plus obligés au service militaire, mais qui reprirent volontairement la lance et le sabre dans une crise d'une telle importance.

Murat, en même temps, marchait en avant pour s'établir en front du camp des Russes, afin de surveiller leurs mouvemens. Chemin faisant, il passa près de ce qui avait été un domaine splendide appartenant au comte Rostopchin, gouverneur de Moscou. Il était réduit en cendres, et une lettre du propriétaire informa les

Français qu'il l'avait détruit pour qu'un ennemi ne pût y trouver ni abri, ni secours d'aucune espèce [1]. Le même esprit régnait parmi les paysans; ils mettaient le feu à leurs hameaux partout où ils auraient pu être utiles aux Français; proclamaient peine de mort contre tous ceux d'entre eux que la crainte ou la cupidité porterait à fournir des provisions à l'ennemi; et ils la faisaient subir sans pitié à quiconque contrevenait à cet ordre. C'est un fait reconnu que, lorsque les Français, pour forcer leurs prisonniers réfractaires à travailler pour eux, en marquèrent quelques uns sur la main, de la lettre N, pour indiquer qu'ils étaient serfs de Napoléon, un paysan plaça sa main ainsi marquée sur un bloc de bois, et la coupa avec une hache qu'il tenait de l'autre, afin de se délivrer de cet esclavage supposé. Les Français témoins de ce fait en frémirent, maudissant l'heure qui les avait mis en contact

[1] Voici la teneur de cette lettre remarquable : « Français, pendant huit ans j'ai pris plaisir à embellir cette habitation de ma famille. Les habitans, au nombre de dix-sept cents en sortiront quand vous en approcherez, et elle sera réduite en cendres pour qu'aucun de vous ne la souille par sa présence. Je vous ai laissé à Moscou deux palais et un mobilier d'un demi-million de roubles; mais ici vous ne trouverez que des cendres. »

avec des ennemis d'un caractère si farouche et si implacable. Mais on avait tiré encore un meilleur parti du patriotisme des paysans par le système de la guerre de partisans, ou de guérillas, dont l'Espagne avait donné l'exemple.

Le lieutenant-colonel Dennis Davidoff, qui devint bien connu aux Français sous le nom du *Capitaine-Noir*, avait suggéré ce genre de guerre au prince Bagration quelque temps avant la bataille de Borodino ; et il avait obtenu des succès distingués à la tête d'une petite troupe de cosaques et de hussards, par ses opérations sur la route entre Gjatz et Wiazma, en interceptant des convois, et en battant de petits détachemens. Il fut bientôt mis à la tête d'une force plus considérable, et on leva d'autres corps francs de la même espèce, auxquels on donna pour chefs des hommes pleins de bravoure et d'activité ; ils parcouraient le pays dans tous les sens, gênaient les lignes de communication des Français, repoussaient leurs avant-postes, et les harcelaient sur tous les points.

Les paysans prirent les armes, et se formèrent en corps de partisans, rendus formidables par la connaissance parfaite qu'ils avaient des bois, des sentiers détournés et des défilés. Ils ont un mépris naturel pour les étrangers, qu'ils ne désignent que par le nom de sourds et muets, voulant définir ainsi leur ignorance de la langue russe. Les événemens de la campagne, et surtout l'incendie de Moscou, avaient changé ce mépris en une haine mortelle; et tout soldat de Napoléon qui tombait entre leurs mains était mis à mort sans scrupule et sans pitié.

Cependant la cavalerie de Murat, qui offrait le meilleur moyen de châtier et de réprimer ces bandes, s'affaiblissait graduellement par suite des fatigues et du manque de vivres; et, quoique peu habitué à se décourager ou à s'inquiéter de l'avenir, le roi de Naples écrivit plusieurs fois, de son poste avancé, pour presser Napoléon de ne pas différer plus long-temps une retraite qui était devenue absolument nécessaire. Ce fut pendant que les affaires étaient dans cette situation, que le général Lauriston arriva aux avant-postes des Russes; et, après beaucoup de difficultés réelles ou prétendues, il fut admis à une entrevue avec Koutousoff, le 5 octobre à minuit. L'accueil qu'il reçut fut de nature à lui faire penser qu'on voyait son arrivée avec plaisir.

Il entra en affaire par une proposition sur un échange de prisonniers, ce qui fut naturellement refusé par Koutousoff, qui savait que les soldats ne manquaient pas aux Russes, et que

les rangs de ceux de Napoléon devaient s'é-
claircir de jour en jour. Lauriston lui parla
ensuite des bandes franches, et proposa de
mettre fin à ce genre de guerre inusité, et dans
lequel tant de cruautés se commettaient. Koutousoff répondit que cette espèce de guerre de
partisans ne dépendait pas de ses ordres, et
qu'elle était l'effet de l'esprit national du pays,
qui portait les Russes à regarder l'invasion des
Français comme une incursion de Tartares.
Enfin, le général Lauriston en vint à l'objet
véritable de sa mission, et lui demanda « si
cette guerre, qui avait pris un caractère si
inouï, devait toujours durer », déclarant en
même temps que le désir sincère de son maître, l'empereur de France, était de terminer
les hostilités entre deux grandes et généreuses
nations.

Le vieux Russe astucieux vit, dans le désir
de la paix affecté par Napoléon, une preuve
évidente de la nécessité où il était de la faire,
et il prit sur-le-champ la marche la plus propre
à gagner du temps, ce qui devait augmenter,
d'une part les embarras des Français, et de
l'autre, les moyens qu'il aurait lui-même d'en
profiter. Il affecta un désir véritable de con-
courir à une pacification; mais il déclara qu'il
lui était positivement défendu de recevoir au-

cune proposition à ce sujet, et même de les transmettre à l'Empereur. Il refusa donc d'accorder au général Lauriston le passe-port qu'il lui demandait pour se rendre près d'Alexandre; mais il lui offrit de dépêcher le général Wolkonsky, aide-de-camp du Czar, pour apprendre quel serait son bon plaisir.

Les instructions que Lauriston avait reçues de son maître étant qu'il fallait faire la paix à tout prix, pourvu que ce fût sans déshonneur, il ne pouvait faire d'objections à cette proposition : il conçut même l'espoir qu'elle conduirait à la réussite de sa mission, tant le général Koutousoff lui exprima de satisfaction, ainsi que les officiers de son état-major, qui semblaient tous déplorer la continuation de la guerre, et qui allèrent jusqu'à dire que l'annonce d'un traité serait accueillie à Pétersbourg par des réjouissances publiques. Ce rapport fut transmis à Napoléon, et le berça d'une fausse sécurité. Il en revint à sa première opinion, qui avait été ébranlée, mais non déracinée, et il annonça à ses généraux, avec grande satisfaction, qu'ils n'avaient qu'une quinzaine de jours à attendre pour obtenir une pacification glorieuse. Il se vanta de connaître mieux que personne le caractère russe, et déclara que lorsque la nouvelle de son ouverture de paix arriverait à Pétersbourg, on n'y verrait plus que des feux de joie.

Cependant Napoléon ne comptait pas assez sur la paix, pour approuver une singulière espèce d'armistice que Murat avait conclu avec les Russes. Cet armistice devait être rompu après un simple avertissement donné trois heures d'avance par l'une ou l'autre des deux parties, et, pendant sa durée, il n'existait que sur le front des deux armées, laissant aux Russes la liberté de continuer sur les flancs leur guerre de partisans avec autant de vivacité que jamais. Les Français ne pouvaient obtenir un faix de broussailles ou un chariot de provisions, sans combattre pour s'en assurer la possession, et souvent avec désavantage. Des dragons de la garde impériale, formant un détachement considérable, furent surpris par-les cosaques, et sentirent que le fer de leurs piques n'était pas émoussé. Deux convois considérables furent coupés et interceptés sur la route de Mojaïsk, seule communication qu'eut l'armée française avec ses magasins et ses renforts. Les Français furent encore surpris dans la ville de Véréia, sur le flanc gauche de Murat, et y perdirent un détachement. Ainsi, la guerre continuait partout, excepté sur le front des deux armées, où il y avait le plus de probabilité qu'elle serait favorable aux Français.

Il ne faut pas accuser de cette faute politique Napoléon, qui avait refusé d'autoriser l'armistice, mais la vanité de Murat, sous l'autorité duquel il était observé. Il y trouvait une occasion de caracoler sur le terrain neutre entre les deux camps, de développer, en présence des soldats des deux armées, ses formes avantageuses, son adresse en équitation, son uniforme splendide, recevant le salut respectueux des patrouilles russes, et les applaudissemens des cosaques. Ceux-ci avaient coutume de s'attrouper autour de lui, partie par admiration réelle de sa bonne mine et de son caractère chevaleresque, qui étaient de nature à captiver ces guerriers formés par la nature, et partie par un instinct d'astuce qui leur faisait comprendre l'utilité de prolonger son illusion. Ils l'appelaient leur Hettmann, et il était si enivré de leurs applaudissemens, qu'on dit qu'il conçut l'idée étrange de devenir véritablement roi des Cosaques.

De semblables illusions ne pouvaient endormir pour toujours la vigilance de Murat. Tout était guerre autour de lui, et ses forces s'affaiblissaient par une suite non interrompue d'hostilités partielles, tandis que le roulement continuel des tambours, et les feux de peloton qu'on entendait fréquemment derrière le camp des

Russes, annonçaient qu'ils s'occupaient sérieusement à exercer les nouvelles recrues, dont il leur
arrivait des corps nombreux. Les officiers russes
des avant-postes commençaient à tenir un langage de mauvais augure, et ils demandaient
aux Français s'ils étaient entrés en composition
avec l'hiver du Nord, le plus formidable allié
de la Russie. « Attendez encore quinze jours,
disaient-ils, et vos ongles tomberont; vos doigts
se détacheront de vos mains, comme les branches desséchées d'un arbre flétri. » Le nombre
des cosaques croissait au point de ressembler à
une des anciennes émigrations des Scythes; et
des figures sauvages et fantastiques, montées
sur des chevaux indomptés, dont la crinière
balayait la terre, semblaient annoncer que les
confins les plus reculés des déserts avaient vomi
tous leurs habitans. Leurs chefs à barbe grise
faisaient quelquefois entendre aux officiers
français des remontrances dont le ton était
tout différent de celui qui flattait les oreilles
de Murat. « N'avez-vous pas en France, disaient-ils, assez de nourriture, assez d'eau,
assez d'air, pour subsister pendant toute votre
vie, assez de terre pour vous couvrir après
votre mort ? Pourquoi êtes-vous venus ici
pour engraisser notre sol de vos restes, qui
appartenaient de droit au pays sur lequel vous

êtes nés ? » Ces prédictions fâcheuses affectaient l'avant-garde de l'armée, d'où Murat les transmettait à l'Empereur.

Enfermé dans les appartemens du Kremlin, Napoléon persistait à attendre une réponse à la lettre dépêchée par Lauriston. Elle avait été envoyée le 6 à Pétersbourg, et l'on ne pouvait attendre une réponse avant le 26. Faire un mouvement avant cette époque, c'eût été une mesure qui aurait pu paraître prudente, sous un point de vue militaire ; mais, envisagée sous le rapport de la politique, elle aurait fait grand tort à sa réputation de sagacité, et anéanti l'impression de son infaillibilité. Ainsi, sentant qu'il avait tort, et en convenant presque, il n'en résolut pas moins de persister dans le plan qu'il avait adopté, séduit par l'espoir que la fortune, qui ne lui avait jamais manqué, lui serait encore favorable en cette extrémité.

Daru proposa alors, dit-on, un projet bien hardi : c'était de faire de Moscou un camp retranché, et de s'y établir en quartier d'hiver. « On pouvait, disait-il, tuer le reste des chevaux et en saler la chair ; la maraude ferait le reste. » Napoléon approuvait ce qu'il appelait un conseil de lion. Mais la crainte de ce qui pourrait arriver dans la France, dont ce plan l'aurait séparé pour six mois, le décida définitivement à le rejeter. On pouvait ajouter qu'il était probable qu'il deviendrait de plus en plus difficile de se procurer des vivres par la maraude, à mesure que l'hiver avancerait et que la disette augmenterait, surtout quand tous les environs de Moscou étaient complétement ruinés. D'ailleurs, si Napoléon se fixait dans cette ville pour tout l'hiver, non seulement sa ligne de communication, mais la Lithuanie et le grand-duché couraient le risque d'être envahis. Au sud-ouest, il ne pouvait compter que sur la foi douteuse de l'Autriche pour résister aux armées réunies de Tchitckagoff et de Tormasoff, qui pouvaient s'accroître jusqu'au nombre de cent mille hommes, et s'emparer de Varsovie et de Wilna. A l'extrémité septentrionale de sa ligne d'opérations, Macdonald et Saint-Cyr pouvaient se trouver hors d'état de résister à Wittgenstein et à Steingel ; et Napoléon avait derrière lui la Prusse, dont il croyait, avec raison, que toute la population était prête à prendre les armes contre lui à la première occasion favorable. Le projet de s'établir en quartier d'hiver à Moscou fut donc rejeté, comme présentant trop de dangers.

Même lorsqu'une chute de neige eut rappelé à l'Empereur la rigueur du climat qu'il bravait, il ne fit ses préparatifs de retraite qu'avec lenteur et répugnance, et quelques unes de ses mesures furent dictées par sa vanité plutôt que par son jugement. Il fit réunir tous les tableaux, toutes les images, tous les ornemens des églises qui n'avaient pas été la proie des flammes, et les fit charger sur des chariots pour suivre la ligne de marche, déjà trop encombrée de bagages. Une croix colossale, qui s'élevait sur la tour d'Ivan-le-Grand, le clocher le plus haut de Moscou, fut démontée à force de travail, pour être ajoutée à tant de trophées assez pesans déjà. D'après le même principe, Napoléon se courrouça quand on lui proposa de laisser une partie de son immense train d'artillerie, qui était beaucoup trop nombreux pour une armée réduite comme la sienne l'était alors. « Il ne voulait laisser aucun trophée qui pût être un objet de triomphe pour les Russes. » Pour transporter toute l'artillerie et tous les bagages, il surprit ses officiers par un ordre d'acheter vingt mille chevaux dans un canton où peut-être il n'y en avait pas cent à vendre, et pendant que ceux qu'il avait déjà mouraient chaque jour faute de fourrages. Quant à ce dernier objet, il ordonna qu'on en préparât pour deux mois dans différens dépôts sur sa route. Cet ordre pouvait faire connaître ses besoins; mais comme il ne pouvait certainement que contribuer bien peu à y pourvoir, il ne dut être donné que pour sauver les apparences. Peut-être le désir d'avoir quelque excuse à ses yeux et à ceux des autres pour se livrer au penchant secret qui le portait à retarder son départ d'un jour ou deux en attendant la réponse de Pétersbourg, fut le motif caché de ces ordres, qu'il était difficile d'exécuter avant d'avoir pris quelques renseignemens.

Si tel était son but, c'était se livrer témérairement à un espoir frivole. L'empereur Alexandre refusa d'écouter toute proposition de paix, et il ne fit attention à ce qui lui avait été transmis par Wolkonsky que pour réprimander les officiers russes mêlés dans cette affaire, et le prince Koutousoff lui-même, d'avoir eu la moindre communication avec les généraux français : il rappela au généralissime combien les instructions qu'il lui avait données à ce sujet avaient été positives ; qu'il lui avait enjoint de n'entrer en négociation ni en correspondance avec les ennemis pour quelque cause que ce fût, et il renouvela avec plus de force que jamais ses ordres précédens à cet égard.

On peut supposer que le général intelligent ne fut pas grandement affligé d'une réprimande qui ne lui était adressée que pour la forme. Il fit connaître à ses soldats la résolution invariable

de l'Empereur de n'accorder aucune condition de paix aux ennemis; et répandant en
même temps dans son camp la nouvelle de la
victoire de Salamanque et de l'évacuation de
Madrid, il leur fit remarquer que les Français,
comme les autres, pouvaient éprouver des
défaites, invitant ses soldats à imiter le courage
des Anglais et le patriotisme des Espagnols.
Pendant qu'il encourageait ainsi son armée,
Koutousoff se disposa à prévenir Napoléon, en
mettant fin à l'armistice, et en prenant une attitude offensive.